譯註 禮記集說大全
學記

編　陳澔(元)

附　正義·訓纂·集解

譯註 禮記集說大全
學記

編　陳澔〔元〕

附　正義·訓纂·集解

鄭秉燮 譯

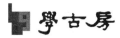

學古房

역자서문

　「학기(學記)」편은 「대학(大學)」편과 더불어서 학문의 방법과 중요성을 강조하는 문헌이다. 「대학」은 주자에 의해 사서(四書)로 분류되어 매우 중시되었지만, 그에 반해 「학기」편은 큰 주목을 받지 못했다. 그러나 「학기」편에는 대학(大學)의 제도에 대해 구체적 설명들이 제시되어 있고, 또 스승의 중요성과 가르침의 방법 등을 기록하고 있으므로, 유가(儒家)의 학문방법론을 연구하는데 중요한 기록이 된다.

　「학기」편은 학생들이 학문에 근본을 두어야 한다고 기술하고 있지만, 스승이 어떻게 가르치느냐에 따라 학문의 성패가 달려 있다고 강조한다. 그리고 학생들이 학문을 터득하지 못하고, 학문이 자신에게 보탬이 되지 않는다고 생각하며, 결국 스승을 증오하게 되는 이유는 전적으로 스승의 자질이 부족하여, 제대로 가르치지 못했기 때문이라고 기술한다. 따라서 「학기」편의 기록은 학문을 익히는 학생보다는 학문을 전수하는 스승에 초점이 맞춰져 있다. 학문을 익히는 학생에게 초점이 맞춰진 「대학」편과는 매우 대조적이다. 또 「대학」편은 학문의 시작과 끝에 대해서 다소 원론적인 기술을 하고 있는 반면, 「학기」편은 구체적 제도와 학문을 익히는 구체적 방법들이 제시되고 있다. 따라서 유가의 학문방법론을 연구하기 위해서는 「대학」편과 「학기」편을 함께 다뤄야 한다.

그러나 「학기」편의 기술 방식은 「대학」편과 큰 관련이 없기 때문에, 이 두 문헌이 한 사람에 의해서 편집되었을 가능성은 적다. 「대학」편은 주자에 의해 경(經)과 전(傳)으로 구분되고 배열순서도 달라졌지만, 기술 방식에 있어서 「학기」편과 차이를 보인다. 「학기」편도 「대학」편과 마찬가지로 어떠한 주제에 대해 기술을 하고, 관련 내용들을 인용하고 있는데, 증자(曾子)나 공자(孔子)의 말이 직접적으로 인용되지 않고, 『서(書)』의 「열명(說命)」편과 고대의 『기(記)』 등이 몇 차례 인용될 따름이다. 또 「학기」편은 인용문이 아닌 직접적인 기술에 있어서 하나의 주제를 설명하기 위해 각종 예시를 든 것이 많다. 「대학」편과 함께 읽어보면, 문장 자체에서 큰 차이를 보인다는 사실을 확인할 수 있다.

일반적으로 『예기』의 기록들은 고대의 『기』를 편집한 것으로 알려져 있다. 그러나 그 편찬과정 자체가 불투명하고, 『기』의 기록이 남아있지 않으므로, 『예기』의 체제에 대해서는 명확하게 분석하기 어렵다. 다만 『예기』 문장들의 성향을 대략적으로 구분해보면, 관련 제도 자체를 기술하는 문장이 있고, 『의례』에 기술된 제도를 보충 설명하는 문장이 있으며, 『기』를 비롯한 각종 기록들을 인용하는 문장이 있고, 예(禮)와는 전혀 관련이 없는 문장 등도 있다. 또 기술 방식에 있어서도 관련 제도를 간략하게만 제시하는 문장이 있고, 세부적으로 나눠서 조목별로 기술하는 문장이 있으며, 같은 문장 속에 기술되어 있지만, 그 문장의 주석에 해당하는 글이 함께 삽입된 문장도 있다. 또 『예기』를 구성하고 있는 각 편들을 살펴보면, 「곡례(曲禮)」편처럼 통일된 주제나 앞뒤 문맥의 연결 없이 단편적인 문장들이 배열된 편도 있고, 「단궁(檀弓)」편처럼 상례(喪禮) 및 제례(祭禮)와 관련된 각종 고사와 단편적 제도가 모여져 있는 편도 있으며, 「향음주의(鄕飮酒義)」편처럼 『의례』의 각 편을 직접적으로 해설하는 편도 있고, 「예운(禮運)」이나 「예기(禮器)」편처럼 하나의 주제를 설명하기 위해 통일된 맥락에서 각 문장들이 배열된 편도 있다.

「학기」편은 아마도 「예운」이나 「예기」편처럼 대학의 제도와 학문의 중요성을 강조하기 위해, 특정 인물에 의해 편집된 편일 가능성이 높다. 그렇기 때문에 문맥의 흐름이 순조롭고, 비교적 순차적인 배열을 통해 통일된 주제를 설명하고 있는 것이다. 또 인용문을 기술한 뒤, "바로 이러한 뜻을 의미할 것이다[此之謂乎]."라는 말을 덧붙인 것을 보면, 특정 인물이 대학의 제도와 학문의 중요성을 강조하기 위해, 학문과 관련된 단편적 기록들을 유기적으로 편집한 문헌임을 추론할 수 있다.

「학기」편의 번역으로 또 한 권의 책이 세상에 나오게 되었다. 번역이라는 작업에는 많은 학식과 실력, 그리고 많은 시간이 필요하다. 역자처럼 학자의 세계에 첫 발을 내딛은 자가 할 일은 아니다. 역자가 여러모로 부족하여, 본 역서도 설익은 감처럼 거칠고 떫은맛을 내지만, 이 역서를 통해 더 많은 연구성과와 더 좋은 번역서가 나왔으면 좋겠다. 부족한 실력으로 인해 완벽한 책을 내놓지 못한 점에 대해서는 항상 죄송스러운 마음이 든다. 이 책에 나온 오역은 전적으로 역자의 실력이 부족하기 때문이니, 혹여 역자의 부족함에 일갈을 해주실 분들이 있다면, bbaja@nate.com 으로 연락을 주시거나 출판사에 제 연락처를 문의하셔서 가르침을 주신다면, 부족한 실력이지만 가르침을 받도록 최선을 다할 것이다.

역자는 성균관 대학교에서 유교철학(儒敎哲學)을 전공했으며, 예악학(禮樂學) 전공으로 박사논문을 작성했다. 이 자리를 통해, 대학원에 진학하여 경학사상(經學思想)을 전공할 수 있도록 지도해주신 서경요 선생님과 논문을 지도해주신 오석원 선생님, 이기동 선생님, 이상은 선생님, 조남욱 선생님께 감사를 드린다. 또 경서연구회(經書硏究會)를 만들어 후배들에게 경전에 대한 이해를 넓혀주신 임옥균 선생님, 경서연구회 역대 회장님인 김동민, 원용준, 김종석, 길훈섭 선배님께도 감사를 드리고, 함께 『예기』를 공부하고 있는 김회숙, 손정민, 김동숙, 김아랑, 임용균 회원님께도 감사를 드린다. 끝으로 「학기」편을 출판할 수 있도록 허락해주신 학고방의 하운근 사장님께도 감사를 전한다.

일러두기 ⫸

1. 본 책은 역주서(譯註書)로써, 『예기집설대전(禮記集說大全)』의 「학기(學記)」편을 완역하고, 자세한 주석을 첨부했다. 송대(宋代) 이전의 주석을 포함하고자 하여, 『예기정의(禮記正義)』를 함께 수록하였다. 그리고 송대 이후의 주석인 청대(淸代)의 주석을 포함하고자 하여 『예기훈찬(禮記訓纂)』과 『예기집해(禮記集解)』를 함께 수록하였다.

2. 『예기』 경문(經文)의 경우, 의역으로만 번역하면 문장을 번역한 방식을 확인하기 어렵고, 보충 설명 없이 직역으로만 번역하면 내용을 이해하기 힘들다. 따라서 경문에 한하여 직역과 의역을 함께 수록하였다. 나머지 주석들에 대해서는 의역을 위주로 번역하였다.

3. 『예기』 경문에 대한 해석은 진호의 『예기집설』 주석에 근거하였다. 경문 해석에 있어서, 『예기정의』, 『예기훈찬』, 『예기집해』마다 이견(異見)이 많다. 『예기집섭대전』의 소주(小註) 또한 진호의 주장과 이견을 보이는 곳이 있고, 소주 사이에도 이견이 많다. 따라서 『예기』 경문 해석의 표준은 진호의 『예기집설』 주석에 근거했으며, 진호가 설명하지 않은 부분들은 『대전』의 소주를 참고하였다. 또한 경문 해석에 있어서 『예기정의』, 『예기훈찬』, 『예기집해』에 나타나는 이견들은 특별한 경우를 제외하고는 각각의 문장을 읽어보면, 경문에 대한 이견을 알 수 있기 때문에, 이러한 경우에는 주석처리를 하지 않았다.

4. 본 역서가 저본으로 삼은 책은 다음과 같다.

　- 『禮記』, 서울 : 保景文化社, 초판 1984 (5판 1995)

　- 禮記正義』1~4(전4권,『十三經注疏 整理本』12~15), 北京 : 北京大學出版社, 초판
　　2000

　- 朱彬 撰,『禮記訓纂』上 · 下(전2권), 北京 : 中華書局, 초판 1996 (2쇄 1998)

　- 孫希旦 撰,『禮記集解』上 · 中 · 下(전3권), 北京 : 中華書局, 초판 1989 (4쇄 2007)

5. 본 책은『예기』의 경문, 진호의『집설』, 호광 등이 찬정한『대전』의 세주, 정현의 주,
육덕명의『경전석문』, 공영달의 소, 주빈(朱彬)의『훈찬』, 손희단(孫希旦)의『집해』
순으로 번역하였다.

6. 본래『예기』「학기」편은 목차가 없으며, 내용 구분에 있어서도 학자들마다 의견차이가
있다. 또한 내용의 연관성으로 인하여, 장과 절을 나누기가 애매한 부분이 많다. 본
책의 목차는 역자가 임의대로 나눈 것이며, 세세하게 분절하여, 독자들이 관련내용들
을 찾아보기 쉽게 하였다.

7. 본 책의 뒷부분에는 《學記 人名 및 用語 辭典》을 수록하였다. 본문에 처음으로 등장
하는 용어 및 인명에 대해서는 주석처리를 하였다. 이후에 같은 용어가 등장할 때마다
동일한 주석처리를 할 수 없어서, 뒷부분에 사전으로 수록한 것이다. 가나다순으로
기록하여, 번역문을 읽는 도중 앞부분에서 설명했던 고유명사나 인명 등에 대해서
쉽게 찾아볼 수 있도록 하였다.

【444a】

發慮憲, 求善良, 足以謏聞, 不足以動衆.

【444a】 등과 같이 【 】 안에 숫자가 기입되어 있는 것은 『예기』의 '경문' 을 뜻한다. '444'은 보경문화사(保景文化社)판본의 페이지를 말한다. 'a'는 a단에 기록되어 있다는 표시이다. 밑의 그림은 보경문화사판본의 한 페이지 단락을 구분한 표시이다.

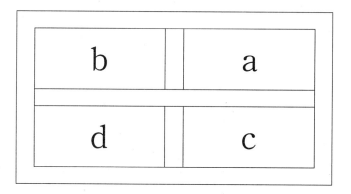

◆ 集說 謂致其思慮以求合乎法則也.

"集說"로 표시된 것은 진호(陳澔)의 『예기집설(禮記集說)』 주석을 뜻 한다.

◆ 大全 永嘉戴氏曰: 玉不琢而磩砆琢之, 則磩砆猶爲可用, 玉蓋不及也.

"大全"으로 표시된 것은 호광(胡廣) 등이 찬정(撰定)한 『예기집설대전』 의 세주(細註)를 뜻한다.

◆ **鄭注** 謂內則設師‧保以敎, 使國子學焉.

"**鄭注**"로 표시된 것은 『예기정의(禮記正義)』에 수록된 정현(鄭玄)의 주(注)를 뜻한다.

◆ **釋文** 琢, 丁角反, 治玉曰琢.

"**釋文**"으로 표시된 것은 『예기정의』에 수록된 육덕명(陸德明)의 『경전석문(經典釋文)』을 뜻한다. 『경전석문』의 내용은 글자들의 음을 설명하고, 간략한 풀이를 한 것인데, 육덕명 당시의 음가로 기록이 되었기 때문에, 현재의 음과는 맞지 않는 부분이 많다. 단순히 참고만 하기 바란다.

◆ **孔疏** ●"玉不"至"謂乎". ○正義曰: 此一節論喩學之爲美, 故先立學之事.

"**孔疏**"로 표시된 것은 『예기정의』에 수록된 공영달(孔穎達)의 소(疏)를 뜻한다. 공영달의 주석은 경문과 정현의 주에 대해서 세분화하여 기록되어 있다. 따라서 '●'으로 표시된 부분은 공영달이 경문에 대해 주석을 한 부분이고, '◎'으로 표시된 부분은 정현의 주에 대해 주석을 한 부분이다. 한편 'O'으로 표시된 부분은 공영달의 주석 부분이다.

◆ **訓纂** 說文: 琢, 治玉也.

"**訓纂**"으로 표시된 것은 『예기훈찬(禮記訓纂)』에 수록된 주석이다. 『예기훈찬』 또한 기존 주석들을 종합한 책이므로, 『예기집설대전』 및 『예기정의』와 중복되는 부분은 생략하였다.

◆ **集解** 愚謂: 玉之質美矣, 然不琢則不成器.

"**集解**"로 표시된 것은 『예기집해(禮記集解)』에 수록된 주석이다. 『예

기집해』 또한 기존 주석들을 종합한 책이므로,『예기집설대전』 및 『예기
정의』와 중복되는 부분은 생략하였다.

◆ 원문 및 번역문 중 '▼'로 표시된 부분은 한글로 표기할 수 없는 한자를
기록한 부분이다. 예를 들어 '▼(昭/皿)'의 경우 맹(盟)자의 이체자인데,
'明'자 대신 '昭'자가 들어간 한자를 프로그램상 삽입할 수가 없어서, '▼
(昭/皿)'으로 표시한 것이다. 즉 '▼(A/B)'의 형식으로 기록된 경우, A에
해당하는 글자가 한 글자의 상단 부분에 해당하고, B에 해당하는 글자가
한 글자의 하단 부분에 해당한다는 표시이다. 또한 '▼(A+B)'의 형식으
로 기록된 경우, A에 해당하는 글자가 한 글자의 좌측 부분에 해당하고,
B에 해당하는 글자가 한 글자의 우측 부분에 해당한다는 표시이다. 또한
'▼((A-B)/C)'의 형식으로 기록된 경우, A에 해당하는 글자에서 B 부분
을 뺀 글자가 한 글자의 상단 부분에 해당하고, C에 해당하는 글자가
한 글자의 하단 부분에 해당한다는 표시이다.

목차

경문목차

【444a】

禮記集說大全卷之十七 / 『예기집설대전』 제18권
學記 第十八 / 「학기」 제18편

集說 石梁王氏曰: 六經言學字, 莫先於說命. 此篇不詳言先王學制與敎者學者之法, 多是泛論, 不如大學篇, 敎是敎箇甚, 學是學箇甚.

번역 석량왕씨[1]가 말하길, 육경 중 '학(學)'을 말한 것 중에는 『서』「열명(說命)」편보다 앞선 것이 없다. 「학기」편은 선왕이 제정한 학문 제도와 가르치는 자 및 배우는 자들의 법도에 대해서 상세히 설명한 것은 아니며, 대부분 범범하게 논의한 것이니, 『예기』「대학(大學)」편에서 가르침에 대해 가르치는 일을 상세히 설명하고, 배움에 대해서 배우는 일을 상세히 설명한 것만 못하다.

孔疏 陸曰: 鄭云: "學記者, 以其記人學敎之義."

번역 육덕명[2]이 말하길, 정현[3]은 "'학기(學記)'라고 말한 것은 사람이 배우고 가르치는 일의 의미를 기록했기 때문이다."라고 했다.

孔疏 正義曰: 按鄭目錄云: "名曰學記者, 以其記人學敎之義, 此於別錄屬通論."

---

1) 석량왕씨(石梁王氏, ?~?) : 자세한 이력이 남아 있지 않다.
2) 육덕명(陸德明, A.D.550~A.D.630) : =육원랑(陸元朗). 당대(唐代)의 경학자이다. 이름은 원랑(元朗)이고, 자(字)는 덕명(德明)이다. 훈고학에 뛰어났으며, 『경전석문(經典釋文)』 등을 남겼다.
3) 정현(鄭玄, A.D.127~A.D.200) : =정강성(鄭康成)·정씨(鄭氏). 한대(漢代)의 유학자이다. 자(字)는 강성(康成)이다. 『주역(周易)』, 『상서(尙書)』, 『모시(毛詩)』, 『주례(周禮)』, 『의례(儀禮)』, 『예기(禮記)』, 『논어(論語)』, 『효경(孝經)』 등에 주석을 하였다.

번역 『정의』⁴⁾에서 말하길, 정현의 『목록』⁵⁾을 살펴보면, "편명을 '학기(學記)'라고 지은 이유는 사람이 배우고 가르치는 일의 의미를 기록했기 때문이다. 「학기」편을 『별록』⁶⁾에서는 '통론(通論)' 항목에 포함시켰다."라고 했다.

集解 朱子曰: 此篇言古者學校敎人傳道授受之次序, 與其得失興廢之所由, 蓋兼大小學言之.

번역 주자가 말하길, 「학기」편은 고대에 학교에서 사람들을 가르치며 도를 전수할 때, 그것을 주고받는 순서를 기록하고 있으며, 또 그것의 득실과 흥폐가 비롯되는 이유를 밝혔으니, 아마도 대학(大學)과 소학(小學)에 대한 내용을 함께 언급한 것 같다.

集解 程子曰: 禮記除中庸·大學, 唯學記·樂記最近道.

번역 정자가 말하길, 『예기』에서 「중용(中庸)」과 「대학(大學)」편을 제외하면, 오직 「학기」편과 「악기(樂記)」편만이 선왕의 도에 가장 가까운 기록이다.

---

4) 『정의(正義)』는 『예기정의(禮記正義)』 또는 『예기주소(禮記注疏)』를 뜻한다. 당(唐)나라 때에는 태종(太宗)이 공영달(孔穎達) 등을 시켜서 『오경정의(五經正義)』를 편찬하였는데, 이때 『예기정의』에는 정현(鄭玄)의 주(注)와 공영달의 소(疏)가 수록되었다. 송대(宋代)에는 『오경정의』와 다른 경전(經典)에 대한 주석서를 포함한 『십삼경주소(十三經注疏)』가 편찬되어, 『예기주소』라는 명칭이 되었다.

5) 『목록(目錄)』은 정현이 찬술했다고 전해지는 『삼례목록(三禮目錄)』을 가리킨다. 『십삼경주소(十三經注疏)』에서 인용되고 있지만, 이 책은 『수서(隋書)』가 편찬될 당시에 이미 일실되어 존재하지 않았다. 『수서』「경적지(經籍志)」편에는 "三禮目錄一卷, 鄭玄撰, 梁有陶弘景注一卷, 亡."이라는 기록이 있다.

6) 『별록(別錄)』은 후한(後漢) 때 유향(劉向)이 찬(撰)했다고 전해지는 책이다. 현재는 일실되어 존재하지 않으며, 『한서(漢書)』「예문지(藝文志)」편을 통해서 대략적인 내용만을 추측해볼 수 있다.

• 제 1 절 •

교화와 학문의 중요성

【444a】

發慮憲, 求善良, 足以諛聞, 不足以動衆.

직역 慮를 發하여 憲하고, 善良을 求하면, 諛聞하길 足이나 이로써 衆을 動하기에는 不足하다.

의역 사고를 깊게 하여 법칙에 부합되기를 구하며, 선량하고 현명한 자를 구하면, 작은 명성을 이루기에는 충분하지만, 백성들을 감동시킬 수는 없다.

集說 發慮憲, 謂致其思慮以求合乎法則也. 求善良, 親賢也. 此二者, 可以小致聲譽, 不能感動衆人.

번역 '발려헌(發慮憲)'은 사고를 깊게 하여, 법칙에 부합되기를 구한다는 뜻이다. '구선량(求善良)'은 현명한 자를 친근하게 대한다는 뜻이다. 이 두 가지 일은 명성을 작게나마 이룰 수 있지만, 백성들을 감동시킬 수는 없다.

鄭注 憲, 法也, 言發計慮當擬度於法式也. 求, 謂招來也. 諛之言小也. 動衆, 謂師役之事.

번역 '헌(憲)'자는 법도[法]를 뜻하니, 사고를 깊게 하여 마땅히 법칙에서 헤아려야만 한다는 뜻이다. '구(求)'자는 초빙한다는 뜻이다. '소(諛)'자는 "작다[小]."는 뜻이다. '동중(動衆)'은 백성들을 부리는 일을 뜻한다.

釋文 憲音獻. 謏, 思了反, 徐所穆反. 聞音問, 聲聞. 度, 大各反.

번역 '憲'자의 음은 '獻(헌)'이다. '謏'자는 '思(사)'자와 '了(료)'자의 반절음이며, 서음(徐音)은 '所(소)'자와 '穆(목)'자의 반절음이다. '聞'자의 음은 '問(문)'이며, 명성을 뜻한다. '度'자는 '大(대)'자와 '各(각)'자의 반절음이다.

孔疏 ●"發慮"至"學乎". ○正義曰: 此一節明雖有餘善, 欲化民成俗, 不如學之爲重.

번역 ●經文: "發慮"~"學乎". ○이곳 문단은 비록 이러한 선함이 있어서, 백성들을 교화하고 풍속을 완성하려고 하더라도, 학문의 중대함만 못하다는 뜻을 나타내고 있다.

孔疏 ●"發慮憲"者, 發, 謂起發. 慮, 謂謀慮. 憲, 謂法式也. 言有人不學, 而起發謀慮, 終不動衆, 舉動必能擬度於法式, 故云"發慮憲".

번역 ●經文: "發慮憲". ○'발(發)'자는 일으키고 나타낸다는 뜻이다. '여(慮)'자는 도모하고 생각한다는 뜻이다. '헌(憲)'자는 법식을 뜻한다. 즉 사람이 배우지 못하면, 깊게 생각하고 도모하더라도 끝내 백성들을 움직일 수 없다는 뜻인데, 움직일 때에는 반드시 법식에서 헤아릴 수 있어야만 하기 때문에, "생각을 함에 법식에 맞게 한다."라고 말한 것이다.

孔疏 ●"求善良"者, 良亦善也, 又能招求善良之士.

번역 ●經文: "求善良". ○'양(良)'자 또한 "좋다[善]."는 뜻이니, 또한 선량한 선비를 초빙할 수 있다는 의미이다.

孔疏 ●"足以謏聞"者, 謏之言小. 聞, 聲聞也. 言不學之人, 能有片識謀慮法式, 求善以自輔. 此是人身上小善, 故小有聲聞也.

【번역】 ●經文: "足以諛聞". ○'소(諛)'자는 "작다[小]."는 뜻이다. '문(聞)'자는 명성을 뜻한다. 즉 배우지 못한 사람은 단편적인 지식으로 깊게 생각을 하여 법식에 따라 헤아려서, 선량한 자를 구해 스스로를 보필하게끔 할 수 있다는 뜻이다. 이것은 자기 개인적으로는 작은 선함에 해당한다. 그렇기 때문에 명성을 작게 이루는 것이다.

【孔疏】 ●"不足以動衆"者, 衆, 謂師役也. 雖有以小善, 恩未被物, 若御軍動衆則不能, 故云"不足以動衆"也.

【번역】 ●經文: "不足以動衆". ○'중(衆)'자는 어떤 일에 부리는 무리들을 뜻한다. 비록 작은 선함을 가지고 있더라도, 그 은혜는 모든 만물에 미치지 못하니, 만약 군대를 부리고 백성들을 동원하여 부역을 시키는 일 등이라면 할 수 없다. 그렇기 때문에 "이로써 백성들을 움직이기에는 부족하다."라고 말한 것이다.

【444b】

就賢體遠, 足以動衆, 未足以化民.

【직역】 賢에 就하고 遠을 體하면, 이로써 衆을 動하기에는 足이나 이로써 民을 化하기에는 未足하다.

【의역】 현명한 자에게 나아가고 멀리 떨어져 있는 신하를 내 몸처럼 살핀다면, 이를 통해 백성들을 감동시킬 수는 있지만, 아직까지는 백성들을 교화시키기에 부족하다.

【集說】 就賢, 禮下賢德之士也, 如王就見孟子之就. 體, 如中庸體群臣之體, 謂設以身處其地而察其心也. 遠, 疏遠之臣也. 此二者, 可以感動衆人, 未能化民也.

번역 ‘취현(就賢)’은 현명한 덕을 갖춘 선비에 대해서 예법을 갖춰서 스스로를 낮춘다는 뜻이니, 마치 “왕이 맹자에게 나아가 보았다.”[1]라고 했을 때의 ‘취(就)’자와 같다. ‘체(體)’자는 『중용』에서 “뭇 신하들을 내 몸처럼 살핀다.”[2]라고 했을 때의 ‘체(體)’자와 같으니, 본인이 그 입장에 서서 그 마음을 살핀다는 의미이다. ‘원(遠)’자는 관계가 소원하고 멀리 떨어져 있는 신하이다. 이 두 가지 일은 대중들을 감동시킬 수는 있지만, 아직까지 백성들을 교화시키지는 못한다.

鄭注 就, 謂躬下之. 體, 猶親也.

번역 ‘취(就)’자는 제 자신을 상대보다 낮춘다는 뜻이다. ‘체(體)’자는 “친근하게 대한다[親].”는 뜻이다.

釋文 下, 戶嫁反.

번역 ‘下’자는 ‘戶(호)’자와 ‘嫁(가)’자의 반절음이다.

孔疏 ●“就賢體遠”者, 賢, 謂德行賢良, 屈下從就之. 遠, 謂才藝廣遠, 心意能親愛之也.

번역 ●經文: “就賢體遠”. ○‘현(賢)’자는 덕행을 갖추고 현명하고 어진 자를 뜻하니, 자신을 굽히고 낮춰서 그에게 나아가는 것이다. ‘원(遠)’자는 재예가 매우 많은 사람을 뜻하니, 마음으로 그를 친근하게 대할 수 있다는 뜻이다.

---

1) 『맹자』「공손추하(公孫丑下)」: 王就見孟子, 曰, “前日願見而不可得, 得侍同朝, 甚喜, 今又棄寡人而歸, 不識可以繼此而得見乎?” 對曰, “不敢請耳, 固所願也.”
2) 『중용』「20장」: 修身也, 尊賢也, 親親也, 敬大臣也, 體群臣也, 子庶民也, 來百工也, 柔遠人也, 懷諸侯也.

孔疏 ●"足以動衆"者, 以恩被於外, 故足以動衆也. "未足以化民"者, 雖復恩能動衆, 識見猶淺, 仁義未備, 故未足以化民也.

번역 ●經文: "足以動衆". ○은혜가 외부로 미치기 때문에, 대중을 움직이기에는 충분하다. 경문의 "未足以化民"에 대하여. 비록 재차 은혜를 베풀어서 대중들을 움직이지만, 식견이 여전히 얕고 인의(仁義)가 완비되지 못했기 때문에, 백성들을 교화시키기에는 부족하다.

【444b】

> 君子如欲化民成俗, 其必由學乎.

직역 君子가 如히 民을 化하고 俗을 成하기를 欲한다면, 그 必히 學으로 由함일 것이다.

의역 군자가 만약 백성들을 교화하고 풍속을 완성하기를 원한다면, 반드시 학문을 통해야만 이룩할 수 있을 것이다.

集說 化民成俗, 必如唐虞之於變時雍乃爲至耳. 然則舍學何以哉? 此學乃大學之道, 明德新民之事也.

번역 백성을 교화하고 풍속을 이루는 것은 반드시 당우(唐虞)[3]가 "오! 변하여 이에 조화를 이룬다."[4]라고 한 것처럼 해야만 이룰 수 있을 따름이다.

---

3) 당우(唐虞)는 당요(唐堯)와 우순(虞舜)을 병칭하는 용어이다. 요순(堯舜)시대를 가리키며, 의미상으로는 태평성세(太平盛世)를 뜻한다. 『논어』「태백(泰伯)」편에는 "唐虞之際, 於斯爲盛."이라는 용례가 있다.

4) 『서』「우서(虞書)·요전(堯典)」: 克明俊德, 以親九族, 九族旣睦, 平章百姓, 百姓昭明, 協和萬邦, 黎民於變時雍.

大全 朱子曰: 動衆, 謂聳動衆聽, 蓋守常法, 用中材, 其效不足以致大譽. 遠, 謂疏遠之士, 下賢親遠, 足以聳動衆聽, 使知貴德而尊士, 然未有開導誘掖之方也, 故未足以化民. 唯敎學, 可以化民, 使成美俗.

번역 주자가 말하길, 백성들을 감동시킨다는 말은 백성들이 칭송을 하도록 감동시킨다는 뜻이니, 무릇 항상된 법도를 지키고 알맞은 인재를 등용하면, 그 효과는 큰 명성을 이루기에는 부족하다. '원(遠)'자는 소원하고 멀리 떨어져 있는 선비인데, 현명한 자에게 자신을 낮추고 멀리 떨어진 선비도 친근하게 대한다면, 백성들을 감동시켜서 칭송을 하도록 하여, 그들로 하여금 덕을 존귀하게 여기고 선비를 존귀하게 높여야 함을 알게끔 할 수 있지만, 그들을 계몽하고 인도하는 방안은 아직 갖추지 못한 것이다. 그렇기 때문에 백성들을 교화시키기에는 부족하다. 오직 가르침과 배움을 통해야만 백성들을 교화하여 아름다운 풍속을 이루게끔 할 수 있다.

鄭注 所學者, 聖人之道在方策.

번역 배워야 할 대상은 곧 성인의 도가 기록되어 있는 서적이다.

釋文 策, 初革反.

번역 '策'자는 '初(초)'자와 '革(혁)'자의 반절음이다.

孔疏 ●"君子如欲化民成俗"者, 君, 謂君於上位. 子, 謂子愛下民. 謂天子諸侯及卿大夫欲敎化其民, 成其美俗, 非學不可, 故云"其必由學乎". 學則博識多聞, 知古知今, 旣身有善行, 示民軌儀, 故可以化民成俗也.

번역 ●經文: "君子如欲化民成俗". ○'군(君)'자는 윗자리에 있으며 통치를 한다는 뜻이다. '자(子)'자는 아래에 있는 백성들을 자식처럼 아낀다는 뜻이다. 즉 천자와 제후 및 경과 대부가 그들이 다스리는 백성들을 교

화하고, 그 풍속을 아름답게 이루고자 한다면, 학문이 아니고서는 불가능
하다는 뜻이다. 그렇기 때문에 "반드시 학문을 통해야만 할 것이다."라고
말한 것이다. 배운다면 식견이 넓어지고 널리 듣게 되어, 고금의 이치를
알게 되고, 이미 제 자신이 선행을 갖추게 되어, 백성들에게 모범으로 삼
아야 할 것을 보여주게 된다. 그렇기 때문에 백성들을 교화하고 풍속을
이룰 수 있다.

孔疏 ◎注"憲, 法也, 言發計慮當擬度於法式也. 求, 謂招來也. 謏之言小
也. 動衆, 謂師役之事5)". ○正義曰: "憲, 法", 釋詁文. "謏之言小也", 言謏
音近小, 故云"謏之言小也". 云"動衆, 謂師役之事"者, 動衆以與化民相對,
化民事難, 動衆稍易, 故知是師役之事.

번역 ◎鄭注: "憲法"~"之事". ○정현이 "'헌(憲)'자는 법도[法]를 뜻한
다."라고 했는데, 이것은 『이아』「석고(釋詁)」편의 문장이다.6) 정현이 "'소
(謏)'자는 '작다[小].'는 뜻이다."라고 했는데, '소(謏)'자의 음은 '소(小)'자
에 가깝기 때문에, "'소(謏)'자는 '작다[小].'는 뜻이다."라고 말한 것이다.
정현이 "'동중(動衆)'은 백성들을 부리는 일을 뜻한다."라고 했는데, 백성
들을 부리는 것은 백성들을 교화시키는 일과 서로 대비가 되는데, 백성들
을 교화시키는 일은 어렵지만, 백성들을 부리는 일은 상대적으로 쉽다.
그렇기 때문에 이것이 백성들을 부리는 일이 됨을 알 수 있다.

孔疏 ◎注"所學者, 聖人之道在方策". ○正義曰: 鄭恐所學惟小小才藝之
事, 故云"所學者, 聖人之道". 以其化民成俗, 非聖人之道不可. 云"在方策"

---

5) '주헌법야(注憲法也)'부터 '위사역지사(謂師役之事)'까지에 대하여. 『십삼경
주소(十三經注疏)』 북경대 출판본에서는 "『민본(閩本)』·『감본(監本)』·『모
본(毛本)』에는 동일하게 기록되어 있는데, 혜동(惠棟)의 『교송본(校宋本)』에
는 '주헌법지지사(注憲法至之事)'라고 기록되어 있으며, '야언(也言)'부터 '사
역(師役)'까지의 27개 글자가 없다."라고 했다.
6) 『이아』「석고(釋詁)」: 柯·憲·刑·範·辟·律·矩·則, <u>法也</u>.

者, 下篇"文武之道, 布在方策", 是也.

<mark>번역</mark> ◎鄭注: "所學者, 聖人之道在方策". ○정현은 아마도 배우는 대상이 소소한 재예에 대한 일이라고 오해할 것을 염려했기 때문에, "배워야 할 대상은 성인의 도이다."라고 말한 것이다. 백성들을 교화하고 풍속을 완성하는 일은 성인의 도가 아니라면 불가능하다. 정현이 "서적에 있다."라고 했는데, 하편에서 "문왕(文王)과 무왕(武王)의 도는 서적에 있다."7)라고 한 말이 이러한 사실을 나타낸다.

<mark>訓纂</mark> 外傳: 學者, 覺也. 人生皆稟五常之正性, 故聖人修道以教之, 使其發學, 不失其性也.

<mark>번역</mark> 『외전』에서 말하길, '학(學)'이라는 말은 "깨우친다[覺]."는 뜻이다. 사람이 태어날 때에는 모두 오상(五常)8)의 올바른 성품을 품수받는다. 그렇기 때문에 성인은 도를 가다듬어 그들을 가르쳐서, 그들로 하여금 깨우치도록 하고, 그 본성을 잃지 않게끔 하는 것이다.

<mark>訓纂</mark> 戴岷隱曰: 求賢以自輔, 足以資人君多聞之益. 屈己以下賢, 足以興起天下爲善之心. 然學校不立, 教養闕然, 天下之人雖欲爲善, 而無所考德問業. 故化民成俗, 必由學校, 其所及者廣, 所傳者遠也.

<mark>번역</mark> 대민은9)이 말하길, 현명한 자를 구하여 자신을 보필하게 하면,

---

7) 『중용』「20장」: 子曰, <u>文武之政, 布在方策</u>. 其人存則其政擧, 其人亡則其政息.

8) 오상(五常)은 인(仁), 의(義), 예(禮), 지(智), 신(信) 등의 다섯 가지 덕목을 뜻한다. 항상된 도리로써 어느 시대이건 변함없이 시행할만한 것들이므로, '상(常)'자를 붙여서 '오상'이라고 부르는 것이다. 당(唐)나라 유종원(柳宗元)의 「시령논하(時令論下)」에는 "聖人之爲教, 立中道以示于後, 曰仁・曰義・曰禮・曰智・曰信, <u>謂之五常</u>, 言可以常行之也."라는 기록이 있다.

9) 영가대씨(永嘉戴氏, A.D.1141~A.D.1215): =대계(戴溪)・대씨(戴氏)・대초망(戴肖望)・대소망(戴少望)・대민은(戴岷隱)・민은선생(岷隱先生). 남송(南宋) 때의 학자이다. 자(字)는 초망(肖望)・소망(少望)이고, 호(號)는 민은(岷隱)이

군주가 널리 듣는 것에 보탬을 주기에 충분하다. 자신을 굽혀서 현명한 자보다 낮추면, 천하의 백성들에게 선을 시행하려는 마음을 갖도록 흥시키기에 충분하다. 그러나 학교가 세워지지 않고 가르치고 배양하는 일이 누락된다면, 천하의 사람들은 비록 선을 시행하려고 하더라도 덕을 고찰하고 학업에 대해 물어볼 수가 없다. 그렇기 때문에 백성들을 교화하고 풍속을 완성하는 일은 반드시 학교를 통해야만, 파급력이 넓어지고 전수되는 일도 먼 후대까지 미치게 된다.

集解 愚謂: 人君而能就賢體遠, 亦可謂有志於治矣. 然苟未知學, 則所以化民者無其本也. 唯由學, 則明德以新民, 而可以化民成俗矣.

번역 내가 생각하기에, 군주가 현명한 자에게 다가가고 멀리 떨어져 있는 신하들까지 제 몸처럼 살필 수 있다면, 또한 다스리는 일에 올바른 뜻이 있다고 할 수 있다. 그러나 아직 학문을 알지 못한다면, 백성들을 교화시키는 일에 근본으로 삼을 것이 없게 된다. 오직 학문을 통해야만, 덕을 밝혀서 백성들을 새롭게 할 수 있고, 백성들을 교화하여 풍속을 완성할 수 있다.

다. 저서로는 『춘추강의(春秋講義)』, 『예기구의(禮記口義)』 등이 있다.

가르침[敎]과 배움[學]

【444c】

玉不琢, 不成器; 人不學, 不知道. 是故古之王者建國君民, 敎學爲先. 兌命曰: "念終始典于學." 其此之謂乎.

직역 玉은 不琢하면, 器를 不成하며; 人은 不學하면, 道를 不知한다. 是故로 古의 王者는 國을 建하고 民에 君함에, 敎學을 先으로 爲했다. 兌命에서 曰, "終始을 念함에, 學에 典이라." 그 此를 謂함일 것이다.

의역 옥은 다듬지 않으면 기물이 될 수 없고, 사람은 배우지 않으면 도를 알 수 없다. 이러한 까닭으로 고대의 천자는 나라를 세우고 백성들에 대해 군주 노릇을 할 때, 가르치고 배우는 것을 급선무로 삼았다. 『서』「열명(兌命)」편에서 "시작과 끝을 생각함에, 배움에서 항상 본받는다."[1]라고 한 말도 바로 이러한 뜻을 나타낼 것이다.

集說 建國君民, 謂建立邦國以君長其民也. 敎學爲先, 以立敎立學爲先務也. 兌命, 商書. 典, 常也.

번역 '건국군민(建國君民)'은 국가를 세워서, 백성들에 대해 군주 노릇을 한다는 뜻이다. '교학위선(敎學爲先)'이라는 말은 가르침의 법도를 세우고 배움의 법도를 세우는 것을 급선무로 삼는다는 뜻이다. '열명(兌命)'은 『서』「상서(商書)」편이다. '전(典)'자는 "항상된 법도로 삼는다[常]."는 뜻이다.

---

1) 『서』「상서(商書)·열명하(說命下)」: 惟敩學半, <u>念終始典于學</u>, 厥德修罔覺.

大全　永嘉戴氏曰: 玉不琢而碔砆琢之, 則碔砆猶爲可用, 玉蓋不及也. 大抵資質之美, 不足恃, 資質之美, 而未嘗學問, 其與資質不美者均爾.

번역　영가대씨가 말하길, 옥을 다듬지 않고 옥돌[碔砆]을 다듬는다면, 옥돌은 오히려 쓸모가 있게 되니, 아무리 옥이라 하더라도 옥돌에는 미치지 못한다. 대체로 자질이 아름답다는 것만을 믿기에는 부족하니, 자질이 아름답다고 하더라도 학문을 하지 않는다면, 자질이 아름답지 못한 자와 마찬가지가 될 것이다.

鄭注　謂內則設師·保以敎, 使國子學焉; 外則有大學·庠·序之官. 典, 經也. 言學之不舍業也. 兌, 當爲"說"字之誤也. 高宗夢傅說, 求而得之, 作說命三篇, 在尙書, 今亡.

번역　내적으로는 사(師)나 보(保) 등의 스승을 두어 가르치게 해서, 국자2)들로 하여금 배우도록 하고, 외적으로는 대학(大學)·상(庠)·서(序) 등의 학교를 세운다는 뜻이다. '전(典)'자는 "법도로 삼는다[經]."는 뜻이다. 즉 배움에 있어서 학업을 내버리지 않는다는 뜻이다. '태(兌)'자는 마땅히 '열(說)'자의 오자가 된다. 고종(高宗)은 꿈에 부열(傅說)을 만나, 그에게 구하여 이러한 뜻을 얻었고, 「열명(說命)」 3편을 지어 『상서(尙書)』에 수록해두었는데, 현재는 망실되어 없어졌다.

---

2) 국자(國子)는 천자 및 공(公), 경(卿), 대부(大夫)의 자제들을 말한다. 때론 상황에 따라 천자의 태자(太子) 및 왕자(王子)를 포함시키지 않는 경우도 있다. 『주례』「지관(地官)·사씨(師氏)」편에는 "以三德敎國子"라는 기록이 있고, 이에 대한 정현의 주에서 "國子, 公卿大夫之子弟."라고 풀이한 용례와 『한서(漢書)』「예악지(禮樂志)」편에서 "朝夕習業, 以敎國子. 國子者, 卿大夫之子弟也."라고 풀이한 용례가 바로 여기에 해당한다. 그러나 이것은 천자에 대한 언급을 가급적 회피했기 때문에, 생략하여 기술하지 않은 것이다. 청대(淸代) 유서년(劉書年)의 『유귀양설경잔고(劉貴陽說經殘稿)』「국자증오(國子證誤)」편에서 "國子者, 王大子, 王子, 諸侯公卿大夫士之子弟, 皆是, 亦曰國子弟."라고 풀이하고 있는 것처럼, '국자'에는 천자의 태자와 왕자들까지도 포함된다.

釋文 琢, 丁角反, 治玉曰琢. 太音泰, 後"大學"皆同. 兌, 依注作"說", 音悅, 下兌命放此, 舍音捨. 兌當, 徒外反.

번역 '琢'자는 '丁(정)'자와 '角(각)'자의 반절음이며, 옥을 다듬는 것을 '琢'이라고 부른다. '太'자의 음은 '泰(태)'이며, 이후에 나오는 '大學'에서 의 '大'자도 모두 그 음이 이와 같다. '兌'자는 정현의 주에 따르면 '說'자 가 되니, 그 음은 '悅(열)'이며, 뒤에 나오는 '兌命'에서의 '兌'자는 그 음이 모두 이와 같다, '舍'자의 음은 '捨(사)'이다. '兌當'에서의 '兌'자는 '徒(도)' 자와 '外(외)'자의 반절음이다.

孔疏 ●"玉不"至"謂乎". ○正義曰: 此一節論喩學之爲美, 故先立學之事.

번역 ●經文: "玉不"~"謂乎". ○이곳 문단은 학문이 아름다운 이유에 대해 비유를 하여 논의하였다. 그렇기 때문에 먼저 학교를 세우는 사안을 언급하였다.

孔疏 ●"王者建國君民, 敎學爲先"者, 建國, 謂建立其國. 君民, 謂君長 其民. 內則設師・保, 外則設庠・序以敎之, 故云"敎學爲先".

번역 ●經文: "王者建國君民, 敎學爲先". ○'건국(建國)'은 나라를 세운 다는 뜻이다. '군민(君民)'은 백성들에 대해서 군주 노릇을 한다는 뜻이 다. 내적으로는 사(師)나 보(保) 등의 스승을 두고, 외적으로는 상(庠)이 나 서(序) 등의 학교를 세워서 교육을 한다. 그렇기 때문에 "가르치고 배 우는 일을 우선으로 한다."라고 말한 것이다.

孔疏 ●"兌命曰: 念終始典于學"者, 記者明敎學事重, 不可暫廢, 故引兌 命以證之. 言殷相傅說告高宗云"意恒思念, 從始至終, 習經典於學也".

번역 ●經文: "兌命曰: 念終始典于學". ○『예기』를 기록한 자는 가르 치고 배우는 일이 중대하여, 잠시도 폐지할 수 없음을 나타내었다. 그렇기 때문에 「열명(兌命)」편을 인용하여 증명한 것이다. 즉 은(殷)나라 때의 재상인 부열(傅說)은 고종(高宗)에게 아뢰며, "뜻을 항상 유념하여, 시작과 끝을 학문에 전거를 두어 본받도록 익혀야 합니다."라고 말했다는 뜻이다.

孔疏 ●"其此之謂乎"者, 言此經所謂教學爲先, 則兌命"念終始典于學也".

번역 ●經文: "其此之謂乎". ○이곳 경문에서 말한 내용은 가르치고 배우는 일이 우선이 된다는 뜻이니, 곧 「열명(兌命)」편에서 말한 "생각하여 시작과 끝을 학문에서 본받는다."라는 뜻에 해당한다.

孔疏 ◎注"典經"至"今亡". ○正義曰: "典, 經也", 釋言文. "言3)學不舍業", 卽經云"終始思念經典", 是不舍業也. 言"高宗夢傅說"者, 書序云: "高宗夢得說, 作說命三篇." 高宗, 殷王武丁, 其德高可尊, 故號"高宗". 其事具尙書篇, 見在. 鄭云"今亡"者, 鄭不見古文尙書故也.

번역 ◎鄭注: "典經"~"今亡". ○정현이 "'전(典)'자는 '법도로 삼는다[經].'는 뜻이다."라고 했는데, 이것은 『이아』「석언(釋言)」편의 기록이다.4) 정현이 "배움에 있어서 학업을 내버리지 않는다는 뜻이다."라고 했는데, 이것은 곧 경문에서 "시작과 끝을 생각함에 성인의 전적을 법도로 삼는다."라고 한 말에 해당하니, 이것은 곧 학업을 내버리지 않는다는 뜻이다. 정현이 "고종(高宗)은 꿈에 부열(傅說)을 만났다."라고 했는데, 『서서(書序)』에서는 "고종은 꿈에 부열을 만나서 「열명(說命)」 3편을 지었다."5)라

---

3) '언(言)'자에 대하여. '언'자는 본래 없던 글자인데, 완원(阮元)의 『교감기(校勘記)』에서는 "혜동(惠棟)의 『교송본(校宋本)』에는 '학(學)'자 앞에 '언'자가 기록되어 있으니, 이곳 판본에는 '언'자가 누락된 것이며, 『민본(閩本)』·『감본(監本)』·『모본(毛本)』에도 동일하게 누락되어 있다."라고 했다.

4) 『이아』「석언(釋言)」: 典, 經也.

5) 『서』「상서(商書)·열명상(說命上)」의 서(序): <u>高宗夢得說</u>, 使百工營求諸野, 得諸傅巖, <u>作說命三篇</u>.

고 했다. '고종(高宗)'은 은(殷)나라 때의 천자인 무정(武丁)을 뜻하는데, 그의 덕성이 높아서 존경할 수 있었기 때문에, '고종(高宗)'이라는 칭호를 붙인 것이다. 그 사안은 『상서』의 편들에 수록되어 있는데 현존하고 있다. 정현이 "현재는 망실되어 없어졌다."라고 말한 것은 정현이 『고문상서』를 보지 않았기 때문이다.

訓纂 說文: 琢, 治玉也.

번역 『설문해자』에서 말하길, '탁(琢)'자는 옥을 다듬는다는 뜻이다.

集解 愚謂: 玉之質美矣, 然不琢則不成器. 人而不學, 雖有美質, 不可恃也. 教學, 以大學之道教人而使學之也. 古之王者, 旣盡乎脩己治人之道, 又以爲化民成俗非一人之所能獨爲, 故立爲學校以教人; 而使人莫不由乎學. 故其進而爲公·卿·大夫者, 莫非聖賢之徒, 而民莫不蒙其澤矣. 典, 常也. 言人君當始終思念常於學而不舍也.

번역 내가 생각하기에, 옥의 본질은 아름답지만 그것을 다듬지 않는다면 기물로 만들 수 없다. 사람이 배우지 않는다면 비록 아름다운 바탕을 가지고 있더라도 그것만 믿을 수 없다. 가르치고 배우는 일은 대학의 도로써 남을 가르쳐서, 그로 하여금 배우도록 한다는 뜻이다. 고대의 천자는 자신을 수양하고 남을 다스리는 도에 대해서 이미 다하였지만, 또한 백성들을 교화하고 풍속을 완성하는 일은 한 사람의 능력으로 홀로 시행할 수 있는 것이 아니라고 여겼다. 그렇기 때문에 학교를 세워서 사람들을 가르쳤고, 그들로 하여금 배움으로부터 말미암지 않은 일이 없도록 했다. 그래서 그들이 벼슬길에 나아가면 공·경·대부 등이 되었고, 성현의 도를 따르는 무리가 아닌 자가 없었으며, 백성들도 그 윤택을 받지 않은 자가 없었다. '전(典)'자는 "항상된 법도로 삼는다[常]."는 뜻이다. 즉 군주는 마땅히 시종일관 생각에 대해 학문에서 항상된 법도를 삼아야 하고, 그것을 내버려두어서는 안 된다는 뜻이다.

● 그림 2-1 ◼ 은(殷)나라 세계도(世系圖)

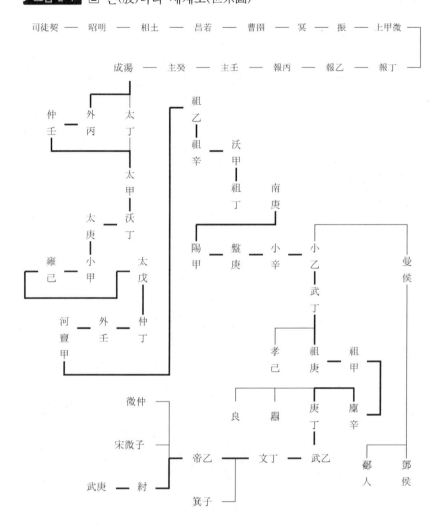

※ **출처:** 『역사(繹史)』1권「역사세계도(繹史世系圖)」

그림 2-2　◪ 고종(高宗)이 꿈에서 본 부열(傅說)을 그리도록 한 모습

※ 출처:『흠정서경도설(欽定書經圖說)』17권「심상방구도(審象旁求圖)」

그림 2-3 ◾ 부암(傅巖)에 사는 부열(傅說)을 찾은 모습

※ **출처:**『흠정서경도설(欽定書經圖說)』17권「열축부암도(說築傅巖圖)」

그림 2-4 　▣ 부열(傅說)을 재상으로 임명하는 모습

※ 출처: 『흠정서경도설(欽定書經圖說)』 17권 「원립작상도(爰立作相圖)」

그림 2-5   ◙ 고종(高宗)이 옛 전적을 익히는 모습

※ **출처:** 『흠정서경도설(欽定書經圖說)』 17권 「학우고훈도(學于古訓圖)」

【444c~d】

雖有嘉肴, 弗食不知其旨也; 雖有至道, 弗學不知其善也. 是故學然後知不足, 敎然後知困. 知不足, 然後能自反也; 知困, 然後能自强也. 故曰: "敎學相長也." 兌命曰: "學學半", 其此之謂乎.

직역 雖히 嘉肴가 有하더라도, 食을 弗하면 그 旨를 不知하며; 雖히 至道가 有하더라도, 學을 弗하면 그 善을 不知한다. 是故로 學한 然後에야 不足을 知하며, 敎한 然後에야 困을 知한다. 不足을 知한 然後에야 能히 自反하며; 困을 知한 然後에야 能히 自强한다. 故로 曰, "敎學은 相長이다." 兌命에 曰, "學은 學半이다."하니 그 此를 謂함일 것이다.

의역 비록 맛있는 음식이 있더라도, 그것을 먹어보지 않으면 그 맛을 알지 못한다. 이와 마찬가지로 비록 지극한 도리가 있더라도, 그것을 배우지 않으면 그 선함을 알지 못한다. 이러한 까닭으로 배운 뒤에라야 부족함을 알게 되고, 가르친 뒤에라야 곤궁함을 알게 된다. 부족함을 안 뒤에라야 스스로에게 반추할 수 있고, 곤궁함을 안 뒤에라야 스스로 노력할 수 있다. 그러므로 "가르치는 일과 배우는 일은 서로 배양한다."라고 말한 것이다. 「열명(兌命)」편에서 "가르치는 일은 배움의 반이다."라고 했는데, 바로 이러한 뜻을 나타낼 것이다.

集說 學然後知不足, 謂師資於人, 方知己所未至也. 敎然後知困, 謂無以應人之求, 則自知困辱也. 自反, 知反求而已. 自强, 則有黽勉倍進之意. 敎學相長, 謂我之敎人與資人, 皆相爲長益也. 引說命敎學半者, 劉氏曰, "敎人之功, 居吾身學問之半. 蓋始之修己所以立其體, 是一半, 終之敎人所以致其用, 又是一半. 此所以終始典于學, 成己成物合內外之道, 然後爲學問之全功也."

번역 "배운 뒤에야 부족하다는 사실을 안다."는 말은 남에게서 배운 뒤에야 비로소 자신의 미치지 못하는 점을 알게 된다는 뜻이다. "가르친 뒤에야 어려움을 안다."는 말은 남의 질문에 대답하지 못한다면, 곤궁하

다는 사실을 스스로 알게 된다는 뜻이다. '자반(自反)'은 스스로에게서 구
해야 함을 안다는 뜻일 뿐이다. '자강(自强)'은 힘을 다해 더욱 정진하겠다
는 뜻을 가지는 것이다. '교학상장(敎學相長)'은 내가 남을 가르치고 남에
게서 배우는 것은 모두 상호간에 보탬이 된다는 뜻이다. 『서』「열명(說命)」
편의 "가르침은 배움의 반이다."[6]라는 말을 인용했는데, 유씨[7]는 "남을
가르치는 공력은 내 자신이 학문을 하는 것의 반을 차지한다. 무릇 자신
을 수양하는 것으로부터 시작하는 것은 자신을 세우는 것으로, 이것이 반
절이 되며, 남을 가르치는 일로 끝맺는 것은 그 쓰임을 이루는 것이니, 이
것이 또한 나머지 반절이다. 이 내용은 곧 '시작과 끝을 학문에서 본받는
다.'는 뜻이고, 자신을 이루고 대상을 이루어서, 내외를 합하는 도이니,[8]
이처럼 한 뒤에라야 학문의 전체적인 공을 이룰 수 있다."라고 했다.

大全 嚴陵方氏曰: 看有味, 唯食之, 然後可以辨其味. 道有理, 唯學之, 然
後可以窮其理. 然而味有旨否, 唯看之嘉者爲旨, 理有善惡, 唯道之至者爲善.
人莫不飮食, 鮮能知味也, 此以食喩道者也. 以道之難明, 故所況如此, 若夫造
道之全, 則淡乎其無味, 又豈看之可比哉? 足則厭矣, 故學以不厭爲知. 困則
倦矣, 故敎以不倦爲仁. 知其不足, 然後能自反, 以求其足, 知其困, 然後能自
强, 以濟其困. 自反, 若所謂自反而仁之類. 自强, 若所謂自强不息之類. 敎人
之功, 得學之半, 故引說命之言, 以證之. 上學字, 宜讀曰敎, 說命亦作敎, 敎卽
敎也. 孔子曰, 起予者商也, 又曰, 回也, 非助我者也, 於吾言無所不說, 豈非敎
學半之謂乎?

번역 엄릉방씨[9]가 말하길, 음식에 포함된 맛은 오직 먹어본 뒤에라야

---

6) 『서』「상서(商書)·열명하(說命下)」: 惟斅學半, 念終始典于學, 厥德修罔覺.
7) 유씨(劉氏, ?~?): =유맹야(劉孟冶). 자세한 이력이 남아 있지 않다.
8) 『중용』「25장」: 誠者, 非自成己而已也, 所以成物也. 成己, 仁也. 成物, 知也.
   性之德也, 合外內之道也, 故時措之宜也.
9) 엄릉방씨(嚴陵方氏, ?~?): =방각(方慤)·방씨(方氏)·방성부(方性夫). 송대
   (宋代)의 유학자이다. 이름은 각(慤)이다. 자(字)는 성부(性夫)이다. 『예기집
   해(禮記集解)』를 지었고, 『예기집설대전(禮記集說大全)』에는 그의 주장이 많

그 맛을 변별할 수 있다. 도리에 내포된 이치는 오직 배운 뒤에라야 그 이치를 다할 수 있다. 그런데 맛에는 맛있는 것도 있고 그렇지 않은 것도 있는데, 오직 음식 중의 좋은 것만이 맛있는 것이 되고, 이치에는 선악이 있는데, 오직 도의 지극한 것만이 선함이 된다. 사람이 음식을 먹어보지 않았다면, 그 맛을 알기가 거의 불가능하니, 이것이 바로 음식을 통해 도를 비유한 이유이다. 도에 대해서는 깨닫기 어렵기 때문에, 이처럼 비유를 든 것이니, 만약 덕을 쌓고 수양하는 일의 전반에 대해서라면, 아무 맛도 없는 음식보다 더욱 담박한데, 또한 어떻게 음식으로 비유를 할 수 있겠는가? 만족한다면 싫증을 느끼기 때문에 배움에서는 싫증을 느끼지 않는 것을 앎으로 여긴다. 곤궁하다면 게으르게 되기 때문에 가르침에 게으르지 않은 것은 인(仁)이 된다.10) 부족함을 안 뒤에라야 스스로에게 반추하여 채움을 구하게 되고, 곤궁함을 안 뒤에라야 스스로 노력하여 곤궁함을 구제할 수 있다. 스스로 반추하는 것은 마치 "스스로 돌이켜서 인(仁)하게 된다."11)는 부류와 같다. 스스로 노력함은 마치 "스스로 노력함에 쉬지 않는다."12)는 부류와 같다. 남을 가르치는 공력은 배움의 반절이 된다. 그렇기 때문에 「열명(說命)」편의 말을 인용하여 증명한 것이다. 그런데 인용문에 나오는 앞의 '학(學)'자는 마땅히 '효(斆)'자로 읽어야 하니, 『서』「열명」편에도 또한 '효(斆)'자로 기록되어 있고, '효(斆)'자는 "가르친다[敎]."는 뜻이다. 공자는 "나를 일으키는 자는 상(商)이로구나."13)라고 했고, 또

이 인용되고 있다.

10) 『논어』「술이(述而)」 : 子曰, "默而識之, 學而不厭, 誨人不倦, 何有於我哉?" / 『논어』「술이(述而)」 : 子曰, "若聖與仁, 則吾豈敢? 抑爲之不厭, 誨人不倦, 則可謂云爾已矣." 公西華曰, "正唯弟子不能學也." / 『맹자』「공손추상(公孫丑上)」 : 曰, "惡! 是何言也? 昔者子貢問於孔子曰, '夫子聖矣乎?' 孔子曰, '聖則吾不能, 我學不厭而敎不倦也.' 子貢曰, '學不厭, 智也, 敎不倦, 仁也. 仁且智, 夫子既聖矣.' 夫聖, 孔子不居──是何言也?"

11) 『맹자』「이루하(離婁下)」 : 其<u>自反而仁矣</u>, 自反而有禮矣, 其橫逆由是也, 君子必自反也, 我必不忠.

12) 『역』「건괘(乾卦)」 : 象曰, 天行健, 君子以<u>自强不息</u>.

13) 『논어』「팔일(八佾)」 : 子夏問曰, "'巧笑倩兮, 美目盼兮, 素以爲絢兮.'何謂也?" 子曰, "繪事後素." 曰, "禮後乎?" 子曰, "<u>起予者商也</u>! 始可與言詩已矣."

"회(回)는 나를 돕는 자가 아니구나. 나의 말에 대해서 기뻐하지 않는 것이 없구나."14)라고 했으니, 어찌 가르치는 일이 배움의 반이 됨을 이르는 말이 아니겠는가?

大全 馬氏曰: 能自强而興之, 則進於學矣, 是以敎長學也. 自反而得之, 則優於敎矣, 是以學長敎也.

번역 마씨15)가 말하길, 스스로 노력하여 흥기시킬 수 있다면 배움으로 나아갈 수 있으니, 이것은 가르침이 배움을 신장시키는 것이다. 스스로 반추하여 얻게 된다면 가르침에 대해서 여유로울 수 있으니, 이것은 배움이 가르침을 신장시키는 것이다.

大全 山陰陸氏曰: 所謂敎學, 敎之中有學, 學之中有敎焉, 是之謂相長也.

번역 산음육씨16)가 말하길, 이른바 '가르침과 배움'이라는 말은 가르침 속에 배움이 있고, 배움 속에 가르침이 있다는 뜻이니, 이것을 "서로 신장시킨다."라고 말한다.

鄭注 旨, 美也. 學則睹己行之所短, 敎則見己道之所未達. 自反, 求諸己也. 自强, 脩業不敢倦. 言學人乃益己之學半.

번역 '지(旨)'자는 "맛있다[美]."는 뜻이다. 배우게 된다면 자기 행실

---

14) 『논어』「선진(先進)」: 子曰, "回也非助我者也, 於吾言無所不說."

15) 마희맹(馬晞孟, ?~?): =마씨(馬氏)·마언순(馬彦醇). 자(字)는 언순(彦醇)이다. 『예기해(禮記解)』를 찬술했다.

16) 산음육씨(山陰陸氏, A.D.1042~A.D.1102): =육농사(陸農師)·육전(陸佃). 북송(北宋) 때의 유학자이다. 자(字)는 농사(農師)이며, 호(號)는 도산(陶山)이다. 어려서 집안이 매우 가난했다고 전해지며, 왕안석(王安石)에게 수학하였으나 왕안석의 신법에 대해서는 반대하였다. 저서로는 『비아(埤雅)』, 『춘추후전(春秋後傳)』, 『도산집(陶山集)』 등이 있다.

중 단점을 볼 수 있고, 가르치게 된다면 자기가 깨달은 도 중 아직 능통
하지 못한 점을 볼 수 있다. '자반(自反)'은 자신에게서 찾는다는 뜻이다.
'자강(自強)'은 학업에 정진하며 감히 게을리 하지 않는 것이다. 「열명(說
命)」편의 말은 남을 가르치는 일은 곧 자기가 배우는 일의 반절을 보태
준다는 뜻이다.

釋文 殽, 戶交反. 睹, 丁古反. 行, 下孟反, 下注"德行"同. 强, 其丈反, 又其
良反, 下注同. 長, 丁兩反, 下注"長稚"·"長者"皆同. 學學, 上胡孝反, 下如字.
學人, 胡孝反, 又音敎.

번역 '殽'자는 '戶(호)'자와 '交(교)'자의 반절음이다. '睹'자는 '丁(정)'자
와 '古(고)'자의 반절음이다. '行'자는 '下(하)'자와 '孟(맹)'자의 반절음이
며, 아래 정현의 주에 나오는 '德行'에서의 '行'자도 그 음이 이와 같다.
'强'자는 '其(기)'자와 '丈(장)'자의 반절음이며, 또한 '其(기)'자와 '良(량)'
자의 반절음도 되며, 아래 정현의 주에 나오는 글자도 그 음이 이와 같다.
'長'자는 '丁(정)'자와 '兩(량)'자의 반절음이며, 아래 정현의 주에 나오는
'長稚'·'長者'에서의 '長'자도 모두 그 음이 이와 같다. '學學'에서 앞의 '學'
자는 '胡(호)'자와 '孝(효)'자의 반절음이며, 뒤의 '學'자는 글자대로 읽는
다. '學人'에서의 '學'자는 '胡(호)'자와 '孝(효)'자의 반절음이며, 또한 그
음은 '敎(교)'도 된다.

孔疏 ●"雖有"至"謂乎". ○正義曰: 此一節明敎學相益.

번역 ●經文: "雖有"~"謂乎". ○이곳 문단은 가르치는 일과 배우는 일
이 서로 보탬이 된다는 사실을 나타내고 있다.

孔疏 ●"雖有嘉殽, 弗食不知其旨也"者, 嘉, 善也. 旨, 美也. 雖有嘉美之
殽, 兼陳列于前, 若不食, 卽不知其殽之美也.

번역 ●經文: "雖有嘉肴, 弗食不知其旨也". ○'가(嘉)'자는 "좋다[善]."
는 뜻이다. '지(旨)'자는 "맛있다[美]."는 뜻이다. 비록 좋고 맛있는 음식이
모두 자기 앞에 진열되어 있더라도, 만약 그 음식을 먹어보지 않는다면,
그 음식의 맛을 알 수 없다.

孔疏 ●"雖有至道, 弗學不知其善也"者, 至, 謂至極. 雖有至極大道, 若
不學, 則不知大道之善.

번역 ●經文: "雖有至道, 弗學不知其善也". ○'지(至)'자는 지극함을 뜻
한다. 비록 지극히 큰 도가 있더라도, 만약 배우지 않는다면 큰 도리의
선함을 알지 못한다.

孔疏 ●"是故學然後知不足17)"者, 若不學之時, 諸事蕩然, 不知己身何長
何短. 若學, 則知己之所短, 有不足之處也.

번역 ●經文: "是故學然後知不足". ○만약 배우지 않았을 때라면, 모
든 일들이 흐지부지 되더라도, 자신에게 어떤 장점이 있고 어떤 단점이
있는지 알 수 없다. 만약 배우게 된다면, 자신의 단점 중 부족한 점이 있
음을 알게 된다.

孔疏 ●"敎然後知困"者, 不敎之時, 謂己諸事皆通. 若其敎人, 則知己有
不通, 而事有困弊, 困則甚於不足矣.

번역 ●經文: "敎然後知困". ○가르치지 않았을 때라면, 자신은 모든
일들에 대해서 능통하다고 생각한다. 그런데 만약 남을 가르치게 된다면,

---

17) '족(足)'자에 대하여. '족'자 뒤에는 본래 '지(之)'자가 기록되어 있었는데, 완
원(阮元)의 『교감기(校勘記)』에서는 "혜동(惠棟)의 『교송본(校宋本)』에는
'자(者)'자 앞에 '지'자가 없고, 『민본(閩本)』도 동일하게 기록되어 있다. 『감
본(監本)』·『모본(毛本)』에서는 '지'자를 '야(也)'자로 기록했다."라고 했다.

자신에게 능통하지 못한 점이 있어서, 그 사안이 곤궁하게 됨을 알게 되니, 곤궁한 것은 부족함보다 심한 것이다.

孔疏 ●"知不足, 然後能自反也"者, 凡人皆欲嚮前相進, 旣知不足, 然後能自反嚮身, 而求諸己之困, 故反學矣.

번역 ●經文: "知不足, 然後能自反也". ○무릇 사람들은 모두 앞으로 나아가기를 원하는데, 이미 부족한 점을 알았다면 그런 뒤에는 스스로 반추하여 자신의 곤궁한 점에 대한 방책을 구하게 된다. 그렇기 때문에 반추하여 배우는 것이다.

孔疏 ●"知困然後能自强也"者, 凡人多有解怠, 旣知困弊, 然後能自强學, 其身不復解怠也.

번역 ●經文: "知困然後能自强也". ○무릇 사람들은 대부분 나태한 점이 있는데, 이미 자신의 곤궁한 점을 알았다면 그런 뒤에는 스스로 노력하여 배울 수 있으니, 그 자신은 재차 태만하게 굴지 않는다.

孔疏 ●"故曰: 敎學相長也"者, 謂敎能長益於善. 敎學之時, 然後知己困而乃强之, 是敎能長學善也. 學則道業成就, 於敎益善, 是學能相長也. 但此禮本明敎之長學. "兌命曰: 學學半"者, 上"學"爲敎, 音敎, 下"學"者, 謂習也, 謂學習也. 言敎人乃是益己學之半也. 說命所云"其此之謂乎", 言學習不可暫廢, 故引說命以證之. 言恒思念, 從始至終, 習禮典于學也.

번역 ●經文: "故曰: 敎學相長也". ○가르쳐서 선함을 배향시킬 수 있다는 뜻이다. 가르치고 배우는 시기가 되어야만 그런 뒤에야 자신의 곤궁함을 알아서 노력할 수 있으니, 이것은 가르치는 일이 선함을 배우는 일에 대해 신장시킬 수 있음을 나타낸다. 배우게 된다면 과업을 성취하게 되어, 가르치는 일에 대해서도 보탬이 되니, 이것은 배우는 일이 서로를 신장시킬 수 있음을 나타낸다. 다만 이곳의 예법은 본래 가르치는 일이 배우는 일을 신장시킨다는 것을 밝히는데 목적을 두고 있다. 경문의 "兌命曰: 學學半"에 대하여. 앞의 '학(學)'자는 가르친다는 뜻이니, 그 음은 '敎(교)'가 되고, 뒤의 '학(學)'자는 익힌다는 뜻이니, 학습함을 의미한다. 즉 이 말은 남을 가르치는 일은 곧 자신이 배우는 일의 반절을 보태준다는 뜻이다. 「열명(說命)」편에서 말한 내용은 "바로 이것을 뜻할 것이다." 라고 했는데, 즉 학습하는 일은 잠시도 폐지할 수 없음을 뜻한다. 그렇기 때문에 「열명」편의 내용을 인용하여 증명한 것이다. 즉 항상 깊게 생각하여, 생각의 시작과 끝을 예(禮)를 익히고 학문에서 본받는데 두어야 함을 의미한다.

集解 張子曰: 困者, 益之基也. 學者之病, 正在不知困爾. 自以爲知, 而問之不能答, 用之不能行者多矣.

번역 장자[18]가 말하길, 곤궁함은 발전의 기틀이 된다. 학자의 병폐는 바로 곤궁함을 알지 못하는데 있을 따름이다. 스스로 자신이 안다고 여기지만, 물음에 답하지도 못하고 행실에 써먹지도 못하는 자들이 대부분이다.

集解 呂氏大臨曰: 人皆病學者自以爲是, 但恐其未嘗學耳. 使其果用力於學, 則必將自進之不足, 而何敢自是哉?

번역 여대림[19]이 말하길, 사람들이 모두 학문에 병폐를 일으키는 것

---

18) 장재(張載, A.D.1020~A.D.1077) : =장자(張子)·장횡거(張橫渠). 북송(北宋) 때의 유학자이다. 북송오자(北宋五子) 중 한 사람으로 칭해진다. 자(字)는 자후(子厚)이다. 횡거진(橫渠鎭) 출신으로, 이곳에서 장기간 강학을 했기 때문에 횡거선생(橫渠先生)으로 일컬어지기도 한다.

19) 남전여씨(藍田呂氏, A.D.1040~A.D.1092) : =여대림(呂大臨)·여씨(呂氏)·여여숙(呂與叔). 북송(北宋) 때의 학자이다. 이름은 대림(大臨)이고, 자(字)는 여숙(與叔)이며, 호(號)는 남전(藍田)이다. 장재(張載) 및 이정(二程)형제에게서 수학하였다. 저서로는 『남전문집(藍田文集)』 등이 있다.

은 스스로를 옳다고 여기고, 단지 아직 배우지 못한 것만을 염려하는데 있을 뿐이다. 만약 학문에 힘을 쓰게 한다면, 반드시 스스로 정진하는데 부족하다는 것을 느끼게 되는데, 어떻게 감히 스스로 옳다고 여기겠는가?

• 제 3 절 •

고대의 학교제도 - 소성(小成)과 대성(大成)

【445b】

> 古之敎者, 家有塾, 黨有庠, 術有序, 國有學. 比年入學, 中年考校. 一年視離經辨志, 三年視敬業樂群, 五年視博習親師, 七年視論學取友, 謂之小成. 九年知類通達, 强立而不反, 謂之大成.

직역 古의 敎者는 家에는 塾이 有하고, 黨에는 庠이 有하며, 術에는 序가 有하고, 國에는 學이 有하다. 比年에는 學에 入하고, 中年에는 考校한다. 一年에는 經을 離하고 志를 辨함을 視하고, 三年에는 業을 敬하고 群을 樂함을 視하며, 五年에는 博習하고 師를 親함을 視하고, 七年에는 學을 論하고 友를 取함을 視하니, 小成이라 謂한다. 九年에는 類를 知하여 通達하고, 强立하여 不反하니, 大成이라 謂한다.

의역 고대의 학교제도에 있어서, 가(家)에 속한 자들은 마을의 숙(塾)에서 배웠고, 당(黨)에 속한 자들 중 승급된 자들은 상(庠)에서 배웠으며, 주(州)에 속한 자들 중 승급된 자들은 서(序)에서 배웠고, 국성에는 가장 높은 학교인 학(學)이 있었다. 매해 학생들은 입학을 하고, 매번 1년을 걸러서 그들의 재예를 시험한다. 1년째에는 경전의 구문을 끊어서 읽는 수준과 그들의 뜻이 올바른지를 변별한다. 3년째에는 과업을 공경스럽게 익히고 동급생들과 친하게 지내는지를 살펴본다. 5년째에는 널리 익히고 스승을 친애하는지를 살펴본다. 7년째에는 학문의 오묘한 뜻을 연구하고 자신보다 나은 벗들을 사귀고 있는지를 살펴본다. 이처럼 할 수 있다면, 이러한 자들을 소성(小成)이라고 부른다. 9년째가 되면, 의리를 깊이 연구하였으니, 같은 부류에 대해서도 그 지식을 확장해서 달통하지 않음이 없게 되며, 굳건하게 자신을 세우고 그 뜻이 무너지지 않으니, 이러한 자들을 대성(大成)이라고 부른다.

集説   古者二十五家爲閭, 同在一巷, 巷首有門, 門側有塾. 民在家者, 朝夕
受敎於塾也. 五百家爲黨, 黨之學曰庠, 敎閭塾所升之人也. 術, 當爲州. 萬二
千五百家爲州, 州之學曰序. 周禮, "鄕大夫春秋以禮會民, 而射于州序", 是也.
序, 則敎黨學所升之人. 天子所都, 及諸侯國中之學, 謂之國學, 以敎元子·衆
子及卿大夫士之子, 與所升俊選之士焉. 比年, 每歲也. 每歲皆有入學之人. 中
年, 間一年也. 與小記中一以上之中同. 每間一年而考校其藝之進否也. 離經,
離絕經書之句讀也. 辨志, 辨別其趣向之邪正也. 敬業, 則於所習無怠忽. 樂
群, 則於朋徒無睽貳. 博習, 則不以程度爲限制. 親師, 則於訓誨知嗜好. 論學,
講求學問之縕奧也. 取友, 擇取益者而友之也. 能如此, 是學之小成也. 至於九
年, 則理明義精, 觸類而長, 無所不通, 有卓然自立之行, 而外物不得以奪之矣,
是大成也.

번역   고대에는 25개의 가(家)가 1개의 여(閭)가 되었으며, 모두 1개의
마을에 모여 있었고, 1개의 마을에는 마을 입구에 문이 있었으며, 문 측
면에는 마을 학교인 숙(塾)이 있었다. 백성들 중 가(家)에 속한 자들은 아
침저녁으로 숙(塾)에서 가르침을 받았다. 500개의 가(家)는 1개의 당(黨)
이 되는데, 당(黨)의 학교는 상(庠)이라고 부르며, 여(閭)의 학교인 숙(塾)
에서 승급된 자들을 가르쳤다. '술(術)'자는 마땅히 '주(州)'자가 되어야
한다. 12,500개의 가(家)는 1개의 주(州)가 되는데, 주(州)의 학교는 서
(序)라고 부른다. 『주례』에서 "향대부[1]는 봄과 가을에 예법에 따라 백성
들을 모아서, 주(州)의 서(序)에서 사례(射禮)를 시행했다."[2]라고 한 말이
바로 이러한 사실을 나타낸다. 서(序)에서는 당(黨)의 학교에서 승급된
자들을 가르쳤다. 천자가 도읍으로 삼은 곳이나 제후의 국성(國城)에 있
는 학교를 국학(國學)이라고 부르며, 천자와 제후의 적장자 및 나머지 아
들들, 그리고 경·대부·사의 아들들과 승급된 준선(俊選)[3]의 사들을 가

---

1) 향대부(鄕大夫)는 주대(周代)의 행정단위였던 향(鄕)을 담당하는 관리이다.
2) 『주례』「지관(地官)·주장(州長)」: 若以歲時祭祀州社, 則屬其民而讀法, 亦如
   之. 春秋以禮會民而射于州序.
3) 준선(俊選)은 준사(俊士)와 선사(選士)를 합쳐 부르는 말이다. 향학(鄕學)의

르쳤다. '비년(比年)'은 매해를 뜻한다. 해마다 학교에는 입학하는 자들이 있다. '중년(中年)'은 1년을 거른다는 뜻이다. 『예기』「상복소기(喪服小記)」편에서 "한 대를 걸러서 그 이상의 대상에게 한다."[4]라고 했을 때의 '중(中)'자와 동일한 의미이다. 매번 한 해를 걸러서 재예의 진척 정도를 시험한다. '이경(離經)'은 경전의 구문을 끊어서 읽는 것을 뜻한다. '변지(辨志)'는 그가 지향하는 것이 그른지 또는 옳은지를 변별한다는 뜻이다. "과업을 공경한다[敬業]."면 익히는 대상에 대해서 태만하거나 소홀함이 없다. "무리들을 좋아한다[樂群]."면 동급생들에 대해서 질시함이 없다. "널리 익힌다[博習]."면 특정한 굴레에 따라 제한을 두지 않는다. "스승을 친애한다[親師]."면 스승의 가르침에 대해서 즐기고 좋아할 줄 알게 된다. '논학(論學)'은 학문의 깊고 오묘한 뜻을 강론하여 탐구하는 것이다. '취우(取友)'는 자신보다 나은 자를 택해서 그와 벗하는 것을 뜻한다. 이처럼 할 수 있다면, 이것은 학문을 작게 이룬 것이다. 9년째가 되면 의리가 분명해지고 정밀해져서, 그 부류를 접해 확장해가서 달통하지 않은 것이 없고, 의젓하게 스스로를 세울 수 있는 행실을 갖추며, 외물이 그것을 빼앗을 수 없게 되니, 이것을 학문의 '큰 이룸[大成]'이라고 한다.

集說 朱子曰: 這幾句, 都是上兩字說學, 下兩字說所得處. 如離經便是學, 辨志是所得處. 他倣此.

번역 주자가 말하길, 이러한 몇 개의 구문에 있어서, 이것들은 모두 앞의 두 글자가 배움에 대해서 말한 것이고, 뒤의 두 글자는 배움을 통해 얻게 되는 것을 말한 것이다. 예를 들어 이경(離經)이라는 것은 배움의

사(士)들 중에서 덕행과 재예(才藝)가 뛰어난 사를 수사(秀士)라고 불렀고, 수사들 중에서도 뛰어난 사람은 사도(司徒)에게 천거되는데, 그 사람을 선사(選士)라고 불렀다. 준사(俊士)는 선사(選士)들 중에서도 덕행과 재주가 뛰어나서, 국학(國學)에 입학하였던 자들을 뜻한다.

4) 『예기』「상복소기(喪服小記)」【416c】: 士大夫不得祔於諸侯, 祔於諸祖父之爲士大夫者. 其妻祔於諸祖姑, 妾祔於妾祖姑, 亡則<u>中一以上</u>而祔, 祔必以其昭穆.

대상이며, 변지(辨志)라는 것은 배움을 통해 터득한 것이다. 다른 내용들도 모두 이와 같다.

大全 延平周氏曰: 養人之有序, 故自家至國, 皆立之學.

번역 연평주씨5)가 말하길, 사람을 기를 때에는 순서가 있다. 그렇기 때문에 가(家)로부터 국(國)에 이르기까지, 모두 각각의 학교를 세우는 것이다.

大全 朱子曰: 辨志者, 自能分別其心所趨向, 如爲善爲利爲君子爲小人也. 敬業者, 專心致志, 以事其業也. 樂群者, 樂於取益, 以輔其仁也. 博習者, 積累精專次第而徧也. 親師者, 道同德合愛敬兼盡也. 論學者, 知言而能論學之是非. 取友者, 知人而能識人之賢否也. 知類通達, 聞一知十, 能觸類而貫通也. 强立不反, 知止有定, 而物不能移也. 蓋考校之法, 逐節之中, 先觀其學業之淺深, 徐察其德行之虛實, 讀者宜深味之, 乃見進學之驗.

번역 주자가 말하길, '변지(辨志)'라는 것은 스스로 자신의 마음이 지향하는 것들을 분별할 수 있음을 뜻하니, 예를 들어 선을 위한 것인가, 이로움을 위한 것인가, 군자다운 행동인가, 소인다운 행동인가를 구별하는 것이다. '경업(敬業)'은 마음을 오로지하고 그 뜻을 지극히 하여, 과업에 전념하는 것이다. '요군(樂群)'은 자신에게 보탬이 될 사람들과 어울려서 자신의 인(仁)함을 보완하는 것을 좋아하는 것이다. '박습(博習)'은 차곡차곡 쌓고 정밀하게 연구하며 순서에 따라 두루 익히는 것이다. '친사(親師)'는 도를 함께 하고 덕을 합치하여 친애함과 공경함을 모두 다한다는 뜻이다. '논학(論學)'은 말뜻을 알아듣고 학문의 옳음과 그릇됨에 대해서 논정할 수 있다는 뜻이다. '취우(取友)'는 그 사람됨을 알아보고, 그 사람

---

5) 연평주씨(延平周氏, ?~?) : =주서(周諝)・주희성(周希聖). 송(宋)나라 때의 유학자이다. 이름은 서(諝)이다. 자(字)는 희성(希聖)이다. 『예기설(禮記說)』 등의 저서가 있다.

이 현명한지의 여부를 알아차릴 수 있다는 뜻이다. '지류통달(知類通達)'은 하나를 들으면 열 가지를 알아서, 비슷한 부류의 일에 접해서도 그 실질을 꿰뚫어볼 수 있다는 뜻이다. '강립불반(强立不反)'은 그칠 곳을 알고 확정함이 있어서, 외부 사물이 그것을 변동시킬 수 없다는 뜻이다. 무릇 학생들을 시험하는 법도는 절도의 합당함을 따르니, 먼저 학업의 깊이를 살펴보고, 그런 뒤에 천천히 덕행의 실질을 살펴보니, 학자들은 마땅히 이 내용을 깊이 살펴서, 학문에 정진하는 증험을 알아야 한다.

大全 臨川吳氏曰: 按考校, 與周官大比不同. 考校者, 謂九年大成以前, 每間一歲, 敎者察視其學業之進何如, 大比者, 謂九年大成之後, 每三年, 則鄕大夫大比其德行道藝, 而賓興之也. 初入學一年, 於歲終視其讀經斷句, 而分別其志之果向學與否. 敬業者, 謂於所讀之經, 而專心致志. 樂群者, 如食而已知其味, 樂與同居之群, 共講習之, 此於三年之歲終察視之. 博習, 謂所學經外, 又能汎及他經. 傳授師說, 服膺不失, 而親近其師, 惟恐或離也, 此於五年之歲終察視之. 論學, 謂義理已明, 能論說學之是非, 識人品高下, 而取其善者, 以爲友, 此於七年之歲終察視之. 以上, 皆小學之事. 九年, 則十五入大學之次年, 自始入小學之年, 而通數之爲九年也. 能知事理而推其類, 由此以通達於彼, 猶子貢之聞一知二, 此大學致知之功也. 强立, 謂守之堅固, 不反, 謂其已能者不退轉, 此大學力行之效也.

번역 임천오씨[6]가 말하길, '고교(考校)'에 대해 살펴보니, 『주례』에 나오는 대비(大比)[7]와는 다르다. '고교(考校)'라는 것은 9년째에 대성(大成)

---

6) 오징(吳澄, A.D.1249~A.D.1333) : =임천오씨(臨川吳氏)・오유청(吳幼淸). 송원대(宋元代)의 유학자이다. 이름은 징(澄)이다. 자(字)는 유청(幼淸)이다. 저서로 『예기해(禮記解)』가 있다.

7) 대비(大比)는 주대(周代) 때 3년마다 향(鄕)과 수(遂)의 관리들이 백성들 중의 인재를 대상으로 시행한 시험이다. 『주례』「지관(地官)・향대부(鄕大夫)」편에는 "三年則大比. 考其德行, 道藝, 而興賢者能者."라는 기록이 있고, 이에 대한 정현의 주에서는 정사농(鄭司農)의 주장을 인용하여, "興賢者謂若今擧孝廉, 興能者謂若今擧茂才."라고 풀이했다.

하기 이전, 매번 1년을 걸러서 가르치는 자가 학생들의 학업 성취 정도를 살펴보는 것이며, '대비(大比)'라는 것은 9년째에 대성(大成)한 이후, 3년마다 향대부(鄕大夫)가 그들의 덕행과 도예(道藝)에 대해서 시험을 하여, 선발된 자들을 빈객의 예법으로 대우하며 격려하는 것이다. 최초 학교에 입학한 1년째에는 그 해의 끝에 그들이 경전의 구문을 끊어서 읽는 것을 살피고, 그들의 뜻이 지향하는 것이 학문에 대한 것인지 아닌지를 분별한다. '경업(敬業)'은 학습하는 경전에 대해서, 마음을 오로지하고 뜻을 지극히 해서 익힌다는 뜻이다. '요군(樂群)'은 마치 음식을 먹게 되면 그 맛을 알 수 있게 되듯이, 같이 학습하는 동기들과 어울려서 함께 학문을 익히기를 좋아한다는 뜻으로, 이러한 것들은 3년째 연말에 살펴보게 된다. '박습(博習)'은 학교에서 익히는 경전 외에도 다른 경전들에 대해서 널리 익힐 줄 안다는 뜻이다. 스승의 설법을 전수받아서 그것을 마음에 품어 잃지 않고, 스승을 친근하게 대하여 혹시라도 어긋나는 것이 있을까를 염려하게 되니, 이러한 것들은 5년째 연말에 살펴보게 된다. '논학(論學)'은 의리(義理)에 대해 이미 해박하여, 학문의 시비에 대해서 논증할 수 있다는 뜻이며, 어떤 사람의 인품을 알아보고, 선한 자를 취해 벗으로 삼는데, 이러한 것들은 7년째 연말에 살펴보게 된다. 이상의 것들은 모두 소학(小學)에서 시행하는 일들이다. 9년째가 되면 15세가 되어, 대학(大學)에 입학할 나이가 되니, 최초 소학에 입학했을 때로부터 그 과정을 통괄해보면 9년이 된다. 사물의 이치를 알아보고 비슷한 부류를 유추할 수 있는데, 이것을 통해서 저것에 대해서도 달통한 것으로, 마치 자공이 하나를 들으면 둘을 알았던 것과 같다. 이것은 바로 대학에서 앎을 지극히 하는 공력에 해당한다. '강립(强立)'은 지키기를 굳건하게 한다는 뜻이며, '불반(不反)'은 이미 능통한 것을 전락시킬 수 없음을 뜻하니, 이러한 것들은 대학에서 힘써 노력해서 나타나는 효과이다.

鄭注 術, 當爲"遂", 聲之誤也. 古者仕焉而已者, 歸敎於閭里, 朝夕坐於門, 門側之堂謂之塾. 周禮: 五百家爲黨, 萬二千五百家爲遂. 黨屬於鄕, 遂在遠郊

之外. 學者每歲來入也. 中, 猶間也. 鄕遂大夫間歲則考學者之德行道藝. 周
禮: 三歲大比乃考焉. 離經, 斷句絶也. 辨志, 謂別其心意所趣鄕也. 知類, 知事
義之比也. 强立, 臨事不惑也. 不反, 不違失師道.

번역 '술(術)'자는 마땅히 '수(遂)'자가 되어야 하니, 소리가 비슷해서
생긴 오자이다. 고대에는 벼슬을 했다가 물러난 자가 자신의 고향으로 되
돌아가서 학생들을 가르쳤고, 아침저녁으로 마을 문에 앉아서 출입하는
자들의 품행을 살펴보았는데, 마을 문 옆에 있는 당(堂)을 '숙(塾)'이라고
부른다. 『주례』의 체제에 따르면, 500개의 가(家)는 1개의 당(黨)이 되며,
12,500개의 가(家)는 1개의 수(遂)가 된다. 당(黨)은 향(鄕)에 속해 있고,
수(遂)는 원교(遠郊) 밖에 속해 있다. 학생들은 매해 찾아와서 입학을 한
다. '중(中)'자는 "사이를 둔다[間]."는 뜻이다. 향(鄕)과 수(遂)의 대부들
은 한 해를 걸러서 학생들의 덕행과 도예(道藝)를 시험한다. 『주례』에서
는 3년마다 대비(大比)를 하여 학생들을 시험한다고 했다. '이경(離經)'은
구문을 끊는 것이다. '변지(辨志)'는 마음이 지향하는 것을 분별한다는 뜻이
다. '지류(知類)'는 사안과 의리상 비슷한 부류에 대해서 파악할 수 있
다는 뜻이다. '강립(强立)'은 어떤 사안에 임해서 의혹되지 않는다는 뜻이
다. '불반(不反)'은 스승이 가르쳐준 도리에 대해서 위배하거나 실추시키
지 않는다는 뜻이다.

釋文 塾音熟, 一音育. 術音遂, 出注. 中, 徐丁仲反, 注同. 間, 間側之間,
下同. 比, 毗志反. 樂, 五孝反, 又音岳, 下"不能樂學"同. 斷句, 丁亂反. 別, 彼列
反. 趣, 七住反. 鄕, 許亮反. 比, 必履反, 一音必利反.

번역 '塾'자의 음은 '熟(숙)'이고, 다른 음은 '育(육)'이다. '術'자의 음은
'遂(수)'이니, 정현의 주에 따른 것이다. '中'자의 서음(徐音)은 '丁(정)'자
와 '仲(중)'자의 반절음이며, 정현의 주에 나오는 글자도 그 음이 이와 같
다. '間'자는 '간측(間側)'이라고 할 때의 '間'자이며, 아래문장에 나오는 글
자도 그 음이 이와 같다. '比'자는 '毗(비)'자와 '志(지)'자의 반절음이다.

'樂'자는 '五(오)'자와 '孝(효)'자의 반절음이며, 또한 그 음은 '岳(악)'도 되
는데, 아래문장 중 '不能樂學'에서의 '樂'자도 그 음이 이와 같다. '斷句'에
서의 '斷'자는 '丁(정)'자와 '亂(란)'자의 반절음이다. '別'자는 '彼(피)'자와
'列(렬)'자의 반절음이다. '趣'자는 '七(칠)'자와 '住(주)'자의 반절음이다.
'鄕'자는 '許(허)'자와 '亮(량)'자의 반절음이다. '比'자는 '必(필)'자와 '履
(리)'자의 반절음이며, 다른 음은 '必(필)'자와 '利(리)'자의 반절음이다.

孔疏 ●"古之"至"謂乎". ○正義曰: 此一節明國家立庠·序上下之殊, 幷
明入學年歲之差.

번역 ●經文: "古之"~"謂乎". ○이곳 문단은 국가에서 상(庠) 및 서
(序) 등의 학교를 세울 때, 상등과 하등의 차이를 두었음을 나타내고 있
고, 아울러 학교에 들어가서 해마다 평가하는 기준의 차이점을 나타내고
있다.

孔疏 ●"古之敎"者, 謂上代也.

번역 ●經文: "古之敎". ○고대를 뜻한다.

孔疏 ●"家有塾"者, 此明學之所在. 周禮: 百里之內, 二十五家爲閭, 同
共一巷, 巷首有門, 門邊有塾, 謂民在家之時, 朝夕出入, 恒受敎於塾, 故云
"家有塾". 白虎通云: "古之敎民者[8]里皆有師, 里中之老有道德者, 爲里右師,
其次爲左師, 敎里中之子弟以道藝·孝悌·仁義也."

번역 ●經文: "家有塾". ○이 내용은 학교가 위치하는 단위를 나타내
고 있다. 『주례』에서는 100리(里) 이내의 땅에 25개의 가(家)를 1개의 여

---

8) '자(者)'자에 대하여. '자'자는 본래 '백(百)'자로 기록되어 있었는데, 완원(阮
元)의 『교감기(校勘記)』에서는 "노문초(盧文弨)는 교감을 하며, '백'자는 곧
'자'자의 오자라고 했다."라고 했다.

(閭)로 삼고, 모두 한 마을을 이루게 하는데, 마을 입구에는 문이 있고, 문의 측면에는 숙(塾)이 있어서, 백성들이 가(家)에 머물 때, 아침저녁으로 출입하며, 숙(塾)에서 항상 가르침을 받았다고 했다. 그렇기 때문에 "가(家)에는 숙(塾)이 있다."라고 말한 것이다. 『백호통』9)에서는 "고대에 백성들을 가르쳤던 것 중에 리(里)에는 모두 스승이 있었으니, 리(里) 안의 나이가 든 자들 중 도덕을 갖춘 자를 리(里)의 우사(右師)로 삼았고, 그 다음으로 높은 자를 좌사(左師)로 삼아서, 리(里) 안에 있는 자제들에게 도예·효제·인의를 가르쳤다."라고 했다.

孔疏 ●"黨有庠"者, 黨, 謂周禮五百家也. 庠, 學名也. 於黨中立學, 敎閭中所升者也.

번역 ●經文: "黨有庠". ○'당(黨)'은 『주례』의 체제에 따른 500개의 가(家) 규모를 뜻한다. '상(庠)'은 학교 이름이다. 당(黨) 안에 학교를 세워서, 여(閭)에서 선발된 자들을 가르쳤다.

孔疏 ●"術有序"者, 術, 遂也. 周禮: 萬二千五百家爲遂. 遂有序, 亦學名. 於遂中立學, 敎黨學所升者也.

번역 ●經文: "術有序". ○'술(術)'자는 수(遂)를 뜻한다. 『주례』의 체제에 따르면 12,500개의 가(家) 규모가 1개의 수(遂)가 된다. 수(遂) 안에는 서(序)를 두었으니, 이때의 '서(序)' 또한 학교 이름이다. 수(遂) 안에 학교를 세워서, 당(黨)의 학교에서 선발된 자들을 가르쳤다.

孔疏 ●"國有學"者, 國, 謂天子所都及諸侯國中也. 周禮天子立四代學, 以敎世子及群后之子, 及鄕中俊選所升之士也. 而尊魯, 亦立四代學. 餘諸侯

---

9) 『백호통(白虎通)』은 후한(後漢) 때 편찬된 서적이다. 『백호통의(白虎通義)』라고도 부른다. 후한의 장제(章帝)가 학자들을 불러 모아서, 백호관(白虎觀)에서 토론을 시키고, 각 경전 해석의 차이점을 기록한 서적이다.

於國, 但立時王之學, 故云"國有學"也.

번역 ●經文: "國有學". ○'국(國)'은 천자가 도읍으로 삼은 곳이거나 제후가 다스리는 국성(國城)을 뜻한다. 『주례』의 체제에 따르면 천자는 사대(四代)[10] 때의 학교를 모두 세워서, 세자 및 제후들의 아들, 향(鄉)의 준선(俊選)으로 선발된 사들을 가르쳤다. 그런데 노(魯)나라는 주공(周公)으로 인해 존숭받았으므로, 노나라에서도 사대 때의 학교를 세웠다. 나머지 제후국에서는 국성 안에 단지 당시 왕조의 학교만을 세웠다. 그렇기 때문에 "국성에는 학(學)이 있다."라고 말한 것이다.

孔疏 ●"比年入學"者, 比年, 謂每年也, 謂年年恒入學也.

번역 ●經文: "比年入學". ○'비년(比年)'는 매년을 뜻하니, 해마다 항상 학교에 입학한다는 뜻이다.

孔疏 ●"中年考校"者, "中"猶間也. 謂每間一歲, 鄉遂大夫考校其藝也.

번역 ●經文: "中年考校". ○'중(中)'자는 "사이를 둔다[間]."는 뜻이다. 즉 매번 한 해를 걸러서 향(鄉)과 수(遂)의 대부가 학생들의 재예를 시험한다는 뜻이다.

孔疏 ●"一年視離經辨志"者, 謂學者初入學一年, 鄉遂大夫於年終之時, 考視其業. 離經, 謂離析經理, 使章句斷絶也. 辨志, 謂辨其志意趣鄉, 習學何經矣.

번역 ●經文: "一年視離經辨志". ○학생들이 최초 입학을 한 1년째에 향(鄉)과 수(遂)의 대부가 그 해의 연말에 학생들의 과업을 시험한다는

---

10) 사대(四代)는 우(虞), 하(夏), 은(殷), 주(周)의 4대(代) 왕조를 뜻한다. 『예기』 「학기(學記)」편에는 "三王四代唯其師."라는 기록이 있는데, 이에 대한 정현의 주에서는 "四代, 虞·夏·殷·周."라고 풀이했다.

뜻이다. '이경(離經)'은 끊고 나누어 조리가 있게 한다는 뜻이니, 경전의 장구를 끊어서 읽게 한다는 의미이다. '변지(辨志)'는 그들의 뜻이 지향하는 것을 변별하여, 어떠한 경전을 학습하는지를 살핀다는 뜻이다.

孔疏 ●"三年視敬業樂群"者, 謂學者入學三年, 考校之時, 視此學者. 敬業, 謂藝業長者, 敬而親之. 樂群, 謂群居, 朋友善者, 願而樂之.

번역 ●經文: "三年視敬業樂群". ○학생이 학교에 입학한 후 3년째가 되면, 시험을 치를 때 이러한 학과목을 시험한다는 뜻이다. '경업(敬業)'은 재예와 학업의 성취도가 높은 자에 대해서 공경하며 친근하게 대한다는 뜻이다. '요군(樂群)'은 동급생들 중에서 선한 자를 벗하며, 그들을 배우고자 하며 좋아한다는 뜻이다.

孔疏 ●"五年視博習親師"者, 言五年考校之時, 視此學者. 博習, 謂廣博學習也. 親師, 謂親愛其師.

번역 ●經文: "五年視博習親師". ○5년째 시험하는 때에는 이러한 학과목을 시험한다는 뜻이다. '박습(博習)'은 널리 익히고 배운다는 뜻이다. '친사(親師)'는 스승을 친애한다는 뜻이다.

孔疏 ●"七年視論學取友"者, 言七年考校之時, 視此學者. 論學, 謂學問嚮成, 論說學之是非. 取友, 謂選擇好人, 取之爲友. "謂之小成"者, 比六年已前, 其業稍成, 比九年之學, 其業小, 故曰"小成".

번역 ●經文: "七年視論學取友". ○7년째 시험하는 때에는 이러한 학과목을 시험한다는 뜻이다. '논학(論學)'은 학문의 방향과 성취도를 뜻하니, 학문의 시비를 논증한다는 의미이다. '취우(取友)'는 좋은 사람을 가려서 그들을 벗한다는 뜻이다. 경문의 "謂之小成"에 대하여. 6년째 이전의 시기와 비교를 해보면, 그들의 과업이 조금 성숙하게 된 것이고, 9년째의 학업과 비교를 해보면, 그 과업은 작은 것이 된다. 그렇기 때문에 '소성(小成)'이라고 말한 것이다.

孔疏 ●"九年知類通達, 强立而不反"者, 謂九年考校之時, 視此學者, 言知義理事類, 通達無疑. 强立, 謂專强獨立, 不有疑滯. "而不反", 謂不違失師教之道. "謂之大成", 此大學之道也者, 言如此所論, 是大學賢聖之道理, 非小學技藝耳.

번역 ●經文: "九年知類通達, 强立而不反". ○9년째 시험하는 때에는 이러한 학과목을 시험한다는 뜻이니, 즉 의리와 그 사안의 부류들을 알아서, 모든 것에 달통하여 의혹됨이 없다는 의미이다. '강립(强立)'은 전일하고 굳건하게 하여 홀로 우뚝 서며, 다른 것에 의혹되거나 막힘이 없다는 뜻이다. 경문의 "而不反"에 대하여. 스승이 가르쳐준 도를 위배하거나 실추시키지 않는다는 뜻한다. 경문의 "謂之大成"에 대하여. 이것을 대학(大學)의 도라고 부른다는 뜻이니, 곧 이처럼 논증하는 것은 대학에서 가르치는 성현의 도리에 대한 것으로, 소학(小學)에서 가르치는 기술과 재예가 아니라는 뜻이다.

孔疏 ◎注"術當爲遂, 聲之誤也. 古者仕焉而已者, 歸敎於閭里"至"在遠郊之外". ○正義曰: 此云"術", 周禮作"遂"者, 此記與"黨"連文, 故知"術"當爲"遂", 以聲相近而錯誤也. 云"古者仕焉而已者, 歸敎於閭里, 朝夕坐於門"者, "已"猶退也, 謂仕年老而退歸者. 按書傳說云: 大夫七十而致仕, 而退老歸其鄕里. 大夫爲父師, 士爲少師. 新穀已入, 餘子皆入學, 距冬至四十五日始出學, 上老乎明坐於右塾, 庶老坐於左塾, 餘子畢出, 然後皆歸, 夕亦如之. 云"門側之堂謂之塾"者, 爾雅・釋宮文. 引周禮者, 證黨・遂之異. 按周禮: 六鄕之內, 五家爲比, 五比爲閭, 四閭爲族, 五族爲黨, 五黨[11]爲州, 五州爲鄕.

---

11) '오당(五黨)'에 대하여. '오당'은 본래 없던 글자인데, 완원(阮元)의 『교감기(校勘記)』에서는 "혜동(惠棟)의 『교송본(校宋本)』에는 '오당위주(五黨爲州)'

六遂之內, 五家爲鄰, 五鄰爲里, 四里爲酇, 五酇爲鄙, 五鄙爲縣, 五縣爲遂.
今此經六鄕擧"黨", 六遂擧"序", 則餘閭里以上, 皆有學可知, 故此注云"歸敎
於閭里". 其比與鄰近, 止五家而已, 不必皆有學. 云"遂在遠郊之外"者, 按周
禮: 遂人, 掌野之官, 百里之外. 故知遂在遠郊之外. 鄭注州長職云: "序, 州
黨之學." 則黨學曰"序". 此云"黨有庠"者, 鄕學曰"庠", 故鄕飮酒之義云: "主
人拜迎賓于庠門之外." 注云: "庠, 鄕學也." 州黨曰序, 此云"黨有庠"者, 是
鄕之所居黨爲鄕學之庠, 不別立序. 凡六鄕之內, 州學以下皆爲庠. 六遂之內,
縣學以下皆爲序也. 皇氏云"遂學曰庠", 與此文違, 其義非也. 庾氏云"黨有
庠, 謂夏殷禮, 非周法", 義或然也.

번역 ◎鄭注: "術當爲遂, 聲之誤也. 古者仕焉而已者, 歸敎於閭里"~"在
遠郊之外". ○이곳에서는 '술(術)'이라고 기록했는데, 『주례』에서는 '수
(遂)'라고 기록했다. 이곳 기록에서는 술(術)자를 '당(黨)'자와 연결해서
기록했기 때문에, '술(術)'자는 마땅히 '수(遂)'자가 되어야 하며, 소리가
서로 비슷해서 잘못 기록된 것임을 알 수 있다. 정현이 "고대에는 벼슬을
했다가 물러난 자가 자신의 고향으로 되돌아가서 학생들을 가르쳤고, 아
침저녁으로 마을 문에 앉아서 출입하는 자들의 품행을 살펴보았다."라고
했는데, '이(已)'자는 "물러난다[退]."는 뜻이니, 벼슬살이를 하다가 노년
이 되어 물러나 고향으로 돌아간 자를 뜻한다. 『상서대전』을 살펴보면,
대부는 70세가 되면 벼슬에서 물러나며, 노년을 이유로 물러나서 자신의
고향으로 되돌아간다. 대부였던 자는 부사(父師)가 되며, 사였던 자는 소
사(少師)가 된다. 새로 수확한 곡식이 들어오게 되면, 여러 자제들이 모두
입학을 하고, 겨울부터 45일이 지나게 되면, 비로소 학교에서 나오게 되
며, 상로(上老)[12]는 날이 밝을 때 우숙(右塾)에 앉아 있고, 서로(庶老)[13]

라고 기록되어 있고, 『모본(毛本)』도 동일하게 기록되어 있으며, 위씨(衛氏)
의 『집설(集說)』에도 동일하게 기록되어 있다. 따라서 이곳 판본에는 '오당'
이라는 두 글자가 누락된 것이다."라고 했다.

12) 상로(上老)는 고대에 대부(大夫)의 벼슬을 하다가 노년이 되어 물러난 자를
경칭하는 말이다.

13) 서로(庶老)는 고대에 사(士)의 벼슬을 하다가 노년이 되어 물러난 자를 경칭

는 좌숙(左塾)에 앉아 있게 되며, 여러 자제들이 모두 마을 문을 빠져나
간 뒤에야 되돌아가고, 저녁에도 또한 이처럼 한다고 했다. 정현이 "마을
문 옆에 있는 당(堂)을 '숙(塾)'이라고 부른다."라고 했는데, 이것은『이아』
「석궁(釋宮)」편의 문장이다.14) 정현이『주례』의 내용을 인용한 것은 당
(黨)과 수(遂)가 다르다는 점을 증명하기 위해서이다.『주례』를 살펴보면,
육향(六鄕) 안에서, 5개의 가(家)는 1개의 비(比)가 되고, 5개의 비(比)는
1개의 여(閭)가 되며, 4개의 여(閭)는 1개의 족(族)이 되고, 5개의 족(族)
은 1개의 당(黨)이 되며, 5개의 당(黨)은 1개의 주(州)가 되고, 5개의 주
(州)는 1개의 향(鄕)이 된다고 했다. 또 육수(六遂) 안에서, 5개의 가(家)
는 1개의 인(鄰)이 되고, 5개의 인(鄰)은 1개의 리(里)가 되며, 4개의 리
(里)는 1개의 찬(酇)이 되고, 5개의 찬(酇)은 1개의 비(鄙)가 되며, 5개의
비(鄙)는 1개의 현(縣)이 되고, 5개의 현(縣)은 1개의 수(遂)가 된다고 했
다. 그런데 현재 이곳 경문에서는 육향을 언급하며 '당(黨)'을 거론했고,
육수에 대해서는 '서(序)'를 언급했으니, 나머지 여(閭)나 리(里) 이상의
행정단위에서는 모두 학교를 세웠었다는 사실을 알 수 있다. 그렇기 때문
에 이곳 문장에 대한 정현의 주에서는 "되돌아가서 여(閭)나 리(里)에서
가르쳤다."라고 말한 것이다. 그런데 비(比)나 인(鄰)은 그 단위가 서로
비슷하니, 단지 5개의 가(家)로 구성되어 있을 뿐이며, 반드시 모든 단위
에 학교가 있을 필요는 없다. 정현이 "수(遂)는 원교(遠郊) 밖에 속해 있
다."라고 했는데,『주례』를 살펴보면, 수인(遂人)은 야(野)에 대해서 담당
하는 관리이니, 국성으로부터 100리(里) 밖의 땅을 담당한다. 그렇기 때
문에 수(遂)가 원교 밖에 있었음을 알 수 있다.『주례』「주장(州長)」편의
직무 기록에 대한 정현의 주에서는 "서(序)는 주당(州黨)의 학교이다."15)
라고 했으니, 당(黨)의 학교는 '서(序)'라고 부른다. 그런데 이곳에서는
"당(黨)에는 상(庠)이 있다."라고 했다. 그러나 향(鄕)에 있는 학교는 '상

하는 말이다.
14)『이아』「석궁(釋宮)」: 門側之堂謂之塾.
15) 이 문장은『주례』「지관(地官)·주장(州長)」편의 "若以歲時祭祀州社, 則屬其民
而讀法, 亦如之. 春秋以禮會民而射于州序."라는 기록에 대한 정현의 주이다.

(庠)'이라고 부른다. 그렇기 때문에 『예기』「향음주의(鄕飲酒義)」편에서는
"주인(主人)은 향(鄕)의 학교인 상(庠)의 문밖에서 빈객(賓客)에게 절을
하며 맞이한다."16)라고 했고, 정현의 주에서는 "'상(庠)'은 향(鄕)에 있는
학교이다."라고 한 것이다. 그리고 주당(州黨)의 학교를 '서(序)'라고 하는
데, 이곳에서는 "당(黨)에는 상(庠)이 있다."라고 했다. 이것은 향(鄕)의
행정부가 있는 당(黨)에 향(鄕)의 학교인 상(庠)을 세워서, 별도로 서(序)
를 세우지 않은 것이다. 무릇 육향 이내에는 주(州)의 학교로부터 그 이
하의 학교를 모두 상(庠)이라고 하며, 육수 이내에는 현(縣)의 학교로부
터 그 이하의 학교를 모두 서(序)라고 한다. 황간17)은 "수(遂)의 학교를
상(庠)이라고 부른다."라고 하여, 이곳의 기록과 위배되니, 그 주장은 잘
못되었다. 유울18)은 "당(黨)에 상(庠)의 학교를 세우는 것은 하(夏)나라
와 은(殷)나라 때의 예법을 뜻하니, 주(周)나라의 예법은 아니다."라고 했
는데, 그 주장은 혹여 그러하기도 할 것 같다.

孔疏 ◎注"中猶間也. 鄕遂大夫·間歲則考學者之德行道藝. 周禮: 三歲
大比乃考焉". ○正義曰: 間年, 謂下一年·三年·五年·七年之類是也. 云
"鄕遂大夫間歲則考學者", 計學者入學多少之間歲, 非是鄕遂大夫間歲三年
入學也. 云"周禮: 三歲大比乃考焉"者, 鄭引周禮"三年大比考校", 則此中年

16) 『예기』「향음주의(鄕飲酒義)」【696b】: 鄕飲酒之義: <u>主人拜迎賓于庠門之外</u>,
入, 三揖而后至階, 三讓而后升, 所以致尊讓也. 盥洗揚觶, 所以致絜也. 拜至·拜
洗·拜受·拜送·拜旣, 所以致敬也. 尊讓·絜·敬也者, 君子之所以相接也. 君子尊
讓則不爭, 絜·敬則不慢; 不慢不爭, 則遠於鬪辨矣. 不鬪辨, 則無暴亂之禍矣. 斯
君子所以免於人禍也.
17) 황간(皇侃, A.D.488~A.D.545): =황씨(皇氏). 남조(南朝) 때 양(梁)나라의 경
학자이다. 『주례(周禮)』, 『의례(儀禮)』, 『예기(禮記)』 등에 해박하여, 『상복문
구의소(喪服文句義疏)』, 『예기의소(禮記義疏)』, 『예기강소(禮記講疏)』 등을
지었지만, 현재는 전해지지 않는다. 그 일부가 마국한(馬國翰)의 『옥함산방
집일서(玉函山房輯佚書)』에 수록되어 있다.
18) 유울(庾蔚, ?~?): =유씨(庾氏). 남조(南朝) 때 송(宋)나라 학자이다. 저서로
는 『예기약해(禮記略解)』, 『예론초(禮論鈔)』, 『상복(喪服)』, 『상복세요(喪服
世要)』, 『상복요기주(喪服要記注)』 등을 남겼다.

考校, 非周禮也. 故周禮·鄕大夫職云: “三年大比, 而興賢者能者.” 皇氏云 “此中年考校亦周法”, 非也. 皇氏又以此“中年考校”, 謂鄕遂學也, 下文云“一 年視離經辨志”以下, 皆謂國學, 亦非也. 但應入大學者, 自國家考校之耳. 其 未入大學者, 鄕遂大夫考校也.

번역 ◎鄭注: “中猶間也. 鄕遂大夫·間歲則考學者之德行道藝. 周禮: 三 歲大比乃考焉”. ○‘간년(間年)’은 그 뒤에 나오는 1년·3년·5년·7년 등 의 부류를 가리킨다. 정현이 “향(鄕)과 수(遂)의 대부들은 한 해를 걸러서 학생들을 시험한다.”라고 했는데, 학생들이 입학할 때부터 계산하여 한 해를 거른다는 뜻이니, 향(鄕)과 수(遂)의 대부들이 3년마다 학교에 들어 가서 시험한다는 뜻은 아니다. 정현이 “『주례』에서는 3년마다 대비(大比) 를 하여 학생들을 시험한다고 했다.”라고 했는데, 정현이 『주례』에 나온 “3년마다 대비(大比)를 하여 시험한다.”라고 한 말을 인용하였다면, 이곳 에서 한 해를 걸러서 시험한다고 한 말은 주(周)나라의 예법이 아니다. 그렇기 때문에 『주례』「향대부(鄕大夫)」편의 직무 기록에서는 “3년마다 대비를 하여, 현명한 자와 유능한 자를 선발한다.”[19]라고 한 것인데, 황간 은 “이곳에서 한 해를 걸러서 시험한다고 한 것 또한 주나라 때의 예법이 다.”라고 했으니, 잘못된 주장이다. 황간은 또한 이곳에 나온 “한 해를 걸 러서 시험한다.”는 내용을 향(鄕)과 수(遂)의 학교에서 시행하는 것으로 여겼고, 그 뒤에 나오는 “1년째에는 이경(離經)과 변지(辨志)를 살핀다.” 라고 한 말부터 그 이하의 내용을 모두 국학(國學)에서 시행하는 것으로 여겼는데, 이 또한 잘못된 주장이다. 다만 대학(大學)에 입학하는 자는 그 자체로 국가로부터 시험을 거쳐서 들어온 자일 따름이다. 그리고 아직 대 학에 입학하지 않은 자는 향(鄕)과 수(遂)의 대부로부터 시험을 받게 된다.

集解 陳氏祥道曰: 州曰序, 記言“遂有序”, 何也? 周禮遂官各降鄕官一等, 則遂之學亦降鄕一等矣. 降鄕一等, 而謂之州長, 其爵與遂大夫同, 則遂之學

---

19) 『주례』「지관(地官)·향대부(鄕大夫)」: <u>三年則大比</u>, 攷其德行·道藝, 而<u>興賢 者·能者</u>, 鄕老及鄕大夫帥其吏與其衆寡, 以禮禮賓之.

其名與州序同可也.

번역 진상도20)가 말하길, 주(州)에 있는 학교를 '서(序)'라고 부르는데, 이곳 기록에서 "수(邃)에 있는 학교를 '서(序)'라고 부른다."라고 한 이유는 어째서인가?『주례』에서 수(邃)의 관리는 각각 향(鄕)의 관리보다 1등급이 낮으니, 수(邃)의 학교 또한 향(鄕)의 학교보다 1등급이 낮기 때문이다. 향(鄕)의 관리보다 1등급이 낮은데, 그를 주장(州長)이라고 부르는 것은 그의 작위가 수대부(邃大夫)와 동일하기 때문이니, 수(邃)의 학교는 그 명칭이 주(州)의 서(序)와 동일하게 됨을 알 수 있다.

集解 顧氏炎武曰: 術有序, 水經注引此作"邃有序". 月令"審端經術", 注, "術, 周禮作邃." 春秋文公十二年"秦伯使術來聘", 公羊傳·漢書五行志並作"邃". 管子度地篇"百家爲里, 里十爲術, 術十爲州", 術音邃. 此古"邃""術"二字通用之證. 陳可大改術爲"州", 非也.

번역 고염무21)가 말하길, '술유서(術有序)'라고 했는데,『수경주』에서는 이곳 문장을 인용하며, '수유서(邃有序)'라고 기록했다.『예기』「월령(月令)」편에서는 '심단경술(審端經術)'22)이라고 기록했고, 정현의 주에서는 "'술(術)'자를『주례』에서는 '수(邃)'자로 기록한다."라고 했다.『춘추』문공(文公) 12년에 대한 기록에서는 "진(秦)나라 백작이 술(術)을 시켜서

---

20) 진상도(陳祥道, A.D.1159~A.D.1223) : =장락진씨(長樂陳氏)·진씨(陳氏)·진용지(陳用之). 북송대(北宋代)의 유학자이다. 자(字)는 용지(用之)이다. 장락(長樂) 지역 출신으로, 1067년에 과거에 급제하여 태상박사(太常博士) 등을 지냈다. 왕안석(王安石)의 제자로, 그의 학문을 전파하는데 공헌하였다. 저서에는『예서(禮書)』,『논어전해(論語全解)』등이 있다.

21) 고염무(顧炎武, A.D.1613~A.D.1682) : 명말(明末) 때의 학자이다. 자(字)는 영인(寧人)이고, 호(號)는 정림(亭林)이다. 경학과 사학(史學) 분야에 뛰어났다.『일지록(日知錄)』등의 저서가 있다.

22)『예기』「월령(月令)」【190d】: 是月也, 天氣下降, 地氣上騰, 天地和同, 草木萌動, 王命布農事. 命田, 舍東郊, 皆修封彊, 審端徑術, 善相丘陵阪險原隰, 土地所宜五穀所殖, 以敎道民, 必躬親之. 田事旣飭, 先定準直, 農乃不惑.

찾아와서 조빙을 했다."[23]라고 했고,『공양전』과『한서(漢書)』「오행지(五行志)」편에서는 모두 '수(遂)'자로 기록했다.『관자(管子)』「탁지(度地)」편에서는 "100개의 가(家)는 1개의 리(里)가 되고, 리(里) 10개는 1개의 술(術)이 되며, 술(術) 10개는 1개의 주(州)가 된다."[24]라고 했으니, '術'자의 음은 '遂(수)'이다. 이것은 고대의 '遂'자와 '術'자가 통용되었음을 증명한다. 진가대[25]는 '術'자를 '주(州)'자로 고쳤는데, 이것은 잘못된 주장이다.

集解 愚謂: 遂有序者, 言六遂之中, 縣鄙之屬有序也. 六鄉之中, 閭側有塾, 州・黨有序, 鄉有庠, 則六遂之中, 里側有塾, 縣・鄙有序, 遂有庠. 此於鄉但言"黨", 於遂但言"術", 略擧而互見之也.

번역 내가 생각하기에, '수유서(遂有序)'라는 말은 육수(六遂) 안에서 현(縣)과 비(鄙) 등의 행정구역에 서(序)라는 학교를 세웠다는 뜻이다. 육향(六鄉) 안에 있어서, 여(閭)의 측면에는 숙(塾)을 세우고, 주(州)와 당(黨)에는 서(序)를 세웠으며, 향(鄉)에는 상(庠)을 세웠으니, 육수 안에서는 리(里)의 측면에 숙(塾)을 세우고, 현(縣)과 비(鄙)에는 서(序)를 세웠으며, 수(遂)에는 상(庠)을 세웠다. 그런데 이곳에서 향(鄉)에 대해서는 단지 당(黨)이라고만 말하고, 수(遂)에 대해서는 단지 '술(術)'이라고만 했는데, 이것은 간략히 양쪽을 제시하여, 상호 나타내도록 기록했기 때문이다.

集解 張子曰: 離經, 離析經之章句也. 事師而至於親敬, 則學之篤而信其道也. 論學取友, 能講論其學, 而取友必端也. 知類通達, 比物醜類是也. 九年

---

23)『춘추』「문공(文公) 12년」: 秦伯使術來聘.

24)『관자(管子)』「탁지(度地)」: 天下之人, 皆歸其德而惠其義. 乃別制斷之. 州者謂之術. 不滿術者謂之里. 故百家爲里, 里十爲術, 術十爲州, 州十爲都, 都十爲霸國.

25) 진호(陳澔, A.D.1260~A.D.1341): =진가대(陳可大). 남송(南宋) 말기 원(元)나라 초기 때의 학자이다. 자(字)는 가대(可大)이다. 사람들에게 경귀선생(經歸先生)으로 칭송을 받았다. 저서로는『예기집설(禮記集說)』등이 있다.

者, 言其大略, 人性有遲敏, 氣有昏明, 豈有齊也? 强立而不反, 可與立也. 學至於立, 則自能不息以至於聖人, 而敎者可以無恨矣.

번역 장자가 말하길, '이경(離經)'은 경문의 장구를 끊는다는 뜻이다. 스승을 섬기며 친애와 공경을 지극히 한다면, 학문이 독실하게 되고 그 도리를 믿게 된다. '논학취우(論學取友)'는 학문을 강론할 수 있고, 벗을 사귐에 반드시 단정하게 한다는 뜻이다.26) '지류통달(知類通達)'은 사물을 비교함에 같은 부류의 것으로 한다는 뜻이다. 9년이라는 말은 대략적인 기간을 언급한 것이니, 사람의 본성에는 느리고 민첩한 차이가 있고, 기질에도 어둡고 밝은 차이가 있는데, 어떻게 일률적으로 적용하겠는가? '강립이불반(强立而不反)'은 함께 설 수 있다는 뜻이다.27) 학문을 통해 설 수 있는 경지까지 도달한다면, 스스로 노력을 그치지 않아서 성인의 경지에 도달할 수 있으니, 가르치는 자도 후회가 없을 수 있다.

集解 愚謂: 周禮"三年大比"者, 興賢能之期也. 此中年考校者, 學校中考察之期也. 二者各爲一事, 初不相悖.

번역 내가 생각하기에, 『주례』에서는 "3년마다 대비(大比)를 한다."라고 했는데, 이것은 현명하고 능력이 있는 자를 선발하는 기한을 뜻한다. 이곳에서는 한 해를 걸러서 시험을 한다고 했는데, 이것은 학교 안에서 시험을 보는 기한을 뜻한다. 따라서 이 두 가지 기록은 각각 하나의 사안이 되니, 애초부터 서로 어긋나는 기록이 아니다.

---

26) 『맹자』「이루하(離婁下)」: 庾公之斯學射於尹公之他, 尹公之他學射於我. 夫尹公之他, 端人也, 其取友必端矣.

27) 『논어』「자학(字學)」: 子曰, "可與共學, 未可與適道, 可與適道, 未可與立, 可與立, 未可與權." "唐棣之華, 偏其反而. 豈不爾思? 室是遠而." 子曰, "未之思也, 夫何遠之有?"

그림 3-1 ▣ 주(周)나라 때의 왕성(王城)과 육향(六鄉) 및 육수(六遂)

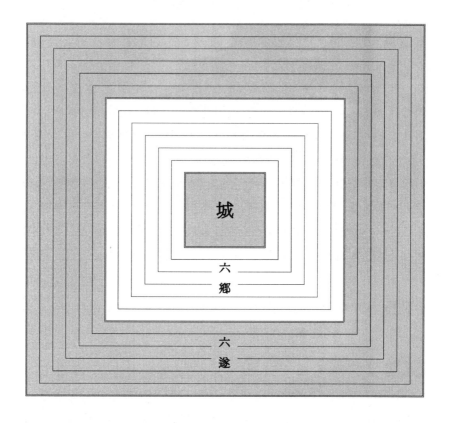

그림 3-2 ◼ 향(鄕)의 행정구역 및 담당자

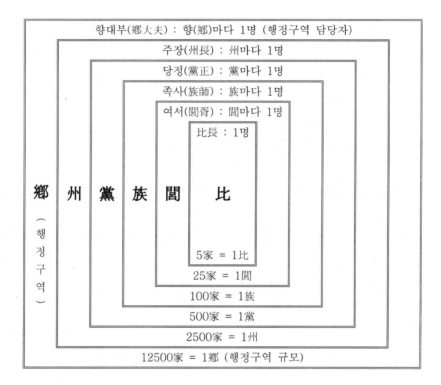

향대부(鄕大夫) : 향(鄕)마다 1명 (행정구역 담당자)

주장(州長) : 州마다 1명

당정(黨正) : 黨마다 1명

족사(族師) : 族마다 1명

여서(閭胥) : 閭마다 1명

比長 : 1명

鄕　州　黨　族　閭　　比

（행정구역）

5家 = 1比

25家 = 1閭

100家 = 1族

500家 = 1黨

2500家 = 1州

12500家 = 1鄕 (행정구역 규모)

그림 3-3 ■ 수(遂)의 행정구역 및 담당자

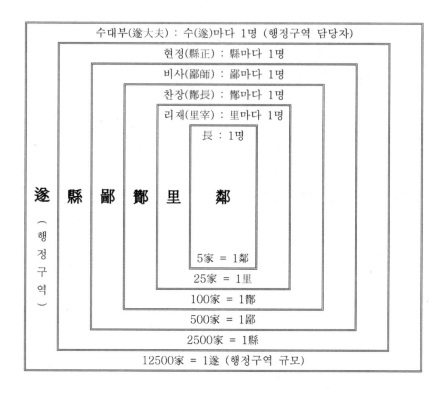

그림 3-4 ▣ 천자가 설치하는 5개의 학교

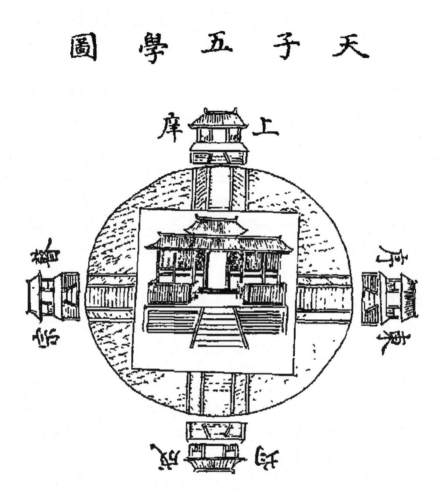

◎ 중앙의 학교는 벽옹(辟雍)

※ **출처:**『가산도서(家山圖書)』

【446a~b】

夫然後足以化民易俗, 近者說服而遠者懷之. 此大學之道也.
記曰: "蛾子時術之." 其此之謂乎.

직역 夫히 然後에 足히 이로써 民을 化하고 俗을 易하니, 近者는 說服하고 遠者
는 懷한다. 此는 大學의 道이다. 記에 曰, "蛾子는 時히 術이라." 그 此를 謂함일
것이다.

의역 무릇 이처럼 완성된 사람을 등용해야만 백성들을 교화하여 풍속을 좋게
바꿀 수 있으니, 가까이 있는 자들은 기뻐하며 감복하고, 멀리 떨어져 있는 자들은
흠모를 하게 된다. 이것이 바로 대학의 도에 해당한다. 고대의 『기』에서는 "개미는
수시로 흙덩이를 나른다."라고 했으니, 바로 이러한 뜻을 나타낼 것이다.

集說 前言成俗, 成其美俗也. 此言易俗, 變其汙俗也. 以此大成之士而官
使之, 其功效如此, 是所謂大學敎人之道也. 蛾子, 蟲之微者, 亦時時述學銜土
之事而成大垤, 以喩學者由積學而成大道也. 此古記之言, 故引以證其說.

번역 앞에서는 '성속(成俗)'이라고 했는데, 아름다운 풍속으로 완성시
킨다는 뜻이다. 이곳에서는 '역속(易俗)'이라고 했는데, 잘못된 풍속을 변
화시킨다는 뜻이다. 여기에서 말한 크게 이룬 선비를 관리로 등용하면 그
효과가 이와 같으니, 이것이 바로 대학에서 사람을 가르치는 도라는 뜻이
다. 개미[蛾子]는 곤충 중에서도 미물에 해당하는데, 또한 수시로 배운 것
에 따라 흙을 물고 날라서 큰 개밋둑을 이루니, 이것을 통해 학생들이 배
움을 쌓는 것에 따라서 큰 도를 이루게 됨을 비유한 것이다. 이것은 고대
『기』의 말이기 때문에, 이 내용을 인용하여 주장에 대한 증거로 삼은 것
이다.

鄭注 懷, 來也, 安也. 蛾, 蚍蜉也. 蚍蜉之子, 微蟲耳, 時術蚍蜉之所爲, 其

功乃復成大垤.

번역 '회(懷)'자는 "찾아온다[來]."는 뜻이며, "안심한다[安]."는 뜻이다.
'아(蛾)'자는 왕개미를 뜻한다. 왕개미의 새끼들은 매우 작은 곤충일 뿐인
데, 수시로 왕개미가 했던 일을 따라서 시행하니, 그 효과는 곧 큰 개밋둑
을 이루게 된다.

釋文 說音悅. 蛾, 魚起反, 注同, 本或作蟻. 蚍音毗. 蜉音孚. 爾雅云: "蚍蜉,
大蟻." 復, 扶又反. 垤, 大結反, 毛詩傳云: "蟻冢也."

번역 '說'자의 음은 '悅(열)'이다. '蛾'자는 '魚(어)'자와 '起(기)'자의 반
절음이며, 정현의 주에 나오는 글자도 그 음이 이와 같고, 판본에 따라서
는 또한 '蟻'자로도 기록한다. '蚍'자의 음은 '毗(비)'이다. '蜉'자의 음은
'孚(부)'이다. 『이아』에서는 "비부(蚍蜉)는 왕개미이다."[28]라고 했다. '復'
자는 '扶(부)'자와 '又(우)'자의 반절음이다. '垤'자는 '大(대)'자와 '結(결)'
자의 반절음이며, 『모시전』에서는 "개미무덤이다."라고 했다.

孔疏 ●"記曰: 蛾子時術之"者, 謂舊人之記, 先有此語, 記禮者引舊記之
言, 故云"蛾子時術之". 蟻子小蟲, 蚍蜉之子, 時時術學銜土之事, 而成大垤,
猶如學者時時學問, 而成大道矣. 記之所云, 其此學問之謂乎.

번역 ●經文: "記曰: 蛾子時術之". ○옛 사람들이 남긴 『기』 중에는 앞
서 이러한 말이 있어서, 『예기』를 기록한 자가 옛 사람이 남긴 『기』 중의
말을 인용한 것이다. 그렇기 때문에 "왕개미의 새끼는 수시로 배운 대로
행동한다."라고 한 것이다. 개미의 새끼는 작은 곤충인데, 이러한 왕개미
의 새끼들이 수시로 배운 대로 행동하여 흙덩이를 물고 날라서 큰 개밋
둑을 이루니, 마치 학생들이 수시로 학문을 익혀서 큰 도를 이루는 것과
같다. 『기』에서 언급한 내용은 바로 이러한 학문의 성취를 뜻할 것이다.

---

28) 『이아』「석충(釋蟲)」: 蚍蜉, 大螘. 小者螘. 蠪, 朾螘. 蟁, 飛螘. 其子蚳.

孔疏 ◎注"蛾, 蚍蜉也. 蚍蜉之子". 按釋蟲云: "蚍蜉, 大蟻. 小者蟻." 是蟻爲蚍蜉大者, 又云"蟻子", 故云"蚍蜉之子"也.

번역 ◎鄭注: "蛾, 蚍蜉也. 蚍蜉之子". ○『이아』「석충(釋蟲)」편을 살펴보면, "비부(蚍蜉)는 왕개미이다. 몸집이 작은 것은 의(蟻)가 된다."라고 했다. 이것은 의(蟻)가 개미들 중에서도 큰 것이 됨을 나타낸다. 또 '의자(蟻子)'라고 했기 때문에 "왕개미의 새끼이다."라고 말한 것이다.

集解 愚謂: 敬業・博習, 所以專其業於己也. 至能論學, 則深造以道, 而所得於己者深矣. 樂群・親師, 所以集其益於人也. 至能取友, 則中有定識, 而所見於人者明矣. 離經者, 窮理之始, 至於知類通達, 則物格知至, 而精粗無不貫, 知之成也. 辨志者, 力行之端, 至於强立不反, 則意誠心正, 而物欲不能奪, 行之成也. 此皆明明德之事也. 己德旣明, 然後推以及民, 以之化民易俗, 而近遠莫不歸之, 則其德化之所及者深, 而所被者廣, 非謏聞動衆者之所得而侔矣. 術, 學也. 蚍蜉之子, 其爲力微矣, 然時時學術蚍蜉之所爲, 則能成大垤. 爲學之功, 由始學以至於大成, 雖若非一蹴之所能幾, 然爲之以漸, 而亦無不可至也.

번역 내가 생각하기에, '경업(敬業)'과 '박습(博習)'은 자신이 그 과업을 익히는데 오로지 하는 방법이다. 그런데 '논학(論學)'을 할 수 있는 경지에 도달하게 된다면, 도로써 깊이 나아가게 되고,[29] 본인이 터득한 것도 깊어지게 된다. '요군(樂群)'과 '친사(親師)'는 자신보다 뛰어난 자를 모으는 방법이다. '취우(取友)'를 할 수 있는 경지에 도달하게 된다면, 마음속에 확정된 식견이 생기고 사람에 대해 파악하는 것이 분명해진다. '이경(離經)'이라는 것은 이치를 연구하는 시작이 되는데, '지류통달(知類通達)'의 경지에 도달하게 되면, 사물이 이르러 앎이 지극해지고, 정밀하고 거친 것에 상관없이 관통하지 못하는 것이 없으니, 앎이 이루어진 것이다. '변지(辨志)'라는 것은 힘써 시행하는 것의 단서인데, '강립불반(强

---

29) 『맹자』「이루하(離婁下)」: 孟子曰, "君子深造之以道, 欲其自得之也. 自得之, 則居之安, 居之安, 則資之深, 資之深, 則取之左右逢其原, 故君子欲其自得之也."

立不反)'의 경지에 도달하게 된다면, 뜻이 진실되고 마음이 올바르게 되어, 물욕이 그것을 **빼앗을** 수 없게 되니, 행실이 이루어진 것이다. 이러한 것들은 모두 명덕(明德)을 밝히는 사안에 해당한다. 자신의 덕이 이미 밝아졌다면, 그런 뒤에는 그것을 미루어서 백성들에게까지 미쳐야 하며, 그것을 통해서 백성들을 교화하고 풍속을 바꿔서, 가깝고 먼 자들이 모두 회귀하게 된다면, 그 덕에 따른 교화의 파급이 매우 깊은 것이고, 그 은택을 입은 것이 매우 넓은 것이니, 작은 명성이 알려지고, 백성들을 움직일 수 있는 자를 얻어 꾀할 수 있는 일이 아니다. '술(術)'자는 배움[學]을 뜻한다. 왕개미의 새끼는 그 힘이 매우 미약하다. 그런데도 수시로 왕개미가 한 일을 배워서 따라하니, 큰 개밋둑을 이룰 수 있다. 학문을 하는 공덕은 처음 입학을 했을 때로부터 대성(大成)을 하는데 이르게 되니, 비록 한 번에 해낼 수 있는 것이 아니더라도, 점진적으로 시행하다보면 또한 이루지 못할 것이 없게 된다.

· 제 4 절 ·

대학(大學)의 제도 - 입학

【446b】

> 大學始敎, 皮弁祭菜, 示敬道也.

직역 大學에서 始히 敎함에, 皮弁하고 菜로 祭함은 道를 敬함을 示함이다.

의역 대학에 학생들이 처음으로 입학하여 가르칠 때에는 유사(有司)가 피변복(皮弁服)을 착용하고, 선사(先師)들에게 나물 등으로 제사를 지내서, 도예(道藝)를 공경한다는 사실을 나타낸다.

集說 始敎, 學者入學之初也. 有司衣皮弁之服, 祭先師以蘋藻之菜, 示之以尊敬道藝也.

번역 '시교(始敎)'는 학생들이 학교에 입학한 첫날을 뜻한다. 유사(有司)[1]는 피변(皮弁)의 복장을 착용하고, 선사(先師)[2]들에 대해서 빈조(蘋

---

1) 유사(有司)는 관리를 뜻하는 용어이다. '사(司)'자는 담당한다는 뜻이다. 관리들은 각자 담당하고 있는 업무가 있었으므로, 관리를 '유사'라고 불렀던 것이다. 일반적으로 하위관료들을 지칭하여, 실무자를 뜻하는 용어로 많이 사용된다. 그러나 때로는 고위관료까지도 지칭하는 용어로 사용되기도 한다.

2) 선사(先師)는 전 세대에 태학(太學)에서 교육을 담당하였던 자들로, 도덕(道德)을 갖춘 자들을 뜻한다. 이들이 죽게 되면 뛰어난 자들을 각 학문의 시조로 삼아 제사를 지내게 되므로, 또한 이전 세대에 태학에서 교육을 담당했던 자들을 가리키기도 한다. 『예기』「문왕세자(文王世子)」편에는 "凡學, 春官釋奠于其先師, 秋冬亦如之."라는 기록이 있고, 이에 대한 정현의 주에서는 "周禮曰: '凡有道者有德者, 使敎焉. 死則以爲樂祖, 祭於瞽宗.' 此之謂先師之類也."라고 풀이했다. 즉 『주례』에는 "무릇 도(道)를 가지고 있고 덕(德)을 가지고 있는 자들로 하여금 교육을 담당하게 한다. 그들이 죽게 되면, 그들을 악(樂)

藻) 등의 나물로 제사를 지내서, 이를 통해 도예(道藝)를 존경한다는 사
실을 나타낸다.

大全 臨川吳氏曰: 古者, 始入學, 必釋菜於先聖先師, 故大學始初之敎, 有
司先服皮弁服, 行釋菜禮, 蓋示學者以敬先聖先師之道也. 常服玄冠, 今加服
皮弁, 芹藻之菜, 簡質而潔, 皆示敬也.

번역 임천오씨가 말하길, 고대에는 처음 학교에 들어가게 되면, 반드
시 선성(先聖)3)과 선사(先師)에게 석채(釋菜)4)를 지냈다. 그렇기 때문에
대학(大學)에서 처음으로 가르치는 날 유사(有司)는 먼저 피변복(皮弁服)
을 착용하고, 석채의 의례를 시행하니, 무릇 학생들에게 선성과 선사를
공경해야 하는 도를 보여주기 위해서이다. 일상적으로는 현관(玄冠)을 착
용하는데, 현재는 피변(皮弁)을 착용했고, 근조(芹藻) 등의 나물은 간소하
고 질박하지만 깨끗한 것이니, 이 모두는 공경함을 나타내는 것들이다.

鄭注 皮弁, 天子之朝朝服也. 祭菜, 禮先聖先師. 菜, 謂芹藻之屬.

번역 '피변(皮弁)'은 천자가 조회를 할 때 조복(朝服)5)으로 착용하는

의 시조로 삼아서, 고종(瞽宗)에서 제사를 지낸다."라고 하였는데, 이러한 자
들이 바로 '선사'들이다.
3) 선성(先聖)은 전 세대에 생존했던 성인(聖人)들을 뜻한다. 주공(周公)이나 공
자(孔子)와 같은 인물들이 '선성'에 해당한다. 후대에는 공자를 가리키는 용
어로 사용되었다. 『예기』「문왕세자(文王世子)」편에는 "凡始立學者, 必釋奠于
先聖先師, 及行事, 必以幣."라는 기록이 있고, 이에 대한 정현의 주에서는
"先聖, 周公若孔子."라고 풀이했다. 한편 손희단(孫希旦)의 『집해(集解)』에서
는 "制作禮樂以敎後世者, 先聖也, 若堯·舜·禹·湯·文·武·周公, 是也."라
고 풀이했다. 즉 예악(禮樂)을 제작하여, 후세까지도 교육시키도록 만든 자
를 '선성(先聖)'이라고 부르니, 요(堯)·순(舜)·우(禹)·탕(湯)·문왕(文王)·
무왕(武王)·주공(周公)과 같은 인물들이 바로 여기에 해당한다.
4) 석채(釋菜)는 국학(國學)에서 거행되었던 전례(典禮) 중 하나이다. 희생물 없
이 소채 등으로 간소하게 차려놓고, 선성(先聖)과 선사(先師)에게 지내는 제
사이다.

것이다. '제채(祭菜)'는 선성(先聖)과 선사(先師)에게 예를 다한다는 뜻이다. '채(菜)'는 근조(芹藻) 등의 나물을 뜻한다.

釋文 朝朝, 並直遙反. 芹音勤. 藻音早.

번역 '朝朝'에서 두 '朝'자는 모두 '直(직)'자와 '遙(요)'자의 반절음이다. '芹'자의 음은 '勤(근)'이다. '藻'자의 음은 '早(조)'이다.

孔疏 ●"大學"至"謂乎". ○正義曰: 此一節明天子諸侯敎學大理, 凡有七種, 各依文解之.

번역 ●經文: "大學"~"謂乎". ○이곳 문단은 천자와 제후가 가르치고 배움에 대한 큰 도리에 있어서, 모두 7종류가 있음을 나타내고 있으니, 각각의 문장에 따라서 풀이하겠다.

孔疏 ●"大學始敎"者, 大學, 謂天子諸侯使學者入大學, 習先王之道矣. 熊氏云: "始敎, 謂始立學敎.""皮弁祭菜"者, 謂天子使有司服皮弁, 祭先聖先師以蘋藻之菜也.

번역 ●經文: "大學始敎". ○'대학(大學)'은 천자와 제후가 학생들로 하여금 대학에 입학시켜서, 선왕의 도를 익히도록 한다는 뜻이다. 웅안생6)은 "'시교(始敎)'는 처음으로 학교를 세워서 가르친다는 뜻이다."라고 했다. 경문의 "皮弁祭菜"에 대하여. 천자가 유사(有司)로 하여금 피변(皮

---

5) 조복(朝服)은 군주와 신하가 조회를 열 때 착용하는 복장을 뜻한다. 중요한 의식을 치를 때 착용하는 예복(禮服)을 가리키기도 한다.

6) 웅안생(熊安生, ?~A.D.578) : =웅씨(熊氏). 북조(北朝) 때의 경학자이다. 자(字)는 식지(植之)이다. 『주례(周禮)』, 『예기(禮記)』, 『효경(孝經)』 등 많은 전적에 의소(義疏)를 남겼지만, 모두 산일되어 남아 있지 않다. 현재 마국한(馬國翰)의 『옥함산방집일서(玉函山房輯佚書)』에 『예기웅씨의소(禮記熊氏義疏)』 4권이 남아 있다.

弁)을 착용하게 하고, 선성(先聖)과 선사(先師)에게 빈조(蘋藻) 등의 나물을 이용해서 제사를 지내게 한다는 뜻이다.

孔疏 ●"示敬道也"者, 崔氏云: "著皮弁, 祭菜蔬, 並是質素, 示學者以謙敬之道矣."

번역 ●經文: "示敬道也". ○최영은7)은 "피변(皮弁)을 착용하고, 나물을 이용해서 제사를 지내는 것은 모두 질박함과 소박함에 해당하니, 학생들에게 겸양과 공경함의 도리를 보여주기 위해서이다."라고 했다.

孔疏 ◎注"祭菜"至"先師". ○正義曰: 熊氏云: "以注'禮先聖先師'之義解經. '始敎'謂始立學也. 若學士春始入學, 唯得祭先師, 故文王世子云: '春官釋奠于其先師, 秋冬唯祭先師.' 已不祭先聖, 故大胥'春釋菜合舞', 鄭云: '釋菜, 禮先師.' 是春始入學, 不祭先聖也." 皇氏云: "以爲'始敎, 謂春時學士8)始入學也', 其義恐非."

번역 ◎鄭注: "祭菜"~"先師". ○웅안생은 "정현의 주에 나오는 '선성(先聖)과 선사(先師)를 예우한다.'라는 문장의 뜻은 경문을 풀이한 것이다. '시교(始敎)'는 처음 학교를 세웠다는 뜻이다. 만약 학사들이 봄에 처음으로 학교에 입학한다면, 오직 선사에게만 제사를 지낼 수 있다. 그렇기 때문에 『예기』「문왕세자(文王世子)」편에서는 '봄마다 교육을 담당하는 관리들이 태학에서 위패를 모시고 있는 선사(先師)들에게 석전(釋奠)9)을 올리며, 가을과 겨울에도 또한 봄과 같이 석전을 올린다.'10)라고

---

7) 최영은(崔靈恩, ?~?) : =최씨(崔氏). 남북조(南北朝) 때의 학자이다. 오경(五經)에 능통하였고, 다른 경전에도 두루 해박하였다고 전해진다. 『모시(毛詩)』, 『주례(周禮)』 등에 주석을 달았고, 『삼례의종(三禮義宗)』, 『좌씨경전의(左氏經傳義)』 등을 지었다.

8) '사(土)'자에 대하여. '사'자는 본래 없던 글자인데, 완원(阮元)의 『교감기(校勘記)』에서는 "'시(始)'자 앞에는 마땅히 '사'자가 있어야 한다."라고 했다.

9) 석전(釋奠)은 국학(國學)에서 거행되었던 전례(典禮) 중 하나이다. 성찬과 술을 진설하고, 폐백 등을 바쳐서, 선성(先聖)과 선사(先師)에게 지내는 제사이다.

한 것이니, 이미 선성에게 제사를 지내지 않기 때문에, 『주례』「대서(大胥)」편에서는 '봄에는 석채(釋菜)를 하며 대규모로 춤을 추게 한다.'라고 했고, 정현의 주에서는 '석채(釋菜)는 선사를 예우하는 것이다.'[11]라고 한 것이니, 이것은 봄에 처음 입학하게 되면, 선성에게 제사를 지내지 않는다는 뜻을 나타낸다."라고 했다. 황간은 "이 내용에 대해서, '시교(始教)는 봄에 학사들이 처음 학교에 입학한다는 뜻이다.'라고 한다면, 그 주장은 아마도 잘못된 것 같다."라고 했다.

---

10) 『예기』「문왕세자(文王世子)」【251b】 : 凡學, 春官釋奠于其先師, 秋冬亦如之.
11) 『주례』「춘관(春官) · 대서(大胥)」 : 春入學, 舍采, 合舞.

▶ 그림 4-1　■ 피변복(皮弁服)

※ **출처:**『삼례도집주(三禮圖集注)』1권

그림 4-2 ◼ 피변(皮弁)과 작변(爵弁)

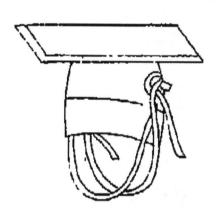

※ **출처**: 『삼례도집주(三禮圖集注)』3권

그림 4-3 ◼ 현관(玄冠)

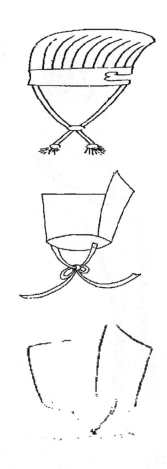

※ **출처:** 상단-『삼례도(三禮圖)』2권
　　　　 중단-『육경도(六經圖)』8권
　　　　 하단-『삼재도회(三才圖會)』「의복(衣服)」1권

그림 4-4 ▣ 제후의 조복(朝服)

※ 출처:『삼례도집주(三禮圖集注)』 1권

• 제 5 절 •

대학(大學)의 제도 - 초지(初志)

【446c】

宵雅肄三, 官其始也.

직역 宵雅에 三을 肄함은 그 始를 官함이다.

의역 『시』「소아(小雅)」세 편의 시를 익히게 하여, 벼슬살이를 하는 것에 대해 가르친다.

集說 當祭菜之時, 使歌小雅中鹿鳴·四牡·皇皇者華之三篇而肄習之. 此三詩皆君臣燕樂相勞苦之辭, 蓋以居官受任之美, 誘諭其初志, 故曰官其始也.

번역 나물로 제사를 지내야 할 때에는 『시』「소아(小雅)」중「녹명(鹿鳴)」·「사모(四牡)」·「황황자화(皇皇者華)」라는 세 편의 시를 노래 불러서 익히게 한다. 이 세 편의 시는 모두 군주와 신하가 연회를 하며 서로의 노고를 위로하는 말들이 수록되어 있으니, 관직에 몸담아 임무를 받았을 때의 아름다운 일을 통해서 그들이 최초 마음먹은 뜻을 깨우쳐주는 것이다. 그렇기 때문에 "그 최초의 마음가짐에 대해 벼슬살이를 하는 것을 가르친다."라고 말한 것이다.

集說 朱子曰: 聖人教人, 合下便要他用, 便要用賢以治不賢, 舉能以教不能, 所以公卿大夫在下思各學其職.

번역 주자가 말하길, 성인이 사람을 교육할 때에는 그의 재능을 사용하여, 현명한 자를 써서 현명하지 않은 자를 다스리도록 했고, 유능한 자

를 써서 유능하지 못한 자를 가르치도록 했으니, 이것이 바로 공·경·대
부들이 그 휘하에 있으면서 각각 그들의 직무를 실천했던 이유이다.

大全 臨川吳氏曰: 學者, 將以居官任事也. 誦詩者, 必欲其達於政, 而能專
對. 小雅三詩, 皆言爲君使之事, 使之肄習, 蓋教以官事於其始也.

번역 임천오씨가 말하길, 학생은 장차 관직에 몸담아 임무를 맡게 된
다. 시를 외우게 한 것은 반드시 그 정무에 달통하여 혼자 그 임무를 처
리할 수 있게끔 한 것이다.1) 『시』「소아(小雅)」 세 편의 시 내용은 모두
군주를 위해 임무를 시행하는 일에 해당하는데, 그들로 하여금 이 시를
익히게 하는 것은 관리에 대한 일을 통해 그 시작부터 일삼도록 가르치
기 위함이다.

鄭注 宵之言小也. 肄, 習也. 習小雅之三, 謂鹿鳴·四牡·皇皇者華也. 此
皆君臣宴樂相勞苦之詩, 爲始學者習之, 所以勸之以官, 且取上下相和厚.

번역 '소(宵)'자는 '소(小)'자를 뜻한다. '이(肄)'자는 "익히다[習]."는 뜻
이다. 『시』「소아(小雅)」 세 편의 시를 익히게 하니, 「녹명(鹿鳴)」·「사모
(四牡)」·「황황자화(皇皇者華)」편을 뜻한다. 이 시들은 모두 군주와 신하
가 연회를 하며 서로의 노고를 위로하는 내용이니, 처음 학문을 배우는
자가 익히도록 한 것은 그들에게 관리에 대한 일을 권면하기 위함이며,
또한 상하 계층이 서로 조화롭고 후덕하다는 뜻을 취하기 위함이다.

釋文 宵音消. 肄, 本又作肆, 同, 以二反, 注同. 樂音洛. 勞, 力告反, 又如字.
爲, 于僞反.

번역 '宵'자의 음은 '消(소)'이다. '肄'자는 판본에 따라서 또한 '肆'자로

---

1) 『논어』「자로(子路)」: 子曰, "誦詩三百, 授之以政, 不達, 使於四方, 不能專對,
   雖多, 亦奚以爲?"

도 기록하는데, 그 음은 동일하게 '以(이)'자와 '二(이)'자의 반절음이며, 정현의 주에 나오는 글자도 그 음이 이와 같다. '樂'자의 음은 '洛(낙)'이다. '勞'자는 '力(력)'자와 '告(고)'자의 반절음이고, 또한 글자대로 읽기도한다. '爲'자는 '于(우)'자와 '僞(위)'자의 반절음이다.

孔疏 ●"宵雅肄三, 官其始也", 宵, 小也. 肄, 習也. 當祭菜之時, 便歌小雅, 習其三篇, 鹿鳴·四牡·皇皇者華, 取其上下之官, 勸其始學之人, 使上下順序也, 故云"官其始也". 亦謂以官勸其始也.

번역 ●經文: "宵雅肄三, 官其始也". ○'소(宵)'자는 '소(小)'자의 뜻이다. '이(肄)'자는 "익히다[習]."는 뜻이다. 나물로 제사를 지낼 때, 곧 『시』「소아(小雅)」편을 노래 부르게 하여, 이 세 편의 시를 익히도록 하니, 「녹명(鹿鳴)」·「사모(四牡)」·「황황자화(皇皇者華)」편을 뜻하며, 상하 각 계층의 관리에 대한 의미를 취하여, 처음으로 학문을 하는 자들에게 권면을 해서, 상하계층으로 하여금 그 질서에 따르도록 하는 것이다. 그렇기 때문에 "그 시작을 다스리다."라고 말한 것이다. 이 말은 또한 관리에 대한 일을 통해 시작하는 자들에게 권면한다는 뜻도 된다.

孔疏 ◎注"宵之"至"和厚". ○正義曰: 宵, 音近小, 故讀從"小". 按鄕飮酒禮·燕禮皆歌鹿鳴·四牡·皇皇者華. 又襄四年穆叔如晉, 歌小雅三篇, 故知"鹿鳴·四牡·皇皇者華也". 云"爲始學者, 習之所以勸之以官"者, 小雅三篇, 皆君臣燕樂及相勞苦. 今爲學者歌之, 欲使學者得爲官, 與君臣相燕樂, 各自勸勵, 故云"所以勸之以官也". 此云"始"者, 謂學者始來入學, 故云"始入學習之"也.

번역 ◎鄭注: "宵之"~"和厚". ○'소(宵)'자는 그 음이 '소(小)'자의 음에 가깝다. 그렇기 때문에 '소(小)'자로 읽는 것이다. 『의례』「향음주례(鄕飮酒禮)」·「연례(燕禮)」편을 살펴보면, 모두 「녹명(鹿鳴)」·「사모(四牡)」·「황황자화(皇皇者華)」편을 노래 부른다. 또한 양공(襄公) 4년에 목숙(穆叔)이진(晉)나라에 갔을 때, 「소아(小雅)」 3편을 노래 불렀다고 했기 때문에,[2] 이 시들이 「녹명(鹿鳴)」·「사모(四牡)」·「황황자화(皇皇者華)」편을 가리킨다는 사실을 알 수 있다. 정현이 "처음 학문을 배우는 자가 익히도록 한 것은 그들에게 관리에 대한 일을 권면하기 위함이다."라고 했는데, 「소아」 3편은 모두 군주와 신하가 연회를 즐기고 서로의 노고를 위로하는 내용들이다. 현재 학생들에게 이 시가를 노래 부르도록 하여, 학생들로 하여금 관리가 되어, 군주와 신하가 서로 연회를 하는데 참여할 수 있도록 하고, 각각 스스로 노력하도록 한 것이다. 그렇기 때문에 "그들에게 관리에 대한 일을 권면하기 위함이다."라고 말한 것이다. 이곳에서 '시(始)'라고 한 말은 학생 중 처음으로 입학한 자를 뜻한다. 그렇기 때문에 "처음으로 입학하여 익힌다."라고 말한 것이다.

【참고】『시』「소아(小雅)·녹명(鹿鳴)」

呦呦鹿鳴, (유유록명) : 우우하고 우는 사슴의 울음소리여,
食野之苹. (식야지평) : 들판의 풀들을 뜯고 있구나.
我有嘉賓, (아유가빈) : 나에겐 아름다운 손님이 있어,
鼓瑟吹笙. (고슬취생) : 비파를 타며 생황을 불고 있노라.
吹笙鼓簧, (취생고황) : 생황을 불어 연주하니,
承筐是將. (승광시장) : 광주리를 받들어 올리는구나.
人之好我, (인지호아) : 나를 좋아하는 사람이여,
示我周行. (시아주행) : 나에게 지극히 선한 도를 보여줄지어다.

呦呦鹿鳴, (유유록명) : 우우하고 우는 사슴의 울음소리여,
食野之蒿. (식야지호) : 들판의 풀들을 뜯고 있구나.
我有嘉賓, (아유가빈) : 나에겐 아름다운 손님이 있어,

---

2) 『춘추좌씨전』「양공(襄公) 4년」 : 穆叔如晉, 報知武子之聘也. 晉侯享之, 金奏肆夏之三, 不拜. 工歌文王之三, 又不拜. 歌鹿鳴之三, 三拜.

德音孔昭. (덕음공소) : 덕음이 매우 밝구나.

視民不恌, (시민불조) : 백성들에게 보여 경박하지 않게 하니,

君子是則是傚. (군자시칙시효) : 군자는 이를 본받고 따르리라.

我有旨酒, (아유지주) : 나에게 맛있는 술이 있어,

嘉賓式燕以敖. (가빈식연이오) : 아름다운 손님이 연회를 하며 노니는구나.

呦呦鹿鳴, (유유록명) : 우우하고 우는 사슴의 울음소리여,

食野之芩. (식야지금) : 들판의 풀들을 뜯고 있구나.

我有嘉賓, (아유가빈) : 나에겐 아름다운 손님이 있어,

鼓瑟鼓琴. (고슬고금) : 비파와 거문고를 타고 있노라.

鼓瑟鼓琴, (고슬고금) : 비파와 거문고를 타니,

和樂且湛. (화락차담) : 화락하고도 즐겁구나.

我有旨酒, (아유지주) : 나에게 맛있는 술이 있어,

以燕樂嘉賓之心. (이연락가빈지심) : 연회로 아름다운 손님의 마음을 즐
　　　　　　　　　　　거게 하는구나.

[毛序] : 鹿鳴, 燕群臣嘉賓也. 旣飮食之, 又實幣帛筐篚, 以將其厚意, 然後,
　　　　忠臣嘉賓, 得盡其心矣.

[모서] : 「녹명」편은 뭇 신하들과 아름다운 손님들에 대해 연회를 베푸는
　　　　내용이다. 음식을 대접하고 또 폐백을 광주리에 담아 후덕한 정
　　　　감을 나눠야 하니, 그런 뒤에야 충신과 아름다운 손님이 그 마음
　　　　을 다할 수 있게 된다.

【참고】『시』「소아(小雅)·사모(四牡)」

四牡騑騑, (사모비비) : 네 필의 수말이 쉼 없이 달려가니,

周道倭遲. (주도위지) : 큰 길 굽어 있구나.

豈不懷歸, (기불회귀) : 어찌 되돌아감을 생각하지 않겠느냐마는,

王事靡鹽, (왕사미고) : 왕명에 따른 일을 견고히 하지 않을 수 없으니,

我心傷悲. (아심상비) : 내 마음이 서글프구나.

四牡騑騑, (사모비비) : 네 필의 수말이 쉽 없이 달려가니,
嘽嘽駱馬. (탄탄락마) : 저리도 많은 낙마로구나.
豈不懷歸, (기불회귀) : 어찌 되돌아감을 생각하지 않겠느냐마는,
王事靡盬, (왕사미고) : 왕명에 따른 일을 견고히 하지 않을 수 없으니,
不遑啓處. (불황계처) : 편히 있을 겨를이 없구나.

翩翩者鵻, (편편자추) : 훨훨 나는 저 비둘기여,
載飛載下, (재비재하) : 날아 올려 내려앉으니,
集于苞栩. (집우포허) : 촘촘히 자라나는 상수리나무에 앉는구나.
王事靡盬, (왕사미고) : 왕명에 따른 일을 견고히 하지 않을 수 없으니,
不遑將父. (불황장부) : 부친을 봉양할 겨를이 없구나.

翩翩者鵻, (편편자추) : 훨훨 나는 저 비둘기여,
載飛載止, (재비재지) : 날아 올려 내려앉으니,
集于苞杞. (집우포기) : 촘촘히 자라나는 구기자나무에 앉는구나.
王事靡盬, (왕사미고) : 왕명에 따른 일을 견고히 하지 않을 수 없으니,
不遑將母. (불황장모) : 모친을 봉양할 겨를이 없구나.

駕彼四駱, (가피사락) : 저 네 필의 낙마에 멍에를 메어,
載驟駸駸. (재취침침) : 달려가길 재촉한다.
豈不懷歸, (기불회귀) : 어찌 되돌아감을 생각하지 않겠느냐마는,
是用作歌, (시용작가) : 이에 노래를 지어 부르니,
將母來諗. (장모래심) : 모친을 봉양하고자 와서 고하는구나.

[毛序] : 四牡, 勞使臣之來也, 有功而見知, 則說矣.
[모서] : 「사모」편은 사신이 찾아온 것에 대해 위로하는 내용이니, 공이
        있어 상대가 알아준다면 기뻐하게 된다.

【참고】『시』「소아(小雅)·황황자화(皇皇者華)」

皇皇者華, (황황자화) : 휘황찬란한 꽃이여,
于彼原隰. (우피원습) : 저 언덕과 습지에 피어 있구나.
駪駪征夫, (신신정부) : 무리지어 신속히 달려가는 사신들이여,
每懷靡及. (매회미급) : 매번 미치지 못할 것처럼 생각하는구나.

我馬維駒, (아마유구) : 내 말은 망아지여서,
六轡如濡. (육비여유) : 여섯 고삐가 젖은 듯 윤기가 나는구나.
載馳載驅, (재치재구) : 달리며 채찍질을 하니,
周爰咨諏. (주원자추) : 두루 방문하여 논의하는구나.

我馬維騏, (아마유기) : 내 말은 준마여서,
六轡如絲. (육비여사) : 여섯 고삐가 곧고 곧구나.
載馳載驅, (재치재구) : 달리며 채찍질을 하니,
周爰咨謀. (주원자모) : 두루 방문하여 논의하는구나.

我馬維駱, (아마유락) : 내 말은 낙마여서,
六轡沃若. (육비옥약) : 여섯 고삐가 윤이 나는구나.
載馳載驅, (재치재구) : 달리며 채찍질을 하니,
周爰咨度. (주원자도) : 두루 방문하여 논의하는구나.

我馬維駰, (아마유인) : 내 말은 인마여서,
六轡旣均. (육비기균) : 여섯 고삐가 고르고 고르구나.
載馳載驅, (재치재구) : 달리며 채찍질을 하니,
周爰咨詢. (주원자순) : 두루 방문하여 논의하는구나.

[毛序] : 皇皇者華, 君遣使臣也, 送之以禮樂, 言遠而有光華也.

[모서] : 「황황자화」편은 군주가 사신을 파견하는 내용이니, 예악에 따라
그를 전송함으로, 먼 곳에 가서 빛을 발한다는 내용이다.

• 제 6 절 •

대학(大學)의 제도 - 등교

【446d】

入學鼓篋, 孫其業也.

직역 學에 入하면 鼓하고 篋하니, 그 業에 孫함이다.

의역 학교에 들어가게 되면 북을 울리고 상자를 열어 책을 꺼내니, 그들이 공손히 학업에 전념하도록 만들기 위해서이다.

集說 入學時, 大胥之官擊鼓以召學士, 學士至, 則發篋以出其書籍等物, 警之以鼓聲, 使以遜順之心進其業也. 書言惟學遜志.

번역 학교에 들어갔을 때, 대서(大胥)[1]라는 관리는 북을 쳐서 학생들을 불러 모으고, 학생들이 모두 도착하면, 상자를 열어서 책 등의 물건을 꺼내는데, 북소리로 그들에게 주의를 주어, 그들로 하여금 공손히 따르는 마음으로 학업에 전념하도록 하는 것이다. 『서』에서는 "오직 배움에 있어서는 뜻을 겸손히 한다."[2]라고 했다.

鄭注 鼓篋, 擊鼓警衆, 乃發篋, 出所治經業也. 孫, 猶恭順也.

---

1) 대서(大胥)는 악관(樂官)에 소속된 하위관리이다. 학사(學士)들의 호적 기록부를 담당하였고, 봄에는 태학(太學)에 들어가서 학사들에게 춤을 가르쳤고, 가을에는 분반을 편성하여, 노래를 가르치는 일 등을 담당했다. 『주례』「춘관(春官)·대서(大胥)」편에는 "大胥, 掌學士之版以待致諸子. 春入學舍采合舞. 秋頒學合聲. 以六樂之會正舞位."라는 기록이 있다.

2) 『서』「상서(商書)·열명하(說命下)」: 惟學遜志, 務時敏, 厥修乃來.

번역 '고협(鼓箧)'은 북을 쳐서 많은 사람들을 경각시킨 뒤에 곧 상자를 열어, 익혀야 할 서적들을 꺼낸다는 뜻이다. '손(孫)'자는 공손하게 따른다는 뜻이다.

釋文 箧, 古協反. 孫音遜, 注及下皆同. 警, 京領反.

번역 '箧'자는 '古(고)'자와 '協(협)'자의 반절음이다. '孫'자의 음은 '遜(손)'이며, 정현의 주 및 아래문장에 나오는 글자도 그 음이 모두 이와 같다. '警'자는 '京(경)'자와 '領(령)'자의 반절음이다.

孔疏 ●"入學鼓箧, 孫其業也". ○入學, 謂學士入學之時, 大胥之官, 先擊鼓以召之. 學者旣至, 發其筐箧, 以出其書, 故云"鼓箧"也. 所以然者, 欲使學者"孫其業", 謂恭順其所持經業.

번역 ●經文: "入學鼓箧, 孫其業也". ○'입학(入學)'은 학사들이 학교에 들어왔을 때를 뜻하니, 대서(大胥)라는 관리는 먼저 북을 울려서 그들을 불러 모은다. 학생들이 모두 도착하면, 상자를 열어서 서적을 꺼낸다. 그렇기 때문에 '고협(鼓箧)'이라고 말한 것이다. 이처럼 하는 이유는 학생들로 하여금 '손기업(孫其業)'을 하도록 하기 위해서이니, 그들이 가지고 있는 서적과 학업에 대해서 공손히 따르게 한다는 뜻이다.

孔疏 ◎注"鼓箧"至"業也". ○正義曰: 鼓, 謂擊鼓, 故大胥云: "用樂者, 以鼓徵學士." 文王世子云: "大昕鼓徵, 所以警衆也." 文王世子云: 謂天子視學之時, 擊鼓警衆也. 若是凡常入學用樂, 及爲祭祀用樂者, "以鼓徵學士", 是也.

번역 ◎鄭注: "鼓箧"~"業也". ○'고(鼓)'자는 북을 울린다는 뜻이다. 그렇기 때문에 『주례』「대서(大胥)」편에서는 "음악을 사용하는 경우, 북을 쳐서 학사들을 불러 모은다."3)라고 한 것이고, 『예기』「문왕세자(文王世

子)」편에서는 "동틀 무렵에 북을 치는 이유는 의식행사에 참여해야 할
사람들에게 일찍 모이도록 알리는 방법이기 때문이다."[4]라고 한 것이다.
「문왕세자」편의 내용은 천자가 시학(視學)[5]을 할 때, 북을 쳐서 대중들
을 경각시킨다는 의미이다. 만약 일상적인 경우라면 학교에 들어가며 음
악을 사용하고, 제사를 지내며 음악을 사용하는 경우가 바로 "북으로 학
사들을 불러 모은다."는 뜻에 해당한다.

---

3) 『주례』「춘관(春官)·대서(大胥)」: 凡祭祀之<u>用樂者, 以鼓徵學士</u>.

4) 『예기』「문왕세자(文王世子)」【261d】: 天子視學, <u>大昕鼓徵, 所以警衆也</u>. 衆
   至然後, 天子至, 乃命有司, 行事, 興秩節, 祭先師先聖焉. 有司卒事, 反命.

5) 시학(視學)은 천자가 석전(釋奠) 및 양로(養老) 등의 의례를 위해, 친히 태학
   (太學)에 왕림하는 것을 말한다. 일반적으로 천자가 '시학'을 하는 시기는 중
   춘(仲春), 계춘(季春), 중추(仲秋)에 해당한다. 중춘 때에는 태학에서 합무(合
   舞)를 하고, 계춘 때에는 합악(合樂)을 하며, 중추 때에는 합성(合聲)을 하기
   때문이다. 『예기』「문왕세자(文王世子)」편에는 "天子視學."이라는 기록이 있
   는데, 이에 대한 공영달(孔穎達)의 소(疏)에서는 "天子視學, 必遂養老之法則,
   養老旣畢, 乃命諸侯群吏令養老之事. 天子視學者, 謂仲春合舞, 季春合樂, 仲秋
   合聲. 於此之時, 天子親往視學也."라고 풀이했다.

• 제 7 절 •

대학(大學)의 제도 - 회초리

【446d】

夏楚二物, 收其威也.

직역 夏楚二物은 그 威를 收함이다.

의역 개오동나무와 가시나무를 이용해서 회초리를 만드는 것은 자신을 가다듬어 위엄스러운 행동을 하도록 만들기 위해서이다.

集說 夏, 榎也. 楚, 荊也. 榎形圓, 楚形方, 以二物爲扑, 以警其怠忽者, 使之收斂威儀也.

번역 '하(夏)'는 개오동나무이다. '초(楚)'는 가시나무이다. 개오동나무는 형체가 둥글고 가시나무는 형체가 네모지니, 이 두 사물을 이용해 회초리를 만들어서 태만하게 구는 자를 경각시키는 것은 그들로 하여금 자신을 가다듬어서 위엄스러운 행동을 하도록 만들기 위해서이다.

大全 慶源輔氏曰: 示敬道也, 所以使之立爲學之誠. 官其始也, 所以使之知敎者之意. 學者之誠立, 敎者之意明, 然後可以敎之矣, 故孫其業, 而使之有受道之質. 然又慮其怠也, 則又收其威, 而使之有勉强之意, 夫然故可與進於道矣.

번역 경원보씨¹⁾가 말하길, 공경의 도리를 보이는 것은 학생들로 하여

---

1) 경원보씨(慶源輔氏, ?~?) : =보광(輔廣) · 보한경(輔漢卿). 남송(南宋) 때의 학자이다. 자(字)는 한경(漢卿)이고, 호(號)는 잠암(潛庵) · 전이(傳貽)이다.

금 학문을 연마하는 정성스러운 마음을 세우도록 만들기 위해서이다. 시작함에 있어서 관리의 책무를 배우도록 하는 것은 학생들로 하여금 가르치는 자의 뜻을 알게끔 하기 위해서이다. 학생이 정성스러운 마음을 수립하고, 가르치는 자의 뜻이 밝게 나타난 뒤에야 가르칠 수 있다. 그렇기 때문에 그 과업에 공손히 따르게 해서, 학생들로 하여금 도리를 받아들일 수 있는 바탕을 마련토록 하는 것이다. 그런데 그들이 태만하게 될 것을 염려했기 때문에, 또한 위엄스러운 행동을 하도록 가다듬게 하여, 학생들로 하여금 항상 노력하려는 뜻을 가지도록 한다. 무릇 이처럼 했기 때문에 도로 나아가는데 참여할 수 있다.

鄭注 夏, 榎也. 楚, 荊也. 二者所以撲撻犯禮者. 收, 謂收斂整齊之. 威, 威儀也.

번역 '하(夏)'자는 개오동나무를 뜻한다. '초(楚)'자는 가시나무를 뜻한다. 두 사물은 예법을 위반한 자에게 회초리를 치기 위한 것이다. '수(收)'는 자신을 가다듬어서 단정하게 한다는 뜻이다. '위(威)'는 위엄을 갖춰 예법에 맞게 행동하는 것이다.

釋文 夏, 古雅反, 注同. 榎, 吐刀反. 爾雅云: "榎, 山榎." 撲, 普卜反, 尙書云: "作敎刑." 撻, 他達反.

번역 '夏'자는 '古(고)'자와 '雅(아)'자의 반절음이며, 정현의 주에 나오는 글자도 그 음이 이와 같다. '榎'자는 '吐(토)'자와 '刀(도)'자의 반절음이다. 『이아』에서는 "도(榎)는 야생의 개오동나무이다."[2]라고 했다. '撲'자는 '普(보)'자와 '卜(복)'자의 반절음이며, 『상서』에서는 "학교의 형벌로 만들다."[3]라고 했다. '撻'자는 '他(타)'자와 '達(달)'자의 반절음이다.

여조겸(呂祖謙)과 주자(朱子)에게서 학문을 배웠다. 저서로는 『사서찬소(四書纂疏)』, 『육경집해(六經集解)』 등이 있다.
2) 『이아』「석목(釋木)」: 榎, 山榎.

孔疏 ●“夏·楚二物, 收其威也”, 學者不勸其業, 師則以夏·楚二物以笞撻之. 所以然者, 欲令學者畏之, 收斂其威儀也.

번역 ●經文: “夏·楚二物, 收其威也”. ○학생들이 과업에 노력하지 않는다면, 스승은 개오동나무와 가시나무로 만든 회초리로 때리게 된다. 이처럼 하는 이유는 학생들로 하여금 조심하게 만들어서, 위엄스러운 행동을 하도록 자신을 가다듬도록 하고자 해서이다.

孔疏 ◎注“夏楚”至“禮者”. ○正義曰: 爾雅·釋木云: “楛, 山榎.” 郭景純云: “今之山楸.” 盧氏云: “撲作敎刑.” 是撲撻犯禮者.

번역 ◎鄭注: “夏楛”~“禮者”. ○『이아』「석목(釋木)」편에서는 “도(楛)는 야생의 개오동나무이다.”라고 했다. 곽경순4)은 “오늘날의 산추(山楸)를 뜻한다.”라고 했고, 노식5)은 “회초리는 학교의 형벌로 만든다.”라고 했다. 이것은 예법을 범한 자를 회초리로 때린다는 뜻이다.

---

3) 『서』「우서(虞書)·순전(舜典)」: 肇十有二州, 封十有二山, 濬川, 象以典刑, 流宥五刑, 鞭作官刑, 扑作敎刑, 金作贖刑, 眚災肆赦, 怙終賊刑.
4) 곽박(郭璞, A.D.276~A.D.324): =곽경순(郭景純). 진(晉)나라 때의 학자이다. 자(字)는 경순(景純)이다. 저서로는 『이아주(爾雅注)』, 『방언주(方言注)』, 『산해경주(山海經注)』 등이 있다.
5) 노식(盧植, A.D.159?~A.D.192): =노씨(盧氏). 후한(後漢) 때의 유학자이다. 자(字)는 자간(子幹)이다. 어려서 마융(馬融)을 스승으로 섬겼다. 영제(靈帝)의 건녕(建寧) 연간(A.D.168~A.D.172)에 박사(博士)가 되었다. 채옹(蔡邕) 등과 함께 동관(東觀)에서 오경(五經)을 교정했다. 후에 동탁(董卓)이 소제(少帝)를 폐위시키자, 은거하며 『상서장구(尙書章句)』, 『삼례해고(三禮解詁)』를 저술했지만, 남아 있지 않다.

• 제 8 절 •

대학(大學)의 제도 - 대륜(大倫)

【447a】

未卜禘不視學, 游其志也. 時觀而弗語, 存其心也. 幼者聽而
弗問, 學不躐等也. 此七者, 敎之大倫也. 記曰: "凡學, 官先
事, 士先志." 其此之謂乎.

직역 禘를 未卜하면 學을 不視하니, 그 志를 游함이다. 時히 觀하되 語를 弗함
은 그 心을 存함이다. 幼者는 聽하되 問을 弗하니, 學에는 等을 不躐함이다. 이
七者는 敎의 大倫이다. 記에는 曰, "凡히 學에, 官은 事를 先하고, 士는 志를 先한
다." 그 此를 謂함일 것이다.

의역 아직 체(禘)제사를 지낼 날짜에 대해서 거북점을 치지 않았다면, 천자는
시학(視學)을 하지 않으니, 학생들의 뜻을 우대하기 위해서이다. 스승은 수시로
학생들을 관찰하지만 모든 것을 말해주지 않으니, 그의 마음을 보존하기 위해서이
다. 나이가 어린 자는 듣기만 하며 질문을 하지 않으니, 학문을 할 때에는 등급을
뛰어넘을 수 없기 때문이다. 이러한 7가지 사안은 대학 교육의 큰 법칙이다. 고대의
『기』에서는 "무릇 배움에 있어서, 관직에 있는 자는 우선적으로 자신이 맡고 있는
일과 관련된 사안을 배우고, 아직 벼슬에 나아가지 않은 자는 우선적으로 그 뜻을
기를 수 있는 것을 배운다."라고 했으니, 바로 이러한 뜻을 나타낼 것이다.

集說 禘, 五年之大祭也. 不五年不視學, 所以優游學者之心志也. 此又非
仲春·仲秋視學之禮. 使觀而感於心, 不言以盡其理, 欲其自得也, 故曰存
其心. 幼者未必能問, 問亦未必知要, 故但聽受師說而無所請, 亦長幼之等當
如是, 不可躐躐也.

번역 '체(禘)'제사[1]는 5년마다 지내는 큰 제사이다. 5년째가 되지 않아서 시학(視學)하지 않는 것은 학생들의 뜻을 우대하기 위해서이다. 여기에서 말한 것은 또한 중춘(仲春)과 중추(仲秋)에 시학하는 예법은 아니다. 스승으로 하여금 그들을 살펴서 마음을 감화시키도록 하고, 일일이 말해주지 않음으로써 그 이치를 다하도록 한 것은 그들로 하여금 스스로 터득하게끔 하기 위해서이다. 그렇기 때문에 "그 마음을 보존한다."라고 말한 것이다. 나이가 어린 자는 아직까지 질문을 잘 할 수 없고, 질문을 하더라도 또한 반드시 요점을 알아듣는 것은 아니다. 그렇기 때문에 단지 스승의 말을 듣기만 하고 청해 묻는 것이 없고, 이것은 또한 장유의 등급에 따라서도 마땅히 이처럼해야 하니, 등급을 뛰어넘을 수 없기 때문이다.

集說 劉氏曰: "自皮弁祭菜至聽而弗問, 凡七事, 皆大學爲敎之大倫." 大倫, 猶言大節耳. 官先事, 士先志, 竊意官是已仕者, 士是未仕者, 謂已仕而爲學, 則先其職事之所急, 未仕而爲學, 則未得見諸行事, 故先其志之所尙也. 子夏曰, "仕而優則學." 是已居官而爲學也. 王子墊問士何事, 孟子曰, "尙志." 是未仕而學, 則先尙志也. 然大學之道, 明德·新民而已, 先志者, 所以明德, 先事者, 所以新民. 七事上句皆敎者之事, 下句皆學者之志.

번역 유씨는 "피변(皮弁)을 착용하고 나물로 제사를 지낸다는 것으로부터 듣기만 하며 질문을 하지 않는다는 것까지는 모두 7가지 사안이 되는데, 이 모두는 대학(大學)에서 가르침의 큰 법도로 삼는 것들이다."라고 했다. '대륜(大倫)'은 '큰 규범[大節]'이라는 말과 같을 따름이다. '관선사(官先事)'와 '사선지(士先志)'는 내가 생각하기에, '관(官)'은 이미 벼슬

---

1) 체제(禘祭)는 천신(天神) 및 조상신(祖上神)에게 지내는 '큰 제사[大祭]'를 뜻한다. 『이아』「석천(釋天)」편에는 "禘, 大祭也."라는 기록이 있고, 이에 대한 곽박(郭璞)의 주에서는 "五年一大祭."라고 풀이하여, 대제(大祭)로써의 체제사는 5년마다 1번씩 지낸다고 설명한다. 그러나 『예기』「왕제(王制)」에 수록된 각종 제사들에 대한 기록을 살펴보면, 체제사는 큰 제사임에는 분명하나, 반드시 5년마다 1번씩 지내는 제사는 아니었다.

살이를 하고 있는 자를 뜻하며, '사(士)'는 아직 벼슬에 오르지 못한 자를 뜻하는데, 이미 벼슬살이를 하는 자가 학문을 연마하게 되면, 직무로 맡고 있는 것 중 급선무로 여기는 것에 대해서 우선적으로 배우고, 아직 벼슬살이를 하지 않은 자가 학문을 연마하게 되면, 아직 시행해야 할 사안들에 대해서 확인할 수 없기 때문에, 그의 뜻이 숭상하는 것들에 대해서 우선적으로 배운다. 자하(子夏)는 "벼슬을 하면서 여유가 생기면 배운다."[2]라고 했으니, 이것은 이미 관직에 몸담고 있는 자라고 하더라도 학문을 연마한다는 사실을 나타낸다. 왕자인 점(墊)이 선비는 무엇을 일삼느냐고 물었을 때, 맹자는 "뜻을 고상하게 만든다."[3]라고 했으니, 이것은 아직 벼슬에 나아가지 않은 자가 학문을 연마한다면, 우선적으로 뜻을 고상하게 해야 함을 나타낸다. 그런데 대학의 도는 곧 덕을 밝히고 백성들을 새롭게 만드는데 있을 따름이니, 먼저 뜻을 고상하게 만든다는 것은 곧 덕을 밝히는 것이며, 먼저 그 사안을 익힌다는 것은 백성들을 새롭게 만드는 것이다. 7가지 사안 중 앞의 구문은 모두 가르치는 자의 일에 해당하고, 뒤의 구문은 모두 배우는 자의 뜻에 해당한다.

大全 石梁王氏曰: 此學字, 如字讀.

번역 석량왕씨가 말하길, 이곳의 '학(學)'자는 글자대로 읽는다.

大全 嚴陵方氏曰: 皮弁, 無經緯之文織紝之功. 祭菜, 無犧牲之味黍稷之實. 宵雅肄習, 必兼以三, 誘其志也. 肄必以雅, 欲其正也. 止以小雅, 欲其有漸也. 以其始敎, 故曰官其始也. 官者, 主治之謂也. 學以孫志爲事, 故敎者, 必扑之, 以收其威也. 禘, 蓋五年之祭, 未五年不視學, 所以優游學者之志故也. 且中年考校, 則再考校, 乃當視學之年, 五年視學, 則再視學, 乃當學者大成之年矣. 視學, 見文王世子解. 以言傳道, 則學者止得於耳聞, 以默識道, 則學者乃

---

2) 『논어』「자장(子張)」: 子夏曰, "<u>仕而優則學, 學而優則仕.</u>"
3) 『맹자』「진심상(盡心上)」: 王子墊問曰, "士何事?" 孟子曰, "尙志."

得於意會. 時觀而弗語, 則欲其默識之, 存其心, 則得於意會矣. 觀者, 不可過也, 不可不及也, 當其可而已, 故以時言之. 游其志, 所以俟其自成, 存其心, 所以使之自得. 莊子曰, 美成在久, 則未卜禘不視學者, 久之謂也. 孟子曰, 思則得之, 則時觀而弗語者, 思之謂也. 夫入道有序, 進學有時, 所謂等也. 居幼而爲長者之事, 則爲躐等矣. 謂之倫, 先後不可亂者. 然敎亦多術矣, 豈止如是? 亦其大略爾. 夫官所治者事, 士所尙者志. 方其學居官則以事爲先, 方其學爲士則以志爲先, 故敎之大倫爲是而已.

번역 엄릉방씨가 말하길, '피변(皮弁)'[4]은 날줄과 씨줄로 엮은 무늬가 없고, 견직물을 직조하는 공정이 없다. 나물로 지내는 제사에서는 희생물처럼 맛있는 음식과 서직(黍稷) 등의 곡식이 없다. 「소아(小雅)」를 익히게 할 때, 반드시 이 세 편의 시를 익히게 하는 것은 그 뜻을 인도하기 위해서이다. 익힐 때 반드시 아(雅)로써 하는 것은 올바르게 만들고자 해서이다. 단지 「소아」로만 그치는 것은 점진적으로 이루어지게끔 하기 위해서이다. 처음 가르치는 것이기 때문에 "그 시작을 다스린다."라고 말한 것이다. '관(官)'자는 주관하고 다스린다는 뜻이다. 배움에 있어서는 뜻을 공손히 하는 것을 학업으로 삼는다. 그렇기 때문에 가르치는 자는 반드시 회초리로 때려서, 그들이 위엄스러운 행동을 갖추도록 하는 것이다. '체(禘)'는 아마도 5년마다 지내는 제사로, 아직 5년째가 되지 않았으면 시학(視學)을 하지 않으니, 학자들의 뜻을 우대하기 위해서이다. 또 한 해를 걸러서 시험을 한다면, 두 차례 시험을 하게 될 때는 곧 시학을 하는 해가 되니, 5년째에 시학을 하면, 두 차례 시학을 했을 때는 곧 학자가 대성(大成)하는 해에 해당한다. '시학(視學)'에 대해서는 『예기』「문왕세자(文王世子)」편에 그 해설이 나온다. 말을 통해 도를 전수한다면, 학생들은 단지 귀로만 듣는데 그치고, 말없이 속으로 도를 깊이 이해한다면, 학생

---

4) 피변(皮弁)은 고대에 사용되었던 관(冠)의 한 종류이다. 백색 사슴의 가죽으로 만든 모자이다. 한편 관(冠)에 따른 의복까지 포함한 의미로 사용되기도 한다. 『주례』「하관(夏官)・변사(弁師)」편에는 "王之皮弁, 會五采玉璂, 象邸, 玉笄."라는 기록이 있다.

들은 곧 그것을 깨우치게 될 수 있다. 수시로 살펴보되 말을 해주지 않는다면, 그들이 속으로 깊이 이해하기를 바란 것이며, 그 마음을 보존한다면, 곧 이해를 할 수 있게 된다. 살펴보는 자는 지나쳐서는 안 되고 미치지 못해서도 안 되니, 적당히 할 따름이다. 그렇기 때문에 때에 따라 말을 해주는 것이다. 그 뜻을 자유롭게 해주는 것은 스스로 완성하기를 기다리는 것이며, 그 마음을 보존하는 것은 그들로 하여금 자득하도록 만드는 것이다. 『장자(莊子)』에서는 "아름다운 것이 이루어지는 것은 오랜 시간에 달려 있다."[5]라고 했으니, 체제사에 대한 거북점을 아직 치지 않아서 시학을 하지 않는다는 것은 오래되도록 놔둔다는 뜻이다. 『맹자』에서는 "생각하면 얻는다."[6]라고 했으니, 수시로 살펴보되 말을 해주지 않는 것은 생각하도록 만든다는 뜻이다. 무릇 도에 진입할 때에는 순서가 있고 학문을 성취할 때에는 알맞은 때가 있으니, 이른바 등급[等]이라는 것이다. 어린나이인데도 연장자처럼 행동한다면 등급을 뛰어넘는 일이 된다. 이러한 것을 '윤(倫)'이라고 불렀으니, 선후의 순서를 어지럽힐 수 없다는 뜻이다. 그러나 가르침에 있어서는 또한 여러 가지 방법이 있는데, 어찌 여기에서 말한 것에만 그치겠는가? 이 내용은 또한 대략적인 것만을 제시한 것일 뿐이다. 무릇 관리가 다스리는 일은 구체적인 사안이며, 선비가 숭상하는 것은 뜻이다. 배우려고 할 때 관직에 몸담고 있다면, 구체적인 사안에 대한 것을 우선순위로 삼고, 배우려고 할 때 선비의 입장이 된다면, 뜻을 세우는 것을 우선순위로 삼는다. 그렇기 때문에 가르침의 큰 법칙은 바로 이것을 위한 것일 뿐이다.

鄭注　禘, 大祭也. 天子諸侯既祭, 乃視學考校, 以游暇學者之志意. 使之悱悱憤憤, 然後啓發也. 學, 教也, 教之長稚. 倫, 理也. 自大學始教至此, 其義七也. 官, 居官者也. 士, 學士也.

---

5) 『장자(莊子)』「인간세(人間世)」 : <u>美成在久</u>, 惡成不及改, 可不愼與.

6) 『맹자』「고자상(告子上)」 : 曰, 耳目之官不思, 而蔽於物. 物交物. 則引之而已矣. 心之官則思, <u>思則得之</u>, 不思則不得也. 此天之所與我者.

번역 '체(禘)'는 대제(大祭)[7]이다. 천자와 제후는 제사를 끝내면 곧 시학(視學)을 하여 학생들을 시험하는데, 시학을 하지 않음으로써 학생들의 뜻을 여유롭게 만든다. 모두 말해주지 않는 것은 그들로 하여금 애태워하며 고민하게 한 뒤에야 계발시켜주기 때문이다.[8] '효불렵등야(學不躐等也)'에서의 '효(學)'자는 "가르친다[敎]."는 뜻이니, 나이에 따른 가르침의 순서를 뜻한다. '윤(倫)'자는 이치[理]이다. 대학에 처음 들어왔을 때 가르치는 일로부터 이곳까지의 내용은 그 도의가 7가지이다. '관(官)'자는 관직에 몸담고 있는 자를 뜻한다. '사(士)'자는 학생들을 뜻한다.

釋文 禘, 大計反. 斿音由, 本亦作游. 暇, 戶嫁反, 舊古雅反. 語, 魚庶反. 悱, 芳鬼反. 憤, 扶粉反, 一本直作"悱憤". 學, 胡孝反, 注同. 躐, 音里輒反. 稚, 直吏反.

번역 '禘'자는 '大(대)'자와 '計(계)'자의 반절음이다. '斿'자의 음은 '由(유)'이며, 판본에 따라서는 또한 '游'자로도 기록한다. '暇'자는 '戶(호)'자와 '嫁(가)'자의 반절음이며, 구음(舊音)은 '古(고)'자와 '雅(아)'자의 반절음이다. '語'자는 '魚(어)'자와 '庶(서)'자의 반절음이다. '悱'자는 '芳(방)'자와 '鬼(귀)'자의 반절음이다. '憤'자는 '扶(부)'자와 '粉(분)'자의 반절음이

---

7) 대제(大祭)는 큰 제사라는 뜻이며, 천지(天地)에 대한 제사 및 체협(禘祫) 등을 일컫는다. 『주례』「천관(天官)·주정(酒正)」에 "凡祭祀, 以法共五齊三酒, 以實八尊. 大祭三貳, 中祭再貳, 小祭壹貳, 皆有酌數."라는 기록이 있다. 이에 대한 정현의 주에서는 "大祭, 天地. 中祭, 宗廟. 小祭, 五祀."라고 풀이하여, '대제'는 천지에 대한 제사를 뜻한다고 설명한다. 그리고 『주례』「춘관(春官)·천부(天府)」편에는 "凡國之玉鎭大寶器藏焉, 若有大祭大喪, 則出而陳之, 旣事藏之."라는 기록이 있다. 이에 대한 정현의 주에서는 "禘祫及大喪陳之, 以華國也."라고 풀이하여, '대제'를 '체협'으로 설명한다. 그리고 '체(禘)'제사와 '대제'의 직접적 관계에 대해서는 『이아』「석천(釋天)」편에서 "禘, 大祭也."라고 풀이하고, 이에 대한 곽박(郭璞)의 주에서는 "五年一大祭."라고 풀이하여, '대제'로써의 '체'제사는 5년마다 지내는 제사로 설명한다.

8) 『논어』「술이(述而)」: 子曰, "不憤不啓, 不悱不發. 擧一隅, 不以三隅反, 則不復也."

며, 다른 판본에서는 단지 '俳憤'이라고만 기록하기도 한다. '學'자는 '胡 (호)'자와 '孝(효)'자의 반절음이며, 정현의 주에 나오는 글자도 그 음이 이와 같다. '躐'자의 음은 '里(리)'자와 '輒(첩)'자의 반절음이다. '稺'자는 '直(직)'자와 '吏(리)'자의 반절음이다.

孔疏 ●"未卜禘, 不視學, 游其志也". ○皇氏云: "禘, 大祭, 在於夏." 天 子諸侯視學之時, 必在禘祭之後. "未卜禘", 謂未爲禘也. 禘是大祭, 必先卜, 故連言之. 是未爲禘祭, 不視學. 所以然者, 欲游其學者之志, 謂優游縱暇學 者之志, 不欲急切之, 故禘祭之後, 乃視學考校優劣焉.

번역 ●經文: "未卜禘, 不視學, 游其志也". ○황간은 "체(禘)는 대제이 니, 여름에 지낸다."라고 했다. 천자와 제후가 시학(視學)을 할 때, 반드시 그 시기는 체제사를 지낸 이후로 잡는다. 경문의 "未卜禘"에 대하여. 아 직 체제사를 지내지 않았다는 뜻이다. 체제사는 대제이니, 반드시 그보다 앞서서 치르는 날짜에 대해 거북점을 쳐야 한다. 그렇기 때문에 거북점에 대해서 함께 언급한 것이다. 이 내용은 아직 체제사를 지내지 않아서 시 학을 하지 않는다는 뜻이다. 이처럼 하는 이유는 학생들의 뜻을 여유롭게 만들기 위함이니, 학생들의 뜻을 여유롭게 만들고, 다급하게 만들지 않고 자 한다는 뜻이다. 그렇기 때문에 체제사를 지낸 이후에는 시학을 하여 학생들의 우열을 시험하는 것이다.

孔疏 ◎注"禘大"至"考校". ○正義曰: "禘, 大祭", 爾雅·釋天文. 云"天 子諸侯旣祭, 乃視學"者, 謂於夏祭之時, 旣爲禘祭之後, 乃視學考校. 當祭之 年, 故云"未卜禘, 不視學". 若不當禘祭之年, 亦待時祭之後, 乃視學也. 此視 學, 謂考試學者經業, 或君親往, 或使有司爲之, 非天子大禮視學也. 若大禮 視學, 在仲春·仲秋及季春, 故文王世子云: "凡大合樂, 必遂養老." 注云: "大合樂, 謂春入學舍菜合舞, 秋頒學合聲. 於是時也, 天子則視學焉." 月令: "季春大合樂, 天子率三公九卿而視學焉." 與此別也. 視學旣在夏祭之後, 則天子春秋視學, 亦應在春秋時祭之後. 此擧"未卜禘, 不視學", 則餘可知也.
熊氏云: "此禘謂夏正郊天, 視學謂仲春視學. 若郊天則不視學." 若如熊氏義,
禮不王不禘, 鄭注何得云"天子諸侯旣祭, 乃視學"? 旣連諸侯言之, 則此禘非
祭天. 熊說非也.

번역 ◎鄭注: "禘大"~"考校". ○정현이 "'체(禘)'는 대제(大祭)이다."라
고 했는데, 이것은 『이아』「석천(釋天)」편의 문장이다.9) 정현이 "천자와
제후는 제사를 끝내면, 곧 시학(視學)을 한다."라고 했는데, 정규적으로
지내는 여름 제사에 대해서, 이미 체제사를 지낸 이후라면, 곧 시학을 하
여 학생들을 시험한다는 뜻이다. 제사를 지내야 하는 해가 되었기 때문에,
"아직 체제사에 대한 거북점을 치지 않았으면, 시학을 하지 않는다."라고
한 것이다. 만약 체제사를 지내야 하는 해에 해당하지 않는다면, 또한 정
규적으로 지내는 각 계절별 제사를 끝낼 때까지 기다린 뒤에야 시학을 한
다. 여기에서 시학을 한다고 한 말은 학생들의 과업에 대해서 시험을 할
때, 어떤 경우에는 군주가 직접 찾아가서 하며, 또 어떤 경우에는 유사(有
司)를 대신 보내서 하기도 한다는 뜻이니, 천자가 성대한 예법에 따라 시
학을 하는 것은 아니다. 만약 성대한 예법에 따라 시학을 하게 된다면, 그
시기는 중춘(仲春)・중추(仲秋) 및 계춘(季春)에 해당한다. 그렇기 때문에
『예기』「문왕세자(文王世子)」편에서는 "무릇 성대한 규모로 음악을 합
주10)할 경우에는 반드시 노인을 봉양하는 의식까지도 시행한다."11)라고
한 것이고, 정현의 주에서는 "'대합악(大合樂)'에 대해서 설명하자면, 국자
(國子)들은 봄에 태학(太學)에 입학하여, 향기로운 채소인 채(菜)를 바쳐
서 석채(釋菜)를 지내고, 춤을 조화롭게 추도록 배우며, 가을에는 재목에

---

9) 『이아』「석천(釋天)」: 禘, 大祭也.
10) 대합악(大合樂)은 일반적으로 음악을 합주한다는 합악(合樂)의 뜻과 같다.
   한편 계춘(季春)의 달에 국학(國學)에서 성대하게 시행한 합주를 뜻하기도
   한다. 계춘에는 천자가 직접 주요 신하들을 이끌고 국학에 와서 합악을 관람
   하기 때문에, 성대하다는 의미에서 '대(大)'자가 붙여진 것이다.
11) 『예기』「문왕세자(文王世子)」【251d】: 凡釋奠者, 必有合也. 有國故, 則否. 凡
   大合樂, 必遂養老.

따라 분반을 나누게 되고, 노래를 조화롭게 부르게 되는데,12) '대합악'을
하는 때는 바로 이러한 시기들을 뜻한다. 그리고 '대합악'을 할 때에 천자
는 시학을 하게 된다."라고 한 것이다. 그런데『예기』「월령(月令)」편에서
는 "계춘의 달에 대합악을 하면, 천자는 삼공(三公)13)·구경(九卿)14)을
이끌고 시학을 한다."15)라고 하여, 이곳에서 말한 내용과는 구별된다. 시
학은 이미 여름 제사를 끝낸 이후에 하게 되니, 천자가 봄과 가을에 시학
을 하는 것 또한 마땅히 봄철 제사와 가을철 제사를 지낸 이후에 하게 된
다. 이곳에서 "아직 체제사에 대한 거북점을 치지 않았다면, 시학을 하지
않는다."라고 한 말에 근거해보면, 나머지 경우에도 이처럼 하게 됨을 알
수 있다. 웅안생은 "여기에서 말한 체제사는 하정(夏正)16) 때 하늘에 대

---

12)『주례』「춘관(春官)·대서(大胥)」 : 大胥, 掌學士之版以待致諸子. 春入學舍采合
舞. 秋頒學合聲.
13) 삼공(三公)은 중앙정부의 가장 높은 관직자 3명을 합쳐서 부르는 말이다. '삼
공'에 속한 관직명에 대해서는 각 시대별로 차이가 있다.『사기(史記)』「은본
기(殷本紀)」편에는 "以西伯昌, 九侯, 鄂侯, 爲三公."이라는 기록이 있다. 즉
은나라 때에는 서백(西伯)인 창(昌), 구후(九侯), 악후(鄂侯)들을 '삼공'으로
삼았다. 또한 주(周)나라 때에는 태사(太師), 태부(太傅), 태보(太保)를 '삼공'
으로 삼았다.『서』「주서(周書)·주관(周官)」편에는 "立太師·太傅·太保, 茲惟三
公, 論道經邦, 燮理陰陽."이라는 기록이 있다. 한편『한서(漢書)』「백관공경표
서(百官公卿表序)」에 따르면 사마(司馬), 사도(司徒), 사공(司空)을 '삼공'으
로 삼았다는 기록이 있다.
14) 구경(九卿)은 천자의 조정에 있었던 9명의 고위 관직자들을 뜻한다. 삼고(三
孤)와 육경(六卿)을 합하여 '구경'이라고 부른다. '삼고'는 삼공(三公)을 보좌
하며, 정책의 큰 방향을 잡는 자들이었고, 육경은 여섯 관부의 일들을 담당
하였던 자들이다.『주례』「동관고공기(冬官考工記)·장인(匠人)」편에는 "外有
九室, 九卿居焉."이라는 기록이 있고, 이에 대한 정현의 주에서는 "六卿三孤
爲九卿, 三孤佐三公論道, 六卿治六官之屬."라고 풀이했다.『주례』의 체제에
따르면, '구경'은 소사(少師), 소부(少傅), 소보(少保), 총재(冢宰), 사도(司徒),
종백(宗伯), 사마(司馬), 사구(司寇), 사공(司空)이 된다.
15)『예기』「월령(月令)」【198b】 : 是月之末, 擇吉日, 大合樂, 天子, 乃帥三公九卿
諸侯大夫, 親往視之.
16) 하정(夏正)은 하(夏)나라의 정월(正月)을 뜻한다. 이러한 뜻에서 파생되어 하
나라의 역법(曆法)을 지칭하기도 한다. 하력(夏曆)을 기준으로 두었을 때, 은
(殷)나라는 12월을 정월로 삼았으며, 주(周)나라는 11월을 정월로 삼았다.『사

한 교(郊)제사[17]를 지낸다는 뜻이며, 시학은 중춘 때 시학함을 뜻한다. 만약 하늘에 대한 교제사를 지낸다면, 시학을 하지 않는다."라고 했다. 만약 이와 같은 웅안생의 주장대로라면, 예법에서는 천자가 아니면 체제사를 지내지 않는데,[18] 정현의 주에서 어떻게 "천자와 제후가 제사를 끝내면, 시학을 한다."라고 말할 수 있겠는가? 이미 제후까지도 함께 언급을 했으니, 여기에서 말하는 체제사는 하늘에 대한 제사가 아니다. 따라서 웅안생의 주장은 잘못되었다.

孔疏 ●"時觀而弗語, 存其心也"者, 時觀, 謂敎者時時觀之, 而不丁寧告語. 所以然者, 欲使學者存其心也. 旣不告語, 學者則心憤憤, 口悱悱, 然後啓之, 學者則存其心也.

번역 ●經文: "時觀而弗語, 存其心也". ○'시관(時觀)'은 가르치는 자가 수시로 관찰한다는 뜻이고, 이 문장은 살펴보기만 하고 간곡하고 자세하게 말을 해주지 않는다는 뜻이다. 이처럼 하는 이유는 학생들로 하여금 자신의 마음을 보존토록 하기 위해서이다. 이미 말을 해주지 않는다고 했

기(史記)』「역서(曆書)」편에서는 "秦及漢初曾一度以夏曆十月爲正月, 自漢武帝改用夏正后, 曆代沿用."이라고 하여, 진(秦)나라와 전한초기(前漢初期)에는 하력에서의 10월을 정월로 삼았다가, 한무제(漢武帝)부터는 다시 하력을 따랐다고 전해진다. 또한 '하력'은 농력(農曆)이라고도 부르는데, '하력'에 기준을 두었을 때, 농사의 시기와 가장 잘 맞았기 때문이다. 따라서 역대 왕조에서 역법을 개정할 때에는 '하력'에 기준을 두게 되었다.

17) 교제(郊祭)는 '교사(郊祀)'라고도 부른다. 교외(郊外)에서 천지(天地)에 제사를 지냈기 때문에 붙여진 명칭이다. 음양설(陰陽說)이 성행했던 한(漢)나라 때에는 하늘에 대한 제사는 양(陽)의 뜻을 따라 남교(南郊)에서 지냈고, 땅에 대한 제사는 음(陰)의 뜻을 따라 북교(北郊)에서 지냈다. 『한서』「교사지하(郊祀志下)」편에는 "帝王之事莫大乎承天之序, 承天之序莫重於郊祀. …… 祭天於南郊, 就陽之義也. 地於北郊, 卽陰之象也."라는 기록이 있다. 한편 '교사'는 후대에 제사를 범칭하는 용어로도 사용되었다. '교사' 중의 '교(郊)'자는 규모가 큰 제사를 뜻하며, '사(祀)'는 비교적 규모가 작은 제사들을 뜻한다.

18) 『예기』「상복소기(喪服小記)」【411b】: 禮不王不禘. / 『예기』「대전(大傳)」【424a】: 禮不王不禘. 王者禘其祖之所自出, 以其祖配之.

으니, 학생들은 마음속으로 간절하게 그 답을 찾고, 입으로는 정확하게 답을 말하지 못해 애태우게 되니, 그런 뒤에야 깨우치게 되므로, 학생들은 곧 자신의 마음을 보존하게 된다.

孔疏 ●"幼者聽而弗問". ○敎學之法, 若有疑滯未曉, 必須問師, 則幼者但聽長者解說, 不得輒問, 推長者諮問, 幼者但聽之耳.

번역 ●經文: "幼者聽而弗問". ○가르치고 배우는 법도에 있어서, 만약 막히거나 깨닫지 못하는 것이 있다면, 반드시 스승에게 질문을 해야 하는데, 나이가 어린 자라면 단지 연장자가 풀이해주는 말을 듣기만 하며, 감히 갑작스럽게 질문을 하지 못하고, 자신보다 연장자를 통해 자문을 구하고, 나이가 어린 자는 단지 듣기만 할 따름이다.

孔疏 ●"學不躐等也"者, 學, 敎也. 躐, 踰越也. 言敎此學者, 令其謙退, 不敢踰越等差. 若其幼者輒問, 不推長者, 則與長者抗行, 常有驕矜. 今唯使聽而不問, 故云"學不躐等"也.

번역 ●經文: "學不躐等也". ○'효(學)'자는 "가르친다[敎]."는 뜻이다. '엽(躐)'자는 등급을 뛰어 넘다는 뜻이다. 이러한 학생들을 가르칠 때에는 그들로 하여금 겸손하게 자신을 낮추도록 해야 하며, 감히 등급을 뛰어 넘게 해서는 안 된다. 만약 나이가 어린 자가 갑작스럽게 질문을 하고, 연장자를 통해서 간접적으로 하지 않는다면, 연장자와 대등한 항렬처럼 되어, 항상 교만한 마음을 품게 된다. 현재 그들로 하여금 듣기만 하고 질문을 하지 못하도록 했기 때문에, "가르침에 있어서는 등급을 뛰어 넘게 해서는 안 된다."라고 말한 것이다.

孔疏 ●"此七者, 敎之大倫也"者, 倫理也. 言前七等之事, 是敎學大理也.

번역 ●經文: "此七者, 敎之大倫也". ○윤리를 뜻한다. 즉 앞에서 말한

7가지 사안들은 가르치고 배우는 일에 있어서 큰 이치가 된다는 뜻이다.

孔疏 ●"記曰"至"謂乎", 引舊記結上七事. "凡學", 謂學爲官, 學爲士者. "官先事, 士先志"者, 若學爲官, 則先敎以居官之事. 若學爲士, 則先喩敎以 學士之志. 故先七事, 皆是敎學居官及學士者.

번역 ●經文: "記曰"~"謂乎". ○옛『기』의 기록을 인용하여, 앞에서 말한 7가지 사안들을 결론 맺은 것이다. '범효(凡學)'는 관리가 된 자를 가르치고 학사인 자를 가르친다는 뜻이다. 경문의 "官先事, 士先志"에 대하여. 만약 관리가 된 자를 가르친다면, 우선적으로 관직에 몸담고 있을 때 필요한 사안을 가르친다. 만약 학사인 자를 가르친다면, 우선적으로 학생으로서 가져야 하는 뜻에 대해서 깨우쳐주고 가르친다. 그렇기 때문에 앞에서 말한 7가지 사안들은 모두 관리와 학생들을 가르치거나 그들이 배우는 사안이 된다.

孔疏 ●"其此之謂乎"者, 記者所云: 其此在上七事之謂乎.

번역 ●經文: "其此之謂乎". ○『기』에서 말한 내용은 이 내용이 바로 앞에서 말한 7가지 사안들을 뜻할 것이라는 의미이다.

集解 今按: 觀爲觀示之義, 當音古亂反.

번역 현재 살펴보니, '관(觀)'자는 시범을 보인다는 뜻이니, 마땅히 그 음은 '古(고)'자와 '亂(란)'자의 반절음이 되어야 한다.

集解 朱子曰: 觀, 示也. 謂示之以所學之端緒. 語, 告也.

번역 주자가 말하길, '관(觀)'자는 "보여준다[示].'는 뜻이다. 즉 배움의 대상에 대해 그 단서를 보여준다는 뜻이다. '어(語)'자는 "알려주다[告]." 는 뜻이다.

集解 愚謂: 始立學, 必釋菜於先聖先師, 文王世子"始立學者, 旣興器用幣, 然後釋菜", 是也. 先聖先師, 乃先世有道德者. 皮弁祭菜, 所以示學者尊敬道德, 使知所以仰慕而興起也. 詩者, 學者之所弦誦, 始入學者先習小雅鹿鳴之三篇. 蓋以此三篇皆君之所以燕樂其臣, 而臣之所以服事於君者, 故以入官之道示之於入學之始, 所以擴充其志意, 使知學之當爲用於國家也. 入學發篋, 必擊鼓以警告之, 所以提撕警覺, 使之遜心於學業之中, 而不至於外馳也. 夏·楚二物, 卽虞書所謂"撲作敎刑", 所以收攝學者威儀, 而不至於惰慢. 小胥云"巡舞列而撻其怠慢者", 是也. 禘者, 夏祭之名. 言"卜禘"者, 禘必先卜也. 視學, 謂考學者之業, 卽一年視離經辨志, 以至於九年視知類通達也. 入學在春, 而考視則在夏祭之後, 所以寬其期, 以優游其志意, 而使之不至於迫蹙也. 凡人之於學, 得之也易, 則其守之不固, 故時時觀示, 而不輕語以發之, 所以使學者存其心, 以求之於內, 待其自有所得, 而後告之也. 年有長幼, 則學有淺深, 故其進而受敎於師, 使長者諮問, 而幼者從旁聽之, 所以敎之使循序而進, 而不可踰越等級也. 此七者, 雖未及乎講貫服習之事, 然振興鼓舞之方, 整齊嚴肅之意, 從容涵養之益, 皆在是焉. 是設敎之大倫也. 大倫, 猶言大義也. 官, 已仕者. 士, 未仕者. 官與士之所學, 理雖同而分則異, 故一以盡其事爲先, 一以尙其志爲先. 引此者, 以證上文七者皆士先志之事也.

번역 내가 생각하기에, 처음으로 학교를 세웠을 때에는 반드시 선성(先聖)과 선사(先師)에게 석채(釋菜)를 지내야 하니, 『예기』「문왕세자(文王世子)」편에서 "처음 태학(太學)을 건립하는 경우에는 예기(禮器)들이 아직 갖춰지지 않았으므로, 우선 예기들을 제작한다. 그리고 그것이 다 완성되면, 갈라진 틈 사이에 희생물의 피 바르는 의식을 시행하고, 그 의식이 끝나면, 폐백을 진설하여 아뢰며, 그런 뒤에야 석채(釋菜)를 지내게 된다."[19]라고 한 말이 이러한 사실을 나타낸다. '선성(先聖)'과 '선사(先師)'는 이전 세대의 인물 중 도덕을 갖추고 있었던 자들이다. 피변(皮弁)을 착용하고 나물로 제사를 지내는 것은 학생들에게 도덕을 존경해야 함

---

19) 『예기』「문왕세자(文王世子)」【252d】: 始立學者, 旣興器用幣, 然後釋菜, 不舞, 不授器, 乃退, 儐于東序, 一獻, 無介語可也. 敎世子.

을 보여주어, 그들로 하여금 흠모하여 흥기해야 함을 알게끔 하는 것이다. '시(詩)'라는 것은 학생들이 현악기로 연주하고 암송하는 것들인데, 처음 입학을 한 자들은 우선적으로 「소아(小雅)·녹명(鹿鳴)」 등의 세 편을 익힌다. 무릇 이 세 편의 시들은 모두 군주가 연회의 예법으로 신하들을 즐겁게 하고, 신하들이 군주에게 복종하고 섬기는 내용을 담고 있기 때문에, 처음 입학한 자들에 대해서 관리로 등용되는 도리를 보여주는 것이니, 그 뜻을 넓히고 충만하게 만들어서, 그들로 하여금 배움은 마땅히 국가를 위해서 사용해야 함을 알게끔 하기 위해서이다. 학교에 들어섰을 때 상자를 열며, 반드시 북을 울려서 그들에게 주의를 주는 것은 그들을 인도하고 경각하게 만들어서, 그들로 하여금 학업에 대해 마음을 공손히 하여 따르도록 해서, 다른 곳으로 빠지지 않게끔 하기 위해서이다. 개오동나무와 가시나무라는 두 사물은 곧 『서』「우서(虞書)」에서 "회초리는 학교의 형벌로 만든다."[20]라고 한 뜻에 해당하니, 학생들이 위엄스러운 행동을 하도록 단속하고, 태만한 지경에 이르지 않도록 하기 위해서이다. 『주례』「소서(小胥)」편에서 "무용수들의 대열을 순시하여 태만한 자에 대해 회초리로 때린다."[21]라고 한 말이 바로 이러한 사실을 나타낸다. '체(禘)'라는 것은 여름에 지내는 제사의 명칭이다. '복체(卜禘)'라고 말한 것은 체제사를 지낼 때에는 반드시 그보다 앞서서 거북점을 치기 때문이다. '시학(視學)'은 학생들의 과업을 시험한다는 뜻이니, 곧 1년째에 경전을 끊어서 읽는 수준과 뜻의 지향점에 대해서 살펴본다는 것으로부터 9년째에는 같은 부류에 대해서 알아 두루 달통한지를 살펴본다는 것까지를 모두 뜻한다. 봄에 입학을 하는데, 시험을 하는 것은 여름 제사를 지낸 이후가 되니, 그 기한을 관대하게 넓혀주어서, 그들의 뜻을 여유롭게 만들고, 그들로 하여금 너무 급박한 지경에 이르지 않도록 한 것이다. 무릇 사람이 배움에 있어서, 쉽게 얻는다면 견지하는 것이 견고하지 못하다.

20) 『서』「우서(虞書)·순전(舜典)」：肇十有二州, 封十有二山, 濬川, 象以典刑, 流宥五刑, 鞭作官刑, 扑作教刑, 金作贖刑, 眚災肆赦, 怙終賊刑.
21) 『주례』「춘관(春官)·소서(小胥)」：巡舞列而撻其怠慢者.

그렇기 때문에 수시로 단서를 보여주되, 갑작스럽게 정답을 말해주어 모든 것을 알려주지 않으니, 학생들로 하여금 그 마음을 보존하게 해서, 내적으로 찾아 스스로 터득함이 있을 때까지 기다린 뒤에야 알려주기 위해서이다. 학생들의 나이에는 차이가 있으니 배움에 있어서도 차이가 있다. 그렇기 때문에 그들이 학교에 나아가 스승으로부터 가르침을 받을 때에는 연장자를 통해서 질문을 하고, 나이가 어린 자는 그 곁에서 듣기만 하니, 가르침에 있어서 학생들로 하여금 그 순서를 따르게 하여, 등급을 뛰어넘지 못하도록 하기 위해서이다. 이러한 7가지 사안들은 비록 "익히고 익숙하도록 한다."[22]는 사안까지는 언급하지 않았지만, 떨쳐 일으키고 고무시키는 방법과 가지런히 만들고 엄숙하게 하는 뜻과 침착하게 자신을 함양하는 보탬 등의 측면은 모두 이곳에 포함되어 있다. 이것이 바로 가르침의 큰 도의라는 뜻이다. '대륜(大倫)'이라는 말은 '대의(大義)'라는 말과 같다. '관(官)'자는 이미 벼슬살이를 하고 있는 자를 뜻한다. '사(士)'자는 아직 관직에 나아가지 않은 자를 뜻한다. 관리와 학생들이 배우는 것들은 이치에 대한 것은 비록 동일하더라도 본분에 따라서 달라진다. 그렇기 때문에 한쪽에서는 그 사안에 대해 달통하는 것을 우선으로 삼고, 다른 한쪽에서는 뜻을 숭고하게 만드는 것을 우선으로 삼는다. 이 내용을 인용한 이유는 앞에 나온 7가지 사안이 모두 학생들이 우선적으로 익혀야 하는 뜻에 관련된 사안임을 증명하기 위해서이다.

---

22) 『국어(國語)』「노어하(魯語下)」: 士朝受業, *晝而講貫, 夕而習復*, 夜而計過無憾, 而後卽安.

대학(大學)의 제도 - 정업(正業)과 거학(居學)

【447d】

> 大學之敎也, 時敎必有正業, 退息必有居學. 不學操縵, 不能
> 安弦; 不學博依, 不能安詩; 不學雜服, 不能安禮; 不興其藝,
> 不能樂學. 故君子之於學也, 藏焉, 修焉, 息焉, 遊焉.

직역 大學의 敎함에는 時敎에 必히 正業이 有하고, 退息에 必히 居學이 有하다. 操縵을 不學하면, 弦을 安하길 不能하며; 博依를 不學하면, 詩를 安하길 不能하고; 雜服을 不學하면, 禮를 安하길 不能하며; 그 藝를 不興하면, 學을 樂하길 不能한다. 故로 君子는 學에, 藏하며, 修하고, 息하며, 遊한다.

의역 대학(大學)의 가르침에 있어서, 각 계절에 따른 가르침에는 반드시 정해진 과업이 있고, 학생들이 물러나서 휴식을 취할 때에도 개인적으로 익히는 것이 있다. 학생들이 휴식을 취할 때 현악기를 손에 익도록 연습하지 않는다면, 현악기를 연주하는 일에 있어서 안정될 수가 없다. 또 『시』에 나타난 다양한 비유와 사물의 이치에 대해서 개인적으로 연습하지 않는다면, 『시』에 대해서 안정되게 사용할 수가 없다. 또 선왕이 제정한 각종 복식 제도에 대해서 개인적으로 배우지 않는다면, 예(禮)를 실천하는데 있어서 안정되게 할 수가 없다. 그러므로 이러한 배움에 대해서 개인적으로 흥기시키지 못한다면, 학문을 좋아할 수가 없다. 그래서 군자는 학문에 대해, 간직하고 수양할 때 정규 과업을 통해 익히고, 휴식을 취하고 한가롭게 있을 때, 개인적인 노력을 통해 익힌다.

集說 舊說, 大學之敎也時, 句絶, 退息必有居, 句絶. 今讀時字連下句, 學字連上句, 謂四時之敎, 各有正業, 如春秋敎以禮樂, 冬夏敎以詩書, 春誦夏弦之類, 是也. 退而燕息, 必有燕居之學, 如退而省其私, 亦足以發, 是也. 弦也,

詩也, 禮也, 此時敎之正業也. 操縵, 博依, 雜服, 此退息之居學也. 凡爲學之
道, 貴於能安, 安則心與理融而成熟矣. 然未至於安, 則在乎爲之不厭, 而不可
有作輟也. 操縵, 操弄琴瑟之弦也. 初學者手與弦未相得, 故雖退息時, 亦必操
弄之不廢, 乃能習熟而安於弦也. 詩人比興之辭, 多依託於物理. 而物理至博
也, 故學詩者但講之於學校, 而不能於退息之際, 廣求物理之所依附者, 則無
以驗其實, 而於詩之辭, 必有疑殆而不能安者矣. 雜服, 冕弁衣裳之類. 先王制
作, 禮各有服, 極爲繁雜. 學者但講之於學, 而不於退息時, 游觀行禮者之雜
服, 則無以盡識其制, 而於禮之文, 必有彷彿而不能安者矣. 興者, 意之興起而
不能自已者. 藝, 卽三者之學是也. 言退息時, 若不興此三者之藝, 則謂之不能
好學矣. 故君子之於學也, 藏焉修焉之時, 必有正業, 則所習者專而志不分; 息
焉遊焉之際, 必有居學, 則所養者純而藝愈熟. 故其學易成也.

번역 옛 학설에서는 '대학지교야시(大學之敎也時)'에서 구문을 끊었
고, '퇴식필유거(退息必有居)'에서 구문을 끊었다. 그러나 현재는 '시(時)'
자를 뒤의 구문과 연결해서 구문을 끊고, '학(學)'자를 앞의 구문과 연결
해서 구문을 끊으니, 사계절마다 가르치는 일에 있어서는 각각 정해진 과
업이 있다는 뜻으로, 예를 들어 봄과 가을에는 예(禮)와 악(樂)을 가르치
고, 겨울과 여름에는 『시』와 『서』를 가르치며,[1] 봄에는 암송하고 여름에
는 현악기로 연주하는 부류[2]가 바로 이러한 것들을 가리킨다. 물러나서
한가롭게 휴식을 취할 때에는 반드시 한가롭게 거처하며 배워야 할 것이
있으니, 마치 물러나서 그 사생활을 살펴보니, 또한 충분히 이치를 드러
낸다고 한 말[3]이 바로 이러한 것이다. 현악기를 연주하고, 『시』를 배우
며, 예(禮)를 익히는 것들은 모두 각 계절마다 가르치는 정규 과업에 해
당한다. 현악기를 손에 익도록 하고, 시를 통해 비유를 하며, 각종 복장

---

1) 『예기』「왕제(王制)」【168b】: 樂正, 崇四術, 立四敎, 順先王詩書禮樂, 以造士.
   <u>春秋, 敎以禮樂, 冬夏, 敎以詩書</u>.
2) 『예기』「문왕세자(文王世子)」【249d】: <u>春誦, 夏弦</u>, 大師詔之瞽宗. 秋學禮, 執
   禮者詔之, 冬讀書, 典書者詔之, 禮在瞽宗, 書在上庠.
3) 『논어』「위정(爲政)」: 子曰, "吾與回言終日, 不違如愚. <u>退而省其私, 亦足以發</u>,
   回也不愚."

등의 제도를 익히는 것들은 물러나 휴식을 취하며 학습하는 것들이다. 무릇 학문의 도에서는 안정되게 할 수 있음을 귀하게 여기니, 안정된다면 마음과 이치가 융합하고 성숙하게 된다. 그러나 아직 안정되는 단계에 이르지 못했다면, 그 성패가 학문을 익힘에 싫증을 내지 않음에 달려 있어서, 단절됨이 발생하도록 만들어서는 안 된다. '조만(操縵)'은 금슬(琴瑟)의 현들을 만지작거리며 손에 익도록 한다는 뜻이다. 처음 학문을 하는 자는 손이 현들에 대해 아직 익숙하지 않기 때문에, 비록 물러나 휴식을 취하는 때라 하더라도, 또한 반드시 현악기를 다루는 연습을 그쳐서는 안 되니, 이처럼 하게 되면 익숙하게 탈 수 있어서 현악기 연주에 대해 안정되게 할 수 있다. 『시』는 사람들이 비흥(比興)⁴⁾을 통해 표현한 말들이니, 대부분 사물의 이치에 의탁한 것들이다. 그런데 사물의 이치는 지극히 광대하기 때문에, 『시』를 배우는 자가 단지 학교에서만 익히고, 물러나 휴식을 취할 때 사물의 이치가 깃들에 있는 것들에 대해 널리 배우지 못한다면, 그 실질을 증험할 수 없고, 『시』의 말들에 대해서 반드시 의심되고 불안한 면이 생겨서 안정되게 할 수 없다. '잡복(雜服)'은 면류관·변(弁)·상의·하의 등의 부류를 뜻한다. 선왕이 제도를 만들 때 예법에 따라 각각 해당하는 복장을 제정해 두었는데, 그 제도는 지극히 복잡하다. 학생들이 단지 학교에서만 익히고, 물러나 휴식을 취할 때, 의례를 시행하는 자들이 착용하는 다양한 복식 제도에 대해서 살펴보지 않는다면, 그 제도에 대해서 모두 알 수 없고, 예의 형식에 대해서도 반드시 곡진하지 않은 점이 있어서 안정되게 할 수 없다. '흥(興)'이라는 것은 뜻이 흥기하여 스스로 그만둘 수 없음을 뜻한다. '예(藝)'는 곧 이 세 가지의 배움을 뜻한다. 즉 물러나서 휴식을 취할 때, 이러한 세 가지의 배움을 흥기시키지 못한다면, 학문을 좋아할 수 없다고 말한다. 그렇기 때문에 군자는 학문에 대해서 간직하고 수양을 할 때, 반드시 익혀야 하는 정규 과업이 있다

---

4) 비흥(比興)은 본래 『시』의 육의(六義) 중 하나인 비(比)와 흥(興)을 가리킨다. '비'는 저 사물을 통해 이 사물에 대해 비교를 하는 것이다. '흥'은 먼저 다른 사물을 언급하여, 시로 표현하고자 하는 말들을 이끌어내는 것이다. 후대에는 시가(詩歌)를 창작하는 용어로도 사용되었다.

면, 익히는 것이 전일하여 뜻이 분열되지 않는다. 그리고 휴식을 취할 때, 반드시 홀로 익히는 것이 있다면, 배양하는 것이 순일하여 도예가 더욱 성숙하게 된다. 그렇기 때문에 그 학문을 쉽게 이루게 된다.

集說 朱子曰: 古人服各有等降, 若理會得雜服, 則於禮思過半矣.

번역 주자가 말하길, 고대인의 복식에는 각각 등급에 따라 낮추는 규정이 있었는데, 이러한 복잡한 복식제도를 이해할 수 있다면, 예(禮)에 대해서 그 생각이 반을 넘기게 된다.[5]

大全 山陰陸氏曰: 正業, 言時敎之所敎也. 若春誦夏弦, 春秋敎以禮樂, 冬夏敎以詩書, 是也. 居學, 言退息之所學也. 若不學操縵, 不能安弦, 不學博依, 不能安詩, 是也.

번역 산음육씨가 말하길, '정업(正業)'은 각 계절에 따라 학교에서 가르치는 것들이다. 마치 봄에는 『시』를 암송하고, 여름에는 현악기를 연주하며, 봄과 가을에는 예악을 가르치고, 겨울과 여름에는 『시』·『서』를 가르치는 일들이 여기에 해당한다. '거학(居學)'은 물러나 휴식을 취할 때 배우는 것들이다. 마치 현악기를 손에 익도록 하지 않으면, 현악기를 연주하는 일에 안정되게 할 수 없고, 『시』의 비유와 그 속에 내포된 사물의 이치를 익히지 않으면, 『시』를 안정되게 사용할 수 없다는 등의 말이 바로 이러한 내용에 해당한다.

大全 嚴陵方氏曰: 操之而急縱之而緩者, 操縵之謂也. 弦之理, 亦若是而已. 依則依物之理以爲言焉, 多識於鳥獸草木之名, 則博依之謂也. 詩之理, 亦若是而已. 服雖雜而繁, 亦君子之所不憚焉, 以服亦無非禮也. 藝雖成而下, 亦

---

5) 『역』「계사하(繫辭下)」: 噫! 亦要存亡吉凶, 則居可知矣. 知者觀其象辭, 則思過半矣.

君子之所不廢焉, 以藝亦無非學也.

번역 엄릉방씨가 말하길, 당겨서 신축시키고 놓아서 펴게 하는 것을 '조만(操縵)'이라고 부른다. 현악기를 다루는 이치는 또한 이와 같을 따름이다. '의(依)'는 사물의 이치에 따라서 말을 하는 것이며, 또 조수나 초목의 이름을 널리 익히는 것을 '박의(博依)'라고 부른다. 『시』의 이치는 또한 이와 같을 따름이다. 복식이 비록 복잡하더라도 또한 군자는 꺼려하지 않으니, 복식을 따름에 있어서도 또한 비례를 저지름이 없다. 기예는 비록 이루더라도 하위에 속하지만,6) 또한 군자가 폐지하지 않았던 대상이니, 기예에 해당한다고 하여 또한 배우지 않은 것이 없었다.

鄭注 有居, 有常居也. 操縵, 雜弄. 博依, 廣譬喩也. 依或爲衣. 雜服, 冕服·皮弁之屬. 雜, 或爲雅. 興之言喜也, 歆也. 藝, 謂禮·樂·射·御·書·數. 藏, 謂懷抱之. 脩, 習也. 息, 謂作勞休止於之息. 遊, 謂閒暇無事於之遊.

번역 '유거(有居)'는 항상 거처함이 있다는 뜻이다. '조만(操縵)'은 이리저리 가지고 놀며 익힌다는 뜻이다. '박의(博依)'는 널리 비유를 한다는 뜻이다. '의(依)'자는 다른 판본에서 '의(衣)'자로 기록하기도 한다. '잡복(雜服)'은 면복(冕服)7)이나 피변복(皮弁服)8) 등의 부류를 뜻한다. '잡(雜)'자는 다른 판본에서 '아(雅)'자로 기록하기도 한다. '흥(興)'자는 "기뻐하

---

6) 『예기』「악기(樂記)」【477b~c】 : 樂者, 非謂黃鐘大呂弦歌干揚也, 樂之末節也, …… 是故德成而上, <u>藝成而下</u>, 行成而先, 事成而後. 是故先王有上有下有先有後, 然後可以有制於天下也.

7) 면복(冕服)은 대부(大夫) 이상의 계층이 착용하는 예관(禮冠)과 복식을 뜻한다. 무릇 길례(吉禮)를 시행할 때에는 모두 면류관[冕]을 착용하는데, 복장의 경우에는 시행하는 사안에 따라서 달라진다.

8) 피변복(皮弁服)은 호의(縞衣)라고도 부르며, 주로 군주가 조회를 하거나 고삭(告朔)을 할 때 착용하는 복장이다. 흰색 비단으로 만들었으며, 옷에 착용하는 관(冠) 또한 백색 사슴 가죽으로 만들었다. 『의례』「기석례(旣夕禮)」편에는 "薦乘車, 鹿淺鞴, 干笮革鞔, 載旝載<u>皮弁服</u>, 纓轡貝勒, 縣于衡."이라는 기록이 있고, 이에 대한 정현의 주에서는 "<u>皮弁服</u>者, 視朔之服."이라고 풀이했다.

다[喜].”는 뜻이며, “즐거워한다[歠].”는 뜻이다. ‘예(藝)’자는 예(禮)·악
(樂)·사(射)·어(御)·서(書)·수(數)를 뜻한다. ‘장(藏)’자는 마음속에 간
직한다는 뜻이다. ‘수(脩)’자는 “익힌다[習].”는 뜻이다. ‘식(息)’자는 수고
로운 일을 하고 쉴 때 여기에서 휴식을 취한다는 뜻이다. ‘유(遊)’자는 한
가하고 특별한 일이 없을 때 여기에서 노닌다는 뜻이다.

釋文 操, 七刀反, 注同. 縵, 末但反. 雜, 徂合反. 依, 於豈反, 注皆同. 興,
虛應反. 歠, 許金反. 閒音閑.

번역 ‘操’자는 ‘七(칠)’자와 ‘刀(도)’자의 반절음이며, 정현의 주에 나오
는 글자도 그 음이 이와 같다. ‘縵’자는 ‘末(미)’자와 ‘但(단)’자의 반절음이
다. ‘雜’자는 ‘徂(조)’자와 ‘合(합)’자의 반절음이다. ‘依’자는 ‘於(어)’자와
‘豈(기)’자의 반절음이며, 정현의 주에 나오는 글자도 모두 그 음이 이와
같다. ‘興’자는 ‘虛(허)’자와 ‘應(응)’자의 반절음이다. ‘歠’자는 ‘許(허)’자와
‘金(금)’자의 반절음이다. ‘閒’자의 음은 ‘閑(한)’이다.

孔疏 ●“大學”至“謂乎”. ○正義曰: 此一節論教學之道, 必當優柔寬緩,
不假急速, 遊息孫順, 其學乃成.

번역 ●經文: “大學”~“謂乎”. ○이곳 문단은 가르치고 배우는 도리는
반드시 여유가 있고 관대하게 해야 하며 조급하게 해서는 안 되며, 한가
롭게 휴식할 때에도 공손하게 따른다면, 학문이 곧 완성된다는 사실을 논
의하고 있다.

孔疏 ●“大學之教也, 時”者, 言教學之道, 當以時習之.

번역 ●經文: “大學之教也, 時”. ○가르치고 배우는 도리는 마땅히 수
시로 익혀야 한다는 뜻이다.

孔疏 ●"敎必有正業"者, 正業, 謂先王正典, 非諸子百家, 是敎必用正典敎之也.

번역 ●經文: "敎必有正業". ○'정업(正業)'은 선왕이 작성한 정규 경전들이며, 제자백가의 서적들이 아니니, 가르칠 때에는 반드시 이러한 정규 경전들을 이용해서 가르쳐야 한다는 뜻이다.

孔疏 ●"退息必有居"者, 退息, 謂學者疲倦而暫休息. 有居, 謂學者退息, 必有常居之處, 各與其友同居, 得相諮決, 不可雜濫也.

번역 ●經文: "退息必有居". ○'퇴식(退息)'은 학생들이 피로하여 잠시 휴식을 취한다는 뜻이다. '유거(有居)'는 학생들이 물러나서 휴식을 취할 때에는 반드시 항상 고정되게 머무는 곳이 있다는 뜻으로, 각각 그들의 벗들과 함께 머물며 논의를 해서 결정할 수 있으니, 잡되고 무람되게 할 수 없다.

孔疏 ●"學不學操縵, 不能安9)弦"者, 此以下並正業積漸之事也. 此敎樂也. 樂主和, 故在前, 然後須以積漸, 故操縵爲前也. 操縵者, 雜弄也. 弦, 琴瑟之屬. 學之須漸, 言人將學琴瑟, 若不先學調弦雜弄, 則手指不便; 手指不便, 則不能安正其弦. 先學雜弄, 然後音曲乃成也.

번역 ●經文: "學不學操縵, 不能安弦". ○이곳 구문부터 그 이하의 내용들은 정규 과업에 대해서 점진적으로 익혀가는 사안을 나타내고 있다. 이 내용은 음악을 가르치는 것에 해당한다. 음악은 조화로움을 위주로 한다. 그렇기 때문에 앞에 놓인 것이며, 그런 뒤에는 점진적으로 정진해야 한다. 그래서 손에 익도록 이리저리 가지고 익히는 것을 앞에 둔 것이다.

---

9) '안(安)'자에 대하여. '안'자는 본래 없던 글자인데, 완원(阮元)의 『교감기(校勘記)』에서는 "각 판본에는 '현(弦)'자 앞에 '안(安)'자가 기록되어 있다."라고 했다.

'조만(操縵)'은 이리저리 만지작거리며 손에 익힌다는 뜻이다. '현(弦)'은 금(琴)이나 슬(瑟) 등속을 뜻한다. 학문은 점진적으로 익혀야 하니, 사람이 금슬에 대해서 익히고자 하는데, 만약 그보다 앞서 현을 조율하여 이리저리 손에 익히는 것을 배우지 않았다면, 손으로 연주하기가 어색해지고, 손으로 연주하기가 어색하다면, 그 현을 안정되게 울릴 수 없다. 먼저 이리저리 만지작거리며 손에 익히도록 배운 뒤에야 악곡을 탈 수 있다.

孔疏 ●"不學博依, 不能安詩"者, 此敎詩法者. 詩是樂歌, 故次樂也. 博, 廣也. 依, 謂依倚也, 謂依附譬喩也. 若欲學詩, 先依倚廣博譬喩. 若不學廣博譬喩, 則不能安善其詩, 以詩譬喩故也.

번역 ●經文: "不學博依, 不能安詩". ○이것은 『시』를 가르치는 법도에 해당한다. 『시』는 음악의 가사이기 때문에 음악에 대한 일 다음에 있는 것이다. '박(博)'자는 널리[廣]라는 뜻이다. '의(依)'자는 의거하고 따른다는 뜻이니, 의거하고 따라서 비유를 든다는 의미이다. 만약 『시』를 배우고자 한다면, 먼저 의거하고 따라서 널리 비유를 드는 방법을 익혀야 한다. 만약 널리 비유를 드는 방법을 익히지 않았다면, 『시』를 적절하고 안정되게 사용할 수 없으니, 『시』는 비유를 통해 나타내기 때문이다.

孔疏 ●"不學雜服, 不能安禮"者, 此敎禮法也. 前詩後禮, 亦其次也. 雜服, 自袞而下至皮弁至朝服玄端之屬. 禮謂禮經[10]也. 禮經正體在於服章, 以表貴賤. 今若欲學禮, 而不能明雜衣服, 則心不能安善於禮也. "不興其藝, 不能樂學"者, 此總結上三事, 並先從小起義也. 興, 謂歆喜也, 故爾雅云: "歆‧喜, 興也." 藝, 謂操縵‧博依‧六藝之等. 若欲學詩‧書正典, 意不歆喜其雜

---

10) '예경(禮經)'에 대하여. '예(禮)'자 뒤에는 본래 '지(之)'자가 기록되어 있었는데, 완원(阮元)의 『교감기(校勘記)』에서는 "혜동(惠棟)의 『교송본(校宋本)』에는 '지'자가 없으니, 이곳 판본에는 '지'자가 잘못하여 연문으로 기록된 것이고, 『민본(閩本)』‧『감본(監本)』‧『모본(毛本)』도 동일하게 잘못 기록되어 있다."라고 했다.

藝, 則不能耽玩樂於所學之正道.

번역 ●經文: "不學雜服, 不能安禮". ○이것은 예(禮)를 가르치는 법도를 뜻한다. 앞에서는 『시』를 익히고 뒤에는 예를 익히니, 이것이 또한 그 순서이다. '잡복(雜服)'은 곤룡포로부터 그 이하로 피변(皮弁) 및 조복(朝服)・현단(玄端)11) 등의 부류를 뜻한다. '예(禮)'는 『예경』을 뜻한다. 『예경』의 본지는 복식 규정을 통해서 귀천의 등급을 나타내는데 있다. 현재 만약 예를 배우고자 하는데, 의복의 복잡한 규정에 대해서 해박할 수 없다면, 마음에는 예를 시행하는데 잘하지 못한다는 불안감이 생긴다. 경문의 "不興其藝, 不能樂學"에 대하여. 이것은 앞의 세 가지 사안에 대해서 총괄적으로 결론을 내린 것이며, 아울러 앞서 사소한 일들을 통해서 그 의미를 도출한 것이다. '흥(興)'자는 기뻐하고 좋아한다는 뜻이다. 그렇기 때문에 『이아』에서는 "흠(歆)자와 희(喜)자는 '흥(興)'자의 뜻이다."12)라고 한 것이다. '예(藝)'는 조만(操縵)・박의(博依)・육예(六藝)13) 등을 뜻한다. 만약 『시』・『서』 등의 정규 경전들을 익히고자 하는데, 그의 뜻이 이러한 잡다한 기예를 즐거워하지 않는다면, 학문의 정도에 대해서 좋아

---

11) 현단(玄端)은 고대의 예복(禮服) 중 하나이다. 흑색으로 만든 옷이다. 주로 제사 때 사용했으며, 천자 및 제후로부터 대부(大夫)와 사(士) 계급에 이르기까지 모두 이 복장을 착용할 수 있었다. '현단'은 상의와 하의 및 관(冠)까지 포함하는 용어이다. 한편 손이양(孫詒讓)의 주장에 따르면, '현단'은 의복에만 해당하는 용어이며, 관(冠)은 포함하지 않는다고 주장한다. 그리고 천자로부터 사 계급에 이르기까지 이 복장을 제복(齊服)으로 사용했다고 설명한다. 『주례』「춘관(春官)・사복(司服)」편에는 "其齊服有玄端素端."이라는 기록이 있는데, 손이양의 『정의(正義)』에서는 "玄端素端是服名, 非冠名, 蓋自天子下達至於士通用爲齊服, 而冠則尊卑所用互異."라고 풀이하였다. 그리고 '현단'은 천자가 평소 거처할 때 착용했던 복장을 가리키기도 한다. 『예기』「옥조(玉藻)」편에는 "卒食, 玄端而居."라는 기록이 있고, 이에 대한 정현의 주에서는 "天子服玄端燕居也."라고 풀이하였다.

12) 『이아』「석고(釋詁)」: 廞・熙, 興也.

13) 육예(六藝)는 기본적으로 갖춰야 하는 여섯 가지 과목을 뜻한다. 여섯 가지 과목은 예(禮), 음악[樂], 활쏘기[射], 수레몰기[御], 글쓰기[書], 셈하기[數]이며, 구체적으로 말하자면 오례(五禮), 육악(六樂), 오사(五射), 오어(五馭: =五御), 육서(六書), 구수(九數)를 가리킨다.

하거나 즐길 수 없다.

孔疏 ●"故君子之於學也, 藏焉, 脩焉, 息焉, 游焉"者, 故, 謂因上起下之
辭. 學雖積漸, 故君子之人爲學之法, 恒使業不離身. 藏, 謂心常懷抱學業也.
脩, 謂脩習不能廢也. 息, 謂作事倦息之時而亦在學也. 游, 謂閒暇無事游行
之時亦在於學, 言君子於學無時暫替也.

번역 ●經文: "故君子之於學也, 藏焉, 脩焉, 息焉, 游焉". ○'고(故)'자는
앞의 내용에 따라서 뒤의 내용을 일으키는 말이다. 배움이 비록 점진적으
로 진척되더라도, 군자는 학문을 하는 법도에 있어서, 항상 과업을 자신
과 분리시키지 않는다. '장(藏)'자는 마음으로 항상 학업에 대해 생각한다
는 뜻이다. '수(脩)'자는 수양하고 익히며 폐지할 수 없다는 뜻이다. '식
(息)'자는 일을 시행하고 휴식을 취할 때라도 또한 학문을 연마하는 시기
에 해당한다는 뜻이다. '유(游)'자는 한가롭고 특별한 일이 없이 노닐 때
라도 학문을 연마하는 시기에 해당한다는 뜻이다. 즉 군자는 학문에 대해
서 잠시도 게을리 함이 없다는 의미이다.

訓纂 朱子曰: 注·疏讀"時"字"居"字句絶, 恐非文意, 當以"也"字"學"字
爲句絶. 時敎, 如春夏禮樂·秋冬詩書之類. 居學, 如易之言"居業", 如下文操
縵·博依·興藝·藏·脩·游·息之類.

번역 주자가 말하길, 정현의 주와 공영달의 소에서는 '시(時)'자와 '거
(居)'자에서 구문을 끊었는데, 아마도 본래 문맥의 뜻은 아닌 것 같으니,
마땅히 '야(也)'자와 '학(學)'자에서 구문을 끊어야 한다. '시교(時敎)'는 봄
과 여름에는 예와 악을 익히고, 가을과 겨울에는 『시』·『서』를 익히는 부
류를 뜻한다. '거학(居學)'은 『역』에서 말한 "본업을 닦는다."[14]라는 것과

---

14) 『역』「건괘(乾卦)」 : 子曰, "君子進德脩業. 忠信, 所以進德也, 脩辭立其誠, 所
以居業也. 知至至之, 可與言幾也, 知終終之, 可與存義也. 是故居上位而不驕,
在下位而不憂. 故乾乾因其時而惕, 雖危无咎矣."

같고, 또 아래문장에서 말한 조만(操縵)·박의(博依)·홍예(興藝)·장(藏)·수(脩)·유(游)·식(息) 등의 부류와 같다.

● **그림 9-1** ■ 면관[冕]과 변관[弁]

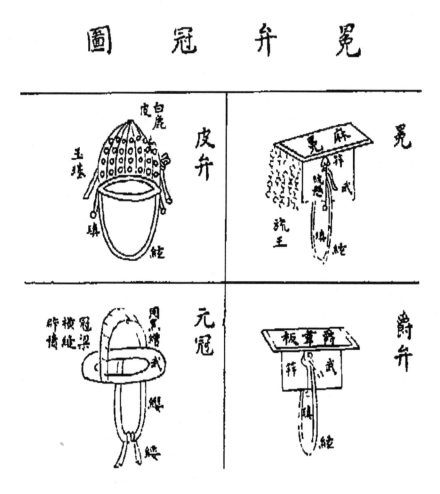

※ **출처:**『향당도고(鄕黨圖考)』1권

그림 9-2 ◼ 금(琴)

琴 大

琴 中

琴 小

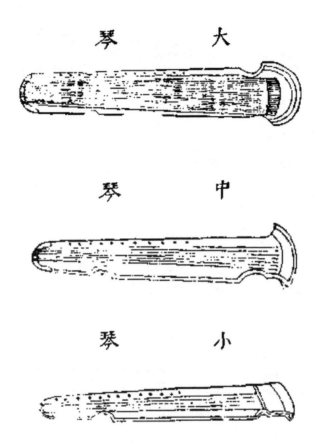

※ **출처:** 『삼재도회(三才圖會)』「기용(器用)」 3권

그림 9-3 ◼ 슬(瑟)

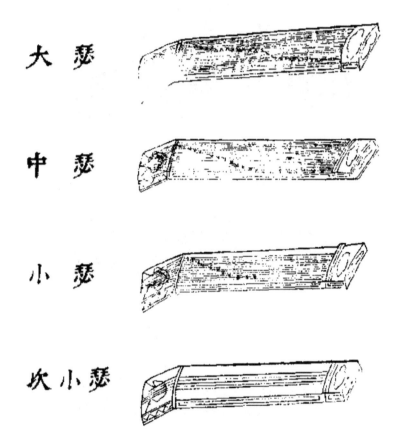

大瑟

中瑟

小瑟

坎小瑟

※ 출처:『삼재도회(三才圖會)』「기용(器用)」3권

●　그림 9-4　■ 곤면(袞冕)

※ **출처:** 『삼례도집주(三禮圖集注)』1권

■ 그림 9-5 　◉ 현단복(玄端服)

※ 출처: 『삼례도집주(三禮圖集注)』 1권

【448c】

夫然, 故安其學而親其師, 樂其友而信其道, 是以雖離師輔而
不反也[15]. 兌命曰: "敬孫務時敏, 厥修乃來." 其此之謂乎.

직역 夫然이라, 故로 그 學을 安하고 그 師를 親하며, 그 友를 樂하고 그 道를
信하니, 是以로 雖히 師輔를 離하더라도 不反한다. 兌命에 曰, "敬孫하고 時敏에
務하면, 그 修는 곧 來이다." 그 此를 謂함일 것이다.

의역 무릇 이처럼 하기 때문에, 그 학문을 안정되게 할 수 있고 스승을 친애할
수 있으며, 벗들을 좋아하고 그 도리를 믿을 수 있게 된다. 이러한 까닭으로 비록
스승이나 벗들과 멀리 떨어져 있더라도 도리를 위배하지 않게 된다. 「열명(兌命)」편
에서 "공경히 따르고 항상 민첩하도록 힘쓰면, 그 공력은 곧 이루어지게 된다."[16]라
고 했으니, 바로 이러한 뜻을 나타낼 것이다.

集說 承上文而言, 藏修遊息無不在於學, 是以安親樂信, 雖離師友亦不畔
於道也. 時敏, 無時而不敏也. 厥修乃來, 言其進修之益, 如水之源源而來也.

번역 앞 문장을 이어서 한 말이니, 간직하고 수양하며 노닐고 휴식을

---

15) '야(也)'자에 대하여. 『십삼경주소(十三經注疏)』 북경대 출판본에서는 "'야'자
는 본래 없던 글자인데, 완원(阮元)의 『교감기(校勘記)』에서는 '혜동(惠棟)의
『교송본(校宋本)』에는 야(也)자가 기록되어 있고, 『송감본(宋監本)』·『석경
(石經)』·『악본(岳本)』·『가정본(嘉靖本)』 및 위씨(衛氏)의 『집설(集說)』, 『고
문(考文)』에서 인용하고 있는 『고본(古本)』과 『족리본(足利本)』에도 모두 동
일하게 기록되어 있다. 『석경고문제요(石經考文提要)』에서는 『송대자본(宋
大字本)』·『송본구경(宋本九經)』·『남송건상본(南宋巾箱本)』·『여인중본(余
仁仲本)』에서도 모두 야(也)자가 기록되어 있다고 했으니, 이곳 판본에는 야
(也)자가 누락된 것이며, 『민본(閩本)』·『감본(監本)』·『모본(毛本)』에도 동
일하게 글자가 누락되어 있다.'"라고 했다.
16) 『서』「상서(商書)·열명하(說命下)」: <u>惟學遜志, 務時敏, 厥修乃來</u>. 允懷于茲,
道積于厥躬.

취할 때 학문에 힘쓰지 않은 적이 없으니, 이로써 안정되고 친애하며 좋아하고 신의를 가지게 되어, 비록 스승이나 벗과 멀리 떨어져 있어도 그 도리를 위배하지 않는다. '시민(時敏)'은 때에 따라 민첩하지 않은 적이 없다는 뜻이다. '궐수내래(厥修乃來)'는 진척되고 수양한 노력이 마치 물이 끊임없이 밀려오는 것과 같다는 뜻이다.

大全 金華應氏曰: 深攷, 自大學之教至此章, 則自比年入學, 至九年大成, 其所學大略可見. 蓋時教之正業, 卽所習者經也. 至於親其師樂其友, 乃所謂樂群親師也. 至於知類通達, 則雖離師輔而强立不反矣.

번역 금화응씨17)가 말하길, "대학의 가르침이다."라고 한 구문부터 이곳 문장까지를 깊이 고찰해보면, "매년 학교에 입학한다."라는 문장부터 "9년째에 대성(大成)한다."라는 문장에 있어서, 그 기간에 배우는 것들을 대체적으로 살펴볼 수 있다. 무릇 각 계절마다 가르치는 정규 과업은 곧 학습하는 자가 기준으로 삼는 것들이다. "스승을 친근하게 대하고, 벗들을 좋아한다."는 것은 곧 "무리를 좋아하고 스승을 친애한다."는 뜻에 해당한다. "부류를 알아서 달통한다."는 경지에 이르게 되면, 비록 스승이나 벗들과 멀리 떨어져 있어도, 강직하게 자립하여 위배하지 않는다.

鄭注 敬孫, 敬道孫業也. 敏, 疾也. 厥, 其也. 學者務及時而疾, 其所脩之業乃來.

번역 '경손(敬孫)'은 도리를 공경하고 과업에 공손히 따르는 것이다. '민(敏)'자는 "빠르다[疾]."는 뜻이다. '궐(厥)'자는 '그[其]'라는 뜻이다. 학자는 힘써 노력해야 하고 수시로 민첩하게 해야 하니, 그가 익힌 과업은 곧 결과물로 도래한다는 뜻이다.

---

17) 금화응씨(金華應氏, ? ~ ?) : =응용(應鏞)·응씨(應氏)·응자화(應子和). 이름은 용(鏞)이다. 자(字)는 자화(子和)이다. 『예기찬의(禮記纂義)』를 지었다.

釋文 樂其, 音岳, 又音洛, 又五孝反. 離, 力智反.

번역 '樂其'에서의 '樂'자는 그 음이 '岳(악)'이고, 또한 그 음은 '洛(낙)'도 되며, 또 '五(오)'자와 '孝(효)'자의 반절음도 된다. '離'자는 '力(력)'자와 '智(지)'자의 반절음이다.

孔疏 ●"夫然, 故安其學而親其師"者, 此明親師愛友也. 然, 如此也. 若能藏·脩[18]·息·游, 無時暫替, 能如此者, 乃能安其所學業. 言安學業旣深, 必知此是深由本師, 故至於親愛師也.

번역 ●經文: "夫然, 故安其學而親其師". ○이 내용은 스승을 친애하고 벗들을 사랑하는 뜻을 나타내고 있다. '연(然)'자는 "이와 같다[如此]."는 뜻이다. 만약 간직하고 수양하며 휴식하고 노닐 때 잠시도 어긋남이 없어서 이처럼 할 수 있는 자라면, 자신이 익히는 학업에 대해서 안정되게 할 수 있다. 즉 학업에 대해 안정됨이 이미 깊으면, 반드시 이러한 것들이 깊어진 이유가 스승으로부터 비롯되었음을 알기 때문에, 스승을 친애하게 된다는 뜻이다.

孔疏 ●"樂其友"者, 師旣獲親, 而同志之友亦被於樂重. 然前三年樂群, 五年親師, 親師在樂群之後, 而此前親師[19]後樂友者, 群卽友也, 爲義然也. 前明始學, 故樂友在前. 此明學業已成, 故親師爲首矣.

번역 ●經文: "樂其友". ○스승에 대해서 친애하면, 뜻을 함께 하는 벗

---

18) '수(脩)'자에 대하여. '수'자 뒤에는 본래 '유(游)'자가 기록되어 있었는데, 완원(阮元)의 『교감기(校勘記)』에서는 "'식(息)'자 앞에 '유'자가 기록된 것은 잘못해서 연문으로 들어간 글자이다."라고 했다.

19) '사(師)'자에 대하여. '사'자는 본래 없던 글자인데, 완원(阮元)의 『교감기(校勘記)』에서는 "혜동(惠棟)의 『교송본(校宋本)』에는 '친(親)'자 뒤에 '사'자가 기록되어 있으니, 이곳 판본에는 '사'자가 누락된 것이며, 『민본(閩本)』·『감본(監本)』·『모본(毛本)』에도 동일하게 누락되어 있다."라고 했다.

들에 대해서도 즐거워하며 친애하게 된다. 그런데 앞에서는 3년째에 무리들을 좋아하는 것을 살피고, 5년째에 스승을 친애하는 것을 살핀다고 하여, 스승을 친애하는 것을 무리를 좋아하는 것보다 뒤에 살펴보는데, 이곳에서는 먼저 스승을 친애한다고 말하고 그 후에 벗들을 좋아한다고 말했다. '군(群)'은 곧 벗들을 뜻하니, 도의에 따라 그처럼 한다는 것이다. 앞에서는 처음 학교에 입학한 자에 대한 내용을 나타냈기 때문에, 벗들을 좋아하는 것을 앞에 둔 것이다. 반면 이곳에서는 학업이 이미 완성된 자에 대한 내용을 나타냈기 때문에, 스승을 친애하는 것을 앞에 제시한 것이다.

孔疏 ●"而信其道"者, 其道, 己道也. 旣親師樂友, 己道深明, 心自說信, 不復虛妄. 一云: 信師友之道, 前安學, 故乃親師樂友, 後乃信道也.

번역 ●經文: "而信其道". ○'기도(其道)'는 자신이 갖춘 도리를 뜻한다. 이미 스승을 친애하고 벗들을 좋아하게 되었다면, 자신의 도리도 깊고 밝아졌으며, 마음으로 기뻐하고 믿어서, 재차 허망된 것들을 떠올리거나 행동하지 않는다. 한편에서는 스승과 벗의 도리를 믿는다는 뜻으로, 앞서 학업에 대해 안정되었기 때문에, 곧 스승을 친애하고 벗들을 좋아하는 것이고, 그런 뒤에는 그들의 도리를 믿는다는 뜻이라고 말한다.

孔疏 ●"是以雖離師輔而不反也"者, "輔"卽友也, 友主切磋, 是輔己之道深遠也. "離"猶違也. 己道深明, 不復虛妄, 心自信之. 若假令違離師友, 獨在一處而講說, 不違反於師友昔日之意旨, 此則强立不返也.

번역 ●經文: "是以雖離師輔而不反也". ○'보(輔)'자는 벗을 뜻하니, 벗들은 서로 가다듬어 수양하는 것을 위주로 하니, 이들은 자신의 도가 심원해지도록 돕는 자들이다. '이(離)'자는 "멀리 떨어져 있다[違]."는 뜻이다. 자신의 도가 깊고 밝아져서, 재차 허망된 것들을 떠올리거나 행동하지 않고, 마음으로 믿게 된다. 만약 스승이나 벗들과 멀리 떨어져서, 홀로 어떤

곳에서 학문을 강설하게 되더라도, 스승이나 벗이 지난날 품었던 뜻에 위배되지 않으니, 이처럼 한다면 강직하게 자립하여 위배하지 않게 된다.

孔疏 ●"兌命曰"者, 引尙書合結之.

번역 ●經文: "兌命曰". ○『상서』의 내용을 인용하여, 결론을 맺은 것이다.

孔疏 ●"敬孫務時敏"者, 此句結積習也. 當能敬重其道, 孫順學業, 而務習其時, 疾速行之, 故云"敬孫務時敏". 敏, 猶疾速也.

번역 ●經文: "敬孫務時敏". ○이곳 구문은 점진적으로 익힘을 쌓아간다는 내용에 대해 결론을 맺은 것이다. 마땅히 그 도를 공경하고 중시여기며, 학업에 대해서 공손하게 따라야 하고, 때에 따라 익힘에 힘써서, 신속하게 행동해야 한다. 그렇기 때문에 "공경하며 공손하고 때에 따라 힘써 신속하다."라고 말한 것이다. '민(敏)'자는 신속하다는 뜻이다.

孔疏 ●"厥脩乃來"者, 此句結親師敬道也. 厥, 其也. 若敬孫以時, 疾行不廢, 則其所脩之業乃來. 謂所學得成也, 所以尊師樂友. "其此之謂乎"者, 兌命所云, 其此經之謂乎.

번역 ●經文: "厥脩乃來". ○이곳 구문은 스승을 친애하고 도를 공경한다는 뜻이다. '궐(厥)'자는 '그[其]'라는 뜻이다. 만약 때에 따라 공경하고 공손히 따르며, 신속히 시행하는 것을 버리지 않는다면, 익힌 학업이 곧 그 결과물로 나타나게 된다. 이것은 이른바 배움에 대해서 완성할 수 있는 것은 곧 스승을 존숭하고 벗들을 좋아하는 것이라는 뜻이다. 경문의 "其此之謂乎"에 대하여. 『서』「열명(說命)」편에서 말한 내용은 바로 이곳 경문의 뜻에 해당할 것이라는 의미이다.

集解 舊讀"時"字"居"字句絶, "學"字自爲一句, 陸氏・朱子讀"時敎必有正業"爲句, "退息必有居學"爲句, 今從之. "依"字當從張子讀爲"聲依永"之依, 如字.

번역 옛 주석에서는 '시(時)'자와 '거(居)'자에서 구문을 끊어서 해석했고, '학(學)'자가 하나의 구문이 된다고 했는데, 육씨와 주자는 '시교필유정업(時敎必有正業)'이 하나의 구문이 되고, '퇴식필유거학(退息必有居學)'이 하나의 구문이 된다고 했으니, 현재는 그에 따른다. '의(依)'자는 마땅히 장자처럼 "소리는 길게 읊는데 의지한다."[20]라고 했을 때의 '의(依)'자처럼 읽어야 하니, 그 음은 글자대로 읽어야 한다.

集解 張子曰: 依, 聲之依永者也. 服, 事也. 雜服, 灑埽・應對・投壺・沃盥細碎之事. 藝, 禮・樂之文, 如琴瑟笙磬, 古人皆能之, 以中制節; 射・御亦必合於禮樂之文, 如不失其馳, 舍矢如破, 騶虞・和・鸞, 動必相應也. 書・數, 其用雖小, 但施於簡策, 然莫不出於學. 故人有倦時, 又用此以游其志, 所以使樂學也. 孫其志於仁則得仁, 孫其志於義則得義, 唯其敏而已.

번역 장자가 말하길, '의(依)'자는 소리는 길게 읊는데 의지한다고 했을 때의 글자 뜻이다. '복(服)'자는 "일삼다[事]."는 뜻이다. '잡복(雜服)'은 물뿌리고 청소하며, 응대하고, 투호를 하며, 물을 따르고 세숫물을 바치는 등의 자질구레한 일들을 뜻한다. '예(藝)'는 예(禮)와 악(樂)의 격식을 뜻하니, 예를 들어 금(琴), 슬(瑟), 생황[笙], 석경[磬] 등에 있어서, 고대인은 모두 능숙하게 다루었고, 알맞음에 따라 규범을 제정했다. 활쏘기[射]와 수레 몰기[御] 또한 반드시 예악의 격식에 합치되도록 하여, 마치 말을 모는 법도를 잃지 않고, 화살을 쏨에 깨트리는 듯했고,[21] 「추우(騶虞)」

---

20) 『서』「우서(虞書)・순전(舜典)」: 帝曰, 虁, 命汝典樂, 敎胄子, 直而溫, 寬而栗, 剛而無虐, 簡而無傲, 詩言志, 歌永言, 聲依永, 律和聲, 八音克諧, 無相奪倫, 神人以和. 虁曰, 於予擊石拊石, 百獸率舞.

21) 『시』「소아(小雅)・거공(車攻)」: 四黃旣駕, 兩驂不猗. 不失其馳, 舍矢如破.

라는 악곡 및 수레에 매다는 화(和)나 난(鸞) 등의 종도 움직임에 따라 반드시 서로 호응을 하게 되었다. 글쓰기[書]와 셈하기[數]에 있어서, 그 활용도가 비록 작지만, 서책을 기록하는데 있어서 모든 것이 배움에서 비롯되지 않은 것이 없다. 그렇기 때문에 사람에게 있어서 조금 나태해지는 때가 있더라도, 또한 이러한 것들을 활용하여 그 뜻이 자유롭게 학문을 익히게 했고, 이것을 통해서 학문을 좋아하도록 했다. 그 뜻이 인(仁)에 따르도록 공손히 한다면 인(仁)을 얻게 되고, 그 뜻이 의(義)에 따르도록 공손히 한다면 의(義)를 얻는데 다만 민첩하게 할 따름이다.

集解 愚謂: 居學, 謂私居之所學也. 依, 當如張子讀爲"聲依永"之依. 博依, 謂雜曲可歌詠者也. 雜服, 謂私燕之所服, 若深衣之屬也. 操縵, 非樂之正也, 然不學乎此, 則於手指不便習, 而不能以安於琴瑟之弦矣. 博依, 非詩之正也, 然不學乎此, 則於節奏不嫻熟, 而不能以安於詩矣. 雜服, 非禮之重也, 然不學乎此, 則於儀文不素習, 而不能以安於禮矣. 樂學, 謂樂正學也. 弦也, 詩也, 禮也, 皆正學而時敎之所學也. 操縵也, 博依也, 雜服也, 所謂藝也, 皆退息之所學也. 正業於人至切, 而居學若在可緩, 然二者之爲, 理相通而事相資, 有不可以偏廢者, 故不游之於雜藝以發其歡欣之趣, 則不能安於正業而生其亹樂之心也. 藏, 謂入學受業也. 脩, 脩正業也. 息, 退而私居也. 游, 謂游心於居學也. 藏焉必有所脩, 息焉必有所游, 無在而非義理之養. 其求之也博, 其入之也深; 理浹於心, 而有左右逢原之樂; 身習於事, 而無艱難煩苦之迹. 是故內則信乎己之所得, 外則樂乎師友之相成, 至於學之大成而强立不返也. 敬孫, 書作"孫志". 孫則其心虛而有近裏切己之功, 時敏則其業勤而有日新不已之益, 故其所脩之道來而不已也.

번역 내가 생각하기에, '거학(居學)'은 사적으로 머물러 있을 때 익히는 학문을 뜻한다. '의(依)'자는 장자처럼 "소리는 길게 읊조리는데 의지한다."라고 했을 때의 '의(依)'자로 읽어야 한다. '박의(博依)'는 여러 악곡들 중 길게 읊조리며 노래할 수 있는 것들을 뜻한다. '잡복(雜服)'은 사적으로 한가롭게 머물며 착용하는 복장이니 심의(深衣)[22]와 같은 것들이

다. '조만(操縵)'은 음악의 정규 수업은 아니지만, 이것을 배우지 않는다
면 손이 연주를 하는데 익숙하지 않아서, 금슬(琴瑟) 등의 현악기를 타는
데 안정되게 할 수 없다. '박의(博依)'는『시』에 대한 정규 수업은 아니지
만, 이것을 배우지 않는다면 악절에 따라 노래를 부름에 우아하거나 익숙
하지 않아서,『시』에 대해서 안정되게 구사할 수 없다. '잡복(雜服)'은 예
(禮) 중에서도 중요한 것은 아니지만, 이것을 배우지 않는다면 의례에 따
른 격식에 익숙하지 않아서, 예(禮)를 시행하는데 안정되게 할 수 없다.
'요학(樂學)'은 정규 학업에 대해서 좋아한다는 뜻이다. 현악기를 연주하
고,『시』를 읊조리며, 예(禮)를 시행하는 일들은 모두 정규 학업이어서,
각 계절에 따라 가르치는 학문 대상이다. 조만(操縵)이라는 것, 박의(博
依)라는 것, 잡복(雜服)이라는 것들은 기예에 해당하는 것들인데, 모두 물
러나서 휴식을 취할 때 배우는 것들이다. 정규 학업에 대해서 사람들이
지극히 정성을 다해 배우더라도, 휴식을 취할 때 홀로 익히는 것들에 대
해서는 느슨하게 대할 수 있지만, 이 두 가지에 대한 배움은 그 이치가
서로 통하고, 그 사안이 서로에게 보탬이 되므로, 한쪽으로 치우치거나
어느 것이라도 폐지해서는 안 된다. 그렇기 때문에 잡다한 기예에 대해서
도 즐거워하며 익혀서 그 성취에 따른 즐거움을 나타낼 수 없다면, 정규
학업에 대해서 안정되게 하며 즐거워하는 마음을 발생시킬 수가 없다.
'장(藏)'자는 학교에 입학해서 수업을 받는다는 뜻이다. '수(脩)'자는 정규
과목을 익힌다는 뜻이다. '식(息)'자는 물러나서 사적으로 머문다는 뜻이
다. '유(游)'자는 한가하게 있으며 개인적으로 익히는 것들에 대해서 마음
을 쓴다는 뜻이다. 학교에 입학하여 수업을 받을 때에 반드시 수양하는
점이 있게 되고, 휴식을 취할 때에도 즐겁게 익히는 것이 있어서, 어느 곳
에서든 의리(義理)에 따라 배양하지 않는 것이 없으니, 학문을 탐구하는
것이 넓게 되고, 정진한 정도가 깊어진다. 그리고 이치가 마음에 두루 젖

---

22) 심의(深衣)는 일반적으로 상의와 하의가 서로 연결된 옷을 뜻한다. 제후, 대
부(大夫), 사(士)들이 평상시 집안에 거처할 때 착용하던 복장이기도 하며,
서인(庶人)에게는 길복(吉服)에 해당하기도 한다. 순색에 채색을 가미하기도
했다.

어 들어서 항상 즐거운 마음이 있게 되고, 그 사안에 대해 몸이 익숙하여 곤욕스러워하고 허둥대는 모습이 없게 된다. 이러한 까닭으로 내적으로는 자신이 터득한 것을 믿게 되고, 외적으로는 스승과 벗들이 서로 이루어주는 것을 즐거워하여, 학문을 크게 이루어 강직하게 서서 훼손되지 않는 경지에 이르게 된다. '경손(敬孫)'을 『서』에서는 "뜻을 공손히 한다[孫志]."라고 했다. 공손하다면 그 마음을 비워서 내적으로 자신에 대해 간절히 노력하는 공이 생기고, 수시로 민첩하다면 그 과업에 노력하여 날마다 새로워지며 그 노력이 끊이지 않는 보탬이 있게 된다. 그렇기 때문에 정진하는 도가 도달함에 끊임이 없는 것이다.

그림 9-6 ▣ 생(笙)

笙

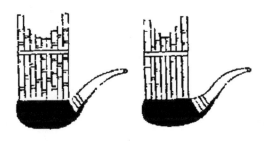

※ **출처:** 『삼례도집주(三禮圖集注)』 5권

그림 9-7 ◨ 경(磬)

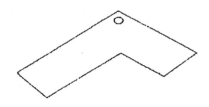

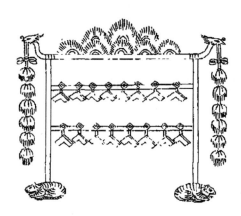

※ **출처:** 상단-『주례도설(周禮圖說)』 하권
　　　　　 하단-『삼례도집주(三禮圖集注)』 5권

그림 9-8 ▣ 심의(深衣)

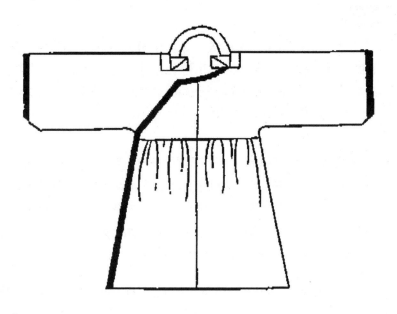

章本見註衣長衣麻衣中即衣深

※ **출처:**『삼례도집주(三禮圖集注)』3권

• 제 10절 •

현재의 교육 폐단

【448d】

> 今之敎者, 呻其佔畢, 多其訊, 言及于數, 進而不顧其安, 使人不由其誠, 敎人不盡其材, 其施之也悖, 其求之也佛. 夫然, 故隱其學而疾其師, 苦其難而不知其益也. 雖終其業, 其去之必速. 敎之不刑, 其此之由乎.

직역 今의 敎者는 그 佔畢을 呻하고 그 訊을 多하며, 言이 數에 及하고, 進하되 그 安을 不顧하여, 人을 使함에 그 誠에 不由하고, 人을 敎함에 그 材를 不盡하니, 그 施함이 悖하고, 그 求함이 佛한다. 夫然이라, 故로 그 學을 隱하고 그 師를 疾하며, 그 難을 苦하고 그 益을 不知한다. 雖히 그 業을 終하더라도, 그 去함이 必히 速이라. 敎가 不刑함은 그 此로 由함일 것이다.

의역 현재의 교육에 있어서는 가르치는 자들은 단지 눈에 보이는 글자만을 읊조리고, 여러 가지 질문을 해서 학생들을 힐책하며, 말도 다방면의 것을 언급하여, 진도는 나가지만 학생들이 학과목에 대해서 안정되게 시행할 수 있는지는 살펴보지 않고, 학생들을 시키되 진실된 뜻에 따르게끔 하지 못하고, 학생들을 가르치되 그의 장점을 살리지 못하니, 가르침도 어그러지고, 학생들이 배우고자 하는 것들도 어그러지게 된다. 이처럼 되었기 때문에 학생들은 배운 것들을 감추고 자신의 스승을 질시하며, 어려운 것에 대해서는 곤욕스러워하며 학문이 자신에게 보탬이 된다는 사실을 모른다. 따라서 비록 그 과업을 끝내더라도, 신속히 떠나가게 된다. 교육이 완성되지 못한 것은 바로 이러한 이유 때문일 것이다.

集說 呻, 吟諷之聲也. 佔, 視也. 畢, 簡也. 訊, 問也. 言今之敎人者, 但吟諷其所佔視之簡牘, 不能通其縕奧, 乃多發問辭以訊問學者而所言又不止一

端, 故云言及于數也. 不顧其安, 不恤學者之安否也. 不由其誠, 不肯實用其
力也. 不盡其材, 不能盡其材之所長也. 夫多其訊而言及于數, 則與時敎必有
正業者異矣. 使人不由其誠, 敎人不盡其材, 則與退息必有居學者異矣. 惟其
如此, 是以師之所施者, 常至於悖逆; 學者之所求, 每見其拂戾也. 隱其學, 不
以所學自表見也. 終業而又速去之, 以其用工間斷, 鹵莽滅裂而不安不樂故
也. 刑, 成也.

번역 '신(呻)'자는 시가를 읊조리는 소리이다. '점(佔)'자는 "보다[視]."
는 뜻이다. '필(畢)'자는 서책[簡]을 뜻한다. '신(訊)'자는 "질문하다[問]."
는 뜻이다. 즉 오늘날 남을 가르치는 자들은 단지 눈에 보이는 서적의 글
자만을 읊조리고, 그 글자 속에 담겨진 뜻에는 능통하지 못하여, 질문을
여러 차례 던져서 학생들에게 따져 묻고, 언급하는 말들도 하나의 단서에
만 그치지 않는다. 그렇기 때문에 "말이 여러 가지에 대해서 언급한다."
라고 말한 것이다. "그들의 안정됨에 대해서는 돌아보지 않는다."라고 했
는데, 학생들이 안정되게 할 수 있는가의 여부를 살펴보지 않는다는 뜻이
다. "그 진실됨에서 비롯되지 않는다."라고 했는데, 실제로 그 힘을 사용
하는 것에 기꺼워하지 않는다는 뜻이다. "그 재주를 다하지 않는다."는
말은 뛰어난 재주를 다 사용하지 못한다는 뜻이다. 무릇 심문하듯 수차례
질문을 던지고, 말도 여러 가지 것들을 언급한다면, 고대에 각 계절마다
의 가르침에 있어서 반드시 정규 과업을 두었던 것과는 달라진다. 남을
시킴에 진실됨에 따르도록 하지 않고, 남을 가르침에 재주의 장점을 다하
도록 하지 않는다면, 고대에 물러나 휴식을 취할 때에도 반드시 홀로 즐
겁게 익히던 것이 있었던 것과는 달라진다. 단지 이처럼만 하기 때문에
스승이 가르치는 것들은 항상 도리에 어긋나는 지경에 빠지고, 학생들이
원하는 것도 매번 그 잘못됨을 드러내게 된다. "배운 것을 감춘다."는 말
은 배운 것을 스스로 드러내지 못한다는 뜻이다. 과업을 끝내고 또 신속
히 떠나가는 이유는 노력함이 단절되어, 구차하고 지리멸렬해지고 안정
되지 못하며 즐거워하지도 않기 때문이다. '형(刑)'자는 "이루다[成]."는
뜻이다.

集說 朱子曰: 橫渠作簡與人言, 其子日來誦書不熟且敎他熟誦, 以盡其誠與材. 他解此兩句, 只作一意解, 言人之材足以有爲, 但以不由於誠, 則不盡其材.

번역 주자가 말하길, 장횡거는 책을 쓰거나 남과 이야기를 하는 경우로 여겨서, 그 사람이 날마다 찾아와서 책을 읽는데 잘하지 못하여, 또한 그가 잘 읽을 수 있도록 가르쳐서, 정성과 재주를 다한다고 했다. 다른 자는 이 두 구문을 해석하여, 단지 하나의 뜻이라고 풀이를 했으니, 그 자의 재주로는 충분히 할 수 있지만, 진실된 마음에서 비롯되지 않는다면, 그 재주를 다 사용할 수 없다는 뜻이라고 했다.

大全 延平周氏曰: 孔子曰, 求也退, 故進之, 由也兼人, 故退之. 蓋進之, 必顧其所安, 而使之進也. 使漆雕開仕曰, 吾斯之未能信, 孔子說. 蓋使之必由其誠, 而不强其中心之所不欲也. 於門人問仁問孝之類, 其答皆不同, 蓋敎之必盡其材, 故所答雖有難易, 而未嘗不隨其材之大小也. 後之敎人者, 反此, 故曰其施之也悖, 其求之也佛, 而其敎之者, 卒不見其誠, 故曰隱其學, 而疾其師, 苦其難, 而不知其益, 雖終其業, 而去之必速.

번역 연평주씨가 말하길, 공자는 "자로(子路)는 물러나기 때문에 나아가게 한 것이고, 염유(冉有)는 남보다 낫기 때문에 물러나게 한 것이다."[1]라고 했으니, 나아가게 할 때에는 반드시 그가 안정되게 느끼는 것을 살펴보고, 그로 하여금 나아가게 해야 한다. 칠조개(漆雕開)로 하여금 벼슬살이를 시켰는데, "저는 그 일에 대해서 아직 자신이 없습니다."라고 말하여, 공자가 기뻐했다고 했으니,[2] 남을 시킬 때에는 반드시 진실됨에서 비롯되어야 하며, 그가 마음속으로 하고 싶지 않은 것을 강요해서는 안 된

---

1) 『논어』「선진(先進)」: 子路問, "聞斯行諸?" 子曰, "有父兄在, 如之何其聞斯行之?" 冉有問, "聞斯行諸?" 子曰, "聞斯行之." 公西華曰, "由也問聞斯行諸, 子曰, '有父兄在', 求也問聞斯行諸, 子曰, '聞斯行之'. 赤也惑, 敢問." 子曰, "<u>求也退, 故進之, 由也兼人, 故退之.</u>"
2) 『논어』「공야장(公冶長)」: 子使漆彫開仕. 對曰, "吾斯之未能信." 子說.

다. 또 공자의 문인들이 인(仁)이나 효(孝) 등에 대해서 질문을 했을 때,
그에 대한 답이 모두 달랐는데, 가르칠 때에는 반드시 그의 재주를 다하
도록 하기 때문에, 답변을 해준 것에 있어서 어렵고 쉬운 차이가 있지만,
일찍이 제자들의 재목에 나타나는 우열에 따르지 않은 적이 없었다. 후대
에 남을 가르쳤던 자들은 이와는 반대로 했기 때문에 "가르치는 것도 어
그러지고, 배우고자 하는 것도 어긋난다."고 한 것이고, 가르치는 일에 있
어서도 끝내 그 진실됨을 보지 못했기 때문에 "배운 것을 감추고, 스승을
질시하며, 어려운 일에 대해서는 곤욕스러워하고, 학문이 보탬이 된다는
사실을 몰라서, 비록 과업을 끝냈더라도, 신속히 떠나간다."라고 말한 것
이다.

鄭注 呻, 吟也. 佔, 視也. 簡謂之畢. 訊, 猶問也. 言今之師自不曉經之義,
但吟誦其所視簡之文, 多其難問也. 呻, 或爲慕. 訊, 或爲訾. 其發言出說, 不首
其義, 動云"有所法象"而已. 務其所誦多, 不惟其未曉. 由, 用也. 使學者誦之
而爲之說, 不用其誠. 材, 道也, 謂師有所隱也. 易曰"兼三材而兩之", 謂天地
人之道. 教者言非, 則學者失問. 隱, 不稱揚也. 不知其益, 若無益然. 速, 疾也.
學不心解, 則亡之易. 刑猶成也.

번역 '신(呻)'자는 "읊는다[吟]."는 뜻이다. '점(佔)'자는 "본다[視]."는
뜻이다. 책[簡]을 '필(畢)'이라고 부른다. '신(訊)'자는 "질문하다[問]."는
뜻이다. 즉 오늘날의 스승은 제 스스로 경전의 의미를 깨닫지 못하고, 단
지 눈에 보이는 책의 글자만을 읊조리고, 어려운 질문만 수차례 한다는
뜻이다. '신(呻)'자를 다른 판본에서는 '모(慕)'자로 기록한다. '신(訊)'자를
다른 판본에서는 '자(訾)'자로 기록한다. 말을 하고 설명을 하는 것이 그
의미에 근본을 두지 않고, 행동에 있어서도 "본받는 바가 있다."라고만
말할 따름이다. 암송하는 것이 많게끔 하는 데에만 힘쓰고 그 의미를 깨
우치지 못한 것은 생각하지 않는다. '유(由)'자는 "사용하다[用]."는 뜻이
다. 학생들로 하여금 외우도록 하고, 그들을 위해 설명을 해줄 때 진실됨
을 사용하지 않는다. '재(材)'자는 도(道)를 뜻하니, 스승에게 숨긴 것이

있다는 뜻이다. 『역』에서는 "삼재(三材)를 겸하여 두 번하였다."3)고 했는데, '삼재(三材)'는 천·지·인의 도(道)를 뜻한다. 가르치는 자가 잘못됨을 말하면, 학생들은 올바른 질문을 못한다. '은(隱)'자는 드러내지 않는다는 뜻이다. "보탬이 됨을 모른다."는 말은 무익한 것처럼 여긴다는 뜻이다. '속(速)'자는 "빠르다[疾]."는 뜻이다. 배움에 있어서 마음으로 이해를 못한다면 쉽게 잊어버린다. '형(刑)'자는 "이루다[成]."는 뜻이다.

釋文 呻音申, 一音親, 吟也. 佔, 敕沽反, 視也. 訊, 字又作誶, 音信, 問也. 呻吟, 魚金反, 又作訡, 同. 難, 乃旦反. 訾, 才斯反, 又音紫. 數, 色住反. 施, 始移反, 下同. 悖, 布內反. 佛, 本又作拂, 扶弗反. 去, 如字, 又起呂反. 解, 胡買反. 忘, 亡亮反. 之易, 以豉反, 下文注皆同音.

번역 '呻'자의 음은 '申(신)'이며, 다른 음은 '親(친)'이고, 읊조린다는 뜻이다. '佔'자는 '敕(칙)'자와 '沽(고)'자의 반절음이며, 본다는 뜻이다. '訊'자는 그 글자를 또한 '誶'자로도 기록하는데, 그 음은 '信(신)'이며, 질문한다는 뜻이다. '呻吟'에서의 '吟'자는 '魚(어)'자와 '金(금)'자의 반절음이며, 또한 '訡'자로도 기록하는데, 그 음은 동일하다. '難'자는 '乃(내)'자와 '旦(단)'자의 반절음이다. '訾'자는 '才(재)'자와 '斯(사)'자의 반절음이고, 또한 그 음은 '紫(자)'도 된다. '數'자는 '色(색)'자와 '住(주)'자의 반절음이다. '施'자는 '始(시)'자와 '移(이)'자의 반절음이며, 아래문장에 나오는 글자도 그 음이 이와 같다. '悖'자는 '布(포)'자와 '內(내)'자의 반절음이다. '佛'자는 판본에 따라서 또한 '拂'자로도 기록하는데, '扶(부)'자와 '弗(불)'자의 반절음이다. '去'자는 글자대로 읽고, 또 '起(기)'자와 '呂(려)'자의 반절음도 된다. '解'재는 '胡(호)'자와 '買(매)'자의 반절음이다. '忘'자는 '亡(망)'자와 '亮(량)'자의 반절음이다. '之易'에서의 '易'자는 '以(이)'자와 '豉

---

3) 『역』「계사하(繫辭下)」 : 易之爲書也, 廣大悉備, 有天道焉, 有地道焉, 有人道焉. 兼三材而兩之, 故六, 六者, 非它也, 三才之道也. / 『역』「설괘전(說卦傳)」 : 是以立天之道曰陰與陽, 立地之道曰柔與剛, 立人之道曰仁與義. 兼三才而兩之, 故易六畫而成卦, 分陰分陽, 迭用柔剛, 故易六位而成章.

(시)'자의 반절음이며, 아래문장과 정현의 주에 나오는 글자도 모두 그 음이 이와 같다.

孔疏 ●"今之"至"由乎". ○正義曰: 此一節論敎者違法, 學者所以不成, 是今師之失, 故云"今之敎者".

번역 ●經文: "今之"~"由乎". ○이곳 경문은 가르치는 자가 법도를 위배한다는 사실을 논의하고 있으니, 학생들이 학문을 완성하지 못하는 것은 오늘날의 스승들이 범하는 잘못이라는 뜻이다. 그렇기 때문에 '오늘날의 가르치는 자들'이라고 말한 것이다.

孔疏 ●"呻其佔畢"者, 此明師惡也. 呻, 吟也. 佔, 視也. 畢, 簡也. 故釋器云: "簡謂之畢." 言今之師, 不曉經義, 但詐呻4)吟長詠, 以視篇簡而已.

번역 ●經文: "呻其佔畢". ○이것은 스승의 잘못된 점을 나타내고 있다. '신(呻)'자는 "읊조린다[吟]."는 뜻이다. '점(佔)'자는 "본다[視]."는 뜻이다. '필(畢)'자는 서적[簡]을 뜻한다. 그렇기 때문에 『이아』「석기(釋器)」편에서는 "'간(簡)'을 '필(畢)'이라고 부른다."5)라고 한 것이다. 오늘날의 스승은 경전의 의미를 깨닫지 못하고, 단지 입으로만 길게 읊조리기만 하며, 서적들을 살펴볼 따름이라는 뜻이다.

孔疏 ●"多其訊"者, 訊, 問難也. 旣自不曉義理, 而外不肯默然, 故假作問難, 詐了多疑, 言若己有解之然也.

---

4) '신(呻)'자에 대하여. '신'자는 본래 없던 글자인데, 완원(阮元)의 『교감기(校勘記)』에서는 "혜동(惠棟)의 『교송본(校宋本)』에는 '음(吟)'자 앞에 '신'자가 기록되어 있으니, 이곳 판본에는 '신'자가 누락된 것이며, 『민본(閩本)』·『감본(監本)』에도 동일하게 누락되어 있다. 『모본(毛本)』에도 '신'자가 누락되어 있는데, '사(詐)'자를 또한 '구(諰)'자로 잘못 기록했다."라고 했다.
5) 『이아』「석기(釋器)」: 簡謂之畢.

번역 ●經文: "多其訊". ○'신(訊)'자는 어려운 문제를 물어본다는 뜻이다. 이미 본인도 그 의리에 대해 깨닫지 못하고, 외적으로는 가만히 있는 것을 용인하지 못하기 때문에, 일부러 어려운 질문을 만들어내어, 많은 의문점이 있는 것처럼 속이니, 마치 자신은 이미 해답을 가지고 있는 것처럼 한다는 뜻이다.

孔疏 ●"言及于數"者, 數, 謂法象. 旣不解義理, 若有所言, 而輒詐稱有法象也.

번역 ●經文: "言及于數". ○'수(數)'자는 법도를 뜻한다. 이미 의리를 이해하지 못하고 있는데, 어떤 말을 하게 되면, 갑작스럽게 법도가 있는 것처럼 속여서 말한다는 뜻이다.

孔疏 ●"進而不顧其安"者, 務欲前進誦習使多, 而不曾反顧其義理之安, 不謂義理危辟而不自知也.

번역 ●經文: "進而不顧其安". ○진도를 나가고 외우고 익히도록 하여 시키는 것이 많도록 하지만, 그 의리에 대해 편안히 여기는지는 되돌아보지 않는다는 뜻이니, 의리상 위태로운 것인데도 스스로 모른다는 뜻이 아니다.

孔疏 ●"使人不由其誠"者, 人, 謂學者也. 由, 用也. 誠, 忠誠. 使學者誦文, 而己爲之說義, 心皆不曉而猛浪, 是不用己之忠誠也.

번역 ●經文: "使人不由其誠". ○'인(人)'자는 학생을 뜻한다. '유(由)'자는 "사용한다[用]."는 뜻이다. '성(誠)'자는 충심과 진심을 뜻한다. 학생들로 하여금 문장을 외우도록 하고, 본인이 그들을 위해 의미를 설명해주는데, 마음으로 모두 깨닫지 못하여 허무맹랑한 이야기를 하니, 이것은 자신의 충심과 진심을 사용하지 않았기 때문이다.

孔疏 ●"敎人不盡其材"者, 材, 道也. 謂己旣不曉其義, 而縱有所悟者, 又不能多, 恒恐人勝之, 故凡有所知, 又爲所隱, 惜不盡其道也.

번역 ●經文: "敎人不盡其材". ○'재(材)'자는 도(道)를 뜻한다. 본인이 이미 그 의미를 깨우치지 못했는데 제멋대로 이해한 것은 있으며, 또 많이 알지도 못하는데 항상 남이 자신보다 뛰어나게 될 것을 염려하기 때문에, 알고 있는 것은 있지만 또한 숨기게 되니, 그 도를 다하지 못함을 애석하게 여긴 것이다.

孔疏 ●"其施之也悖"者, 謂敎者有上五者之短, 故施敎於人, 違背其理也.

번역 ●經文: "其施之也悖". ○가르치는 자에게 앞서 말한 다섯 가지 단점이 있기 때문에, 남에게 가르칠 때 그 도리를 위배한다는 뜻이다.

孔疏 ●"其求之也佛"者, 佛, 戾也, 敎者佛戾也. 敎者旣背違其理, 其學者求之則又違戾. 受學者心旣不解, 求問於師, 師又不曉違戾義意也.

번역 ●經文: "其求之也佛". ○'불(佛)'자는 "어그러지다[戾]."는 뜻이니, 가르치는 자가 어그러졌다는 뜻이다. 가르치는 자가 이미 도리를 위배하여, 학생들이 그것을 배우고자 한다면 또한 어긋나게 된다. 가르침을 받는 자가 마음으로 깨닫지 못하고 스승에게 질문을 해서 답을 찾고자 하는데, 스승 또한 그 의미를 깨닫지 못하여 뜻을 어긋나게 한다는 의미이다.

孔疏 ●"夫然, 故隱其學而疾其師"者, 由師敎旣悖, 而受者又違, 故受學者弟子不荷師敎之德, 乃隱沒其師之學, 而憎疾其師也. "苦其難而不知其益也"者, 師說旣不曉了, 故弟子受之, 苦其難. 旣難不解, 故不自知其有益.

번역 ●經文: "夫然, 故隱其學而疾其師". ○스승의 가르침이 이미 어그러짐에 연유하여, 수업을 받는 자 또한 어긋나게 된다. 그렇기 때문에 가르침은 받는 제자들도 스승의 가르침에 대한 은덕을 받지 못하여, 스승의 학문을 숨기고 그 스승을 미워하게 된다. 경문의 "苦其難而不知其益也"에 대하여. 스승의 설명도 이미 깨닫지 못한 상태에서 나왔기 때문에, 제자가 그것을 받아들이더라도 어려운 것들을 곤욕스럽게 여긴다. 이미 어려운 것들에 대해 이해를 못했기 때문에, 학문이 보탬이 된다는 사실도 스스로 알지 못한다.

孔疏 ●"雖終其業, 其去之必速"者, 學者勉力自强, 雖得終竟其業, 爲心不曉解, 其亡去之必速疾矣.

번역 ●經文: "雖終其業, 其去之必速". ○학생은 노력하여 스스로 굳건해지려고 하는데, 비록 과업을 끝맺을 수 있더라도, 마음으로 깨우치고 이해하지 못하여, 반드시 신속히 떠나가게 된다.

孔疏 ●"敎之不刑, 其此之由乎"者, 刑, 猶成也. 言師敎弟子不成, 由此在上諸事, 故云"其此之由乎". 其此之由在上, 謂此經文也. 以例推之, 前文云"其此之謂乎", 則是他書所云其此經之謂乎.

번역 ●經文: "敎之不刑, 其此之由乎". ○'형(刑)'자는 "완성하다[成]."는 뜻이다. 스승의 가르침에 의해 제자들이 학문을 이루지 못하는 것은 앞서 말한 여러 가지 사안들에서 비롯된다. 그렇기 때문에 "여기에서 비롯될 것이다."라고 말했다는 뜻이다. 앞서 말한 것에서 비롯되었다는 말은 이곳 경문에서 말한 내용들을 뜻한다. 이러한 예시를 통해 미루어보면, 앞에서 "이것을 뜻할 것이다."라고 한 말은 다른 책에서 말한 내용이 바로 이곳 경문에서 뜻한 내용일 것이라는 의미이다.

孔疏 ◎注"其發"至"而已". ○正義曰: "其發言出說, 不首其義"者, 首, 猶本也. 敎者爲弟子發言出說, 不本其義理, 謂不解此義之言也. 云"動云有所法象而已"者, 旣不解義理, 擧動所云則言此義有所法象, 猶若一則稱配大一,二則稱配二儀, 但本義不然, 浪爲配當.

번역 ◎鄭注: "其發"~"而已". ○정현이 "말을 하고 설명을 하는 것이 그 의미에 근본을 두지 않는다."라고 했는데, '수(首)'자는 "근본하다[本]."는 뜻이다. 가르치는 자가 제자들을 위해서 말을 하고 설명을 해줄 때, 그 의리에 대해서 근본을 두지 않으니, 곧 이러한 의리에 대한 말을 풀이하지 않는다는 의미이다. 정현이 "행동에 있어서도 본받는 바가 있다고만 말할 따름이다."라고 했는데, 의리에 대해서 이미 해석하지 못하고, 거동을 하며 말을 할 때에도, 이러한 의미에는 본받은 바가 있다고만 말하니, 마치 하나의 경우 태일(太一)에 짝하고, 둘의 경우 이의(二儀: =兩儀)에 짝한다고만 말하여, 본래의 의미는 그렇지 않은데도 멋대로 서로 관련시키는 것과 같다.

孔疏 ◎注"務其"至"未曉". ○正義曰: "務其所誦多"者, 謂師務欲得所誦使多, 釋經"進"也. 云"不惟其未曉"者, 惟, 思也, 不思其誦得未曉解者, 釋經"不顧其安"也.

번역 ◎鄭注: "務其"~"未曉". ○정현이 "암송하는 것이 많게끔 하는 데에만 힘쓴다."라고 했는데, 스승이 암송을 많이 하도록 시킨다는 뜻으로, 이것은 경문에 나온 '진(進)'자를 풀이한 말이다. 정현이 "그 의미를 깨우치지 못한 것은 생각하지 않는다."라고 했는데, '유(惟)'자는 "생각하다[思]."는 뜻이니, 암송한 것에 대해서 의미를 깨우치지 못했다는 것을 생각하지 않는다는 뜻으로, 경문에서 "안정된 것을 돌아보지 않는다."라고 한 말을 풀이한 것이다.

孔疏 ◎注"使學"至"其誠". ○正義曰: "使學者"解經"使人"也, 而"爲之說"解經"不用其誠"也. 言師爲學者而說, 不用其忠誠實之心, 以心不解, 誑惑學者.

번역 ◎鄭注: "使學"~"其誠". ○'학생들로 하여금'이라는 말은 경문의

'사인(使人)'이라는 말을 풀이한 것이고, "그들을 위해 설명한다."는 말은 경문의 "진실됨을 사용하지 않는다."는 말을 풀이한 것이다. 즉 스승이 학생들을 위해서 설명을 해줄 때, 자신의 충심과 진실된 마음을 사용하지 않으니, 마음으로 이해하지 못하여 학생들을 속이기 때문이다.

孔疏 ◎注"材道"至"之道". ○正義曰: 鄭恐"材"是材藝, 故以"材"爲道. 道, 謂道理. 言教人道理. 引"易曰"者, 易・說卦文也. 但伏羲書上法天, 下法地, 中法人, 謂之三材. 說卦云"立天之道, 曰陰與陽; 立地之道, 曰柔與剛; 立人之道, 曰仁與義", 三材各有其兩, 故云"兼三材而兩之", 而有六爻也. 鄭引之, 證"材"爲道也.

번역 ◎鄭注: "材道"~"之道". ○정현은 '재(材)'자가 재예를 뜻하는 말로 오해될 것을 염려했기 때문에, '재(材)'자를 도(道)라고 한 것이다. '도(道)'자는 도리를 뜻한다. 즉 남을 가르치는 도리를 의미한다. 정현이 "『역』에서 말했다."라고 하여 그 문장을 인용했는데, 이것은 『역』「설괘전(說卦傳)」의 문장이다. 다만 복희[6]의 『역』에서는 위로 하늘을 본받고, 아래로 땅을 본받았으며, 가운데로 사람을 본받았는데, 이것을 '삼재(三材)'라고 부른다. 「설괘전」에서는 "하늘의 도를 세우니 음(陰)과 양(陽)이라고 부르며, 땅의 도를 세우니 유(柔)와 강(剛)이라고 부르고, 사람의 도를 세우니 인(仁)과 의(義)이다.[7]라고 하여, 삼재에 있어서도 각각 두 가지 의미가 있다. 그렇기 때문에 "삼재를 겸하여 두 번하였다."라고 말한 것이고, 이것을 통해 여섯 효가 생겼다. 정현이 이 말을 인용한 이유는 '재(材)'자가 도(道)가 됨을 증명하기 위해서이다.

---

6) 복희(伏羲)는 곧 복희씨(宓戲氏)・복희씨(伏義氏)를 가리킨다. 전설시대에 존재했다고 전해지는 고대 제왕 중 한 명이다. 복(伏)자와 복(宓)자, 그리고 희(義)자와 희(戲)자는 음이 같아서 통용되었다. 『한서(漢書)』「고금인표(古今人表)」편에는 "太昊帝宓義氏."라는 기록이 있는데, 이에 대한 안사고(顏師古)의 주에서는 "宓, 音伏, 字本作戲, 其音同."이라고 풀이했다.

7) 『역』「설괘전(說卦傳)」: 是以立天之道曰陰與陽, 立地之道曰柔與剛, 立人之道曰仁與義. 兼三才而兩之, 故易六畫而成卦, 分陰分陽, 迭用柔剛, 故易六位而成章.

孔疏 ◎注"教者"至"失問". ○正義曰: 教者言非, 是其施之也悖; 學者失問, 是其求之也佛.

번역 ◎鄭注: "教者"~"失問". ○가르치는 자가 잘못을 말한 것이 바로 가르침이 어그러진 것이며, 배우는 자가 올바른 질문을 못하는 것이 바로 가르침을 구하는 것이 어그러진 것이다.

訓纂 王氏引之曰: 佔, 讀爲笘. 說文曰, "穎川人名小兒所書寫爲笘." 又曰, "籥, 書僮竹笘也." 佔, 亦簡之類. 故"佔畢"連文. 鄭謂"吟誦其所視簡之文", 殆失之迂矣.

번역 왕인지[8]가 말하길, '점(佔)'자는 대쪽을 뜻하는 점(笘)자로 읽는다. 『설문』에서는 "영천(穎川) 사람은 어린아이의 이름을 기록할 때 점(笘)에다 기록한다."라고 했다. 또 "약(籥)은 어린아이에 대해 기록하는 대쪽이다."라고 했다. 따라서 '점(佔)' 또한 서책의 부류를 뜻한다. 그렇기 때문에 '점필(佔畢)'이라고 연이어서 기록한 것이다. 정현은 "보고 있는 서책의 글자를 읊조리고 암송한다."라고 했는데, 아마도 잘못된 해석인 것 같다.

訓纂 吳幼淸讀"多其訊言"爲句, "及于數進"爲句, 云, "數進, 謂數進之. 學者未可以進, 而又進之也."

번역 오유청은 '다기신언(多其訊言)'을 하나의 구문으로 끊고, '급우삭진(及于數進)'을 하나의 구문으로 끊었으며, "삭진(數進)은 자주 나아간다는 뜻이다. 학생들이 아직 진도를 나아갈 수 없는데도 또한 계속 나아간

---

8) 왕인지(王引之, A.D.1766~A.D.1834) : 청(淸)나라 때의 훈고학자이다. 자(字)는 백신(伯申)이고, 호(號)는 만경(曼卿)이며, 시호(諡號)는 문간(文簡)이다. 왕념손(王念孫)의 아들이다. 대진(戴震), 단옥재(段玉裁), 부친과 함께 대단이왕(戴段二王)이라고 일컬어졌다. 『경전석사(經傳釋詞)』, 『경의술문(經義述聞)』 등의 저술이 있다.

다는 의미이다."라고 했다.

【訓纂】 王氏引之曰: 吳之句讀是也, 而義尙未安. 今按訊與誶通, 訓爲告. 多
其訊言, 猶云"多其告語", 不待學者之自悟而强語之. 隱元年公羊傳, "及, 猶
汲汲也." 爾雅曰, "數, 疾也." 鄭注曾子問曰, "數讀爲速." 及于數進, 謂汲汲
於求速進也.

【번역】 왕인지가 말하길, 오유청의 구문 끊는 방식은 옳지만, 그가 풀이
한 의미는 정확하지 않다. 현재 살펴보니 '신(訊)'자와 '수(誶)'자는 통용되
고, 그 뜻은 "알려준다[告]."는 의미이다. 따라서 '다기신언(多其訊言)'이라
는 말은 "알려주는 말이 많다."는 뜻으로, 학생들이 스스로 깨달을 때까지
기다리지 않고, 억지로 그 풀이를 말해주는 것이다. 은공(隱公) 1년에 대
한 『공양전』의 기록에서는 "'급(及)'자는 급급하다는 뜻이다."[9]라고 했고,
『이아』에서는 "'삭(數)'자는 급하다는 뜻이다."[10]라고 했다. 그리고 『예기』
「증자문(曾子問)」편에 대한 정현의 주에서는 "삭(數)자는 속(速)자로 풀
이한다."[11]라고 했다. 따라서 '급우삭진(及于數進)'이라는 말은 요구하는
것에 대해 급급히 대처하며 신속히 진도를 나아간다는 뜻이다.

【訓纂】 輔漢卿曰: 材者, 可爲之資.

【번역】 보한경이 말하길, '재(材)'자는 바탕으로 삼을 수 있는 것을 뜻한다.

【訓纂】 吳幼淸曰: 實知此一理, 而後使之別窮一理, 是謂由其誠. 能行此一
事, 而後敎之別爲一事, 是謂盡其材. 否則使之不由其實, 敎之不盡其能也. 不

---

9) 『춘추공양전』「은공(隱公) 1년」: 會, 猶最也. <u>及, 猶汲汲也</u>, 暨, 猶暨暨也, 及,
   我欲之, 暨, 不得已也.
10) 『이아』「석고(釋詁)」: 肅 · 齊 · 遄 · 速 · 亟 · 屢 · <u>數</u> · 迅, <u>疾也</u>.
11) 이 문장은 『예기』「증자문(曾子問)」편의 "反葬, 而丘問之曰: '夫柩不可以反者
    也. 日有食之, 不知其已之遲數, 則豈如行哉."라는 기록에 대한 정현의 주이다.

觀其己知己能, 而進之以未知未能, 是其施教於人者先後失宜, 故曰悖. 不俟
其自知自能, 而强之以必知必能, 是其求責於人者淺深莫辨, 故曰佛.

번역 오유청이 말하길, 진실로 이러한 하나의 이치를 안 뒤에야 그로
하여금 별도로 그 하나의 이치를 연구하게 해야 하니, 이것이 바로 진실
됨을 사용한다는 뜻이다. 또 이러한 하나의 사안을 잘 시행할 수 있은 뒤
에야 가르쳐서 별도로 그 하나의 사안을 시행하도록 하니, 이것이 그 재
주를 다한다는 뜻이다. 이처럼 하지 않는다면, 그를 시킴에 진실됨에 따
르지 않게 되고, 가르침에도 그 능력을 다할 수 없다. 자신이 알고 있고
자신이 할 수 있는 것은 살펴보지 않고, 아직 이해하지 못하고 아직 할
수 없는 것들로 진도를 나아가니, 이것은 남에게 가르침을 베풀 때 그 합
당한 순서를 잃은 것이다. 그렇기 때문에 "어그러졌다[悖]."고 했다. 스스
로 깨닫고 스스로 할 수 있을 때까지 기다리지 않고, 억지로 알아야만 하
고 할 수 있어야만 한다고 강요하는 것은 재능의 차이를 고려하지 않고
남에 대해 책임을 추궁하는 것이다. 그렇기 때문에 "잘못되었다[佛]."고
했다.

訓纂 王氏懋竑曰: 不度其所能知能行, 而强之以所不能知不能行, 是進而
不顧其安也. 强之以所不能知不能行, 而不必其能知能行, 是使人不由其誠也.
其所不能知不能行者, 卒不可以强, 而於其所能知能行, 反有所廢弃遺忘而失
之, 是教人不盡其材也. 不論其次弟而槩施之, 則先後失其宜, 故曰悖. 不論其
材質而强求之, 則大小乖其量, 故曰佛.

번역 왕무횡12)이 말하길, 알 수 있고 할 수 있는 것은 헤아리지 않고,
알 수 없고 할 수 없는 것을 억지로 강요하니, 이것이 "진도를 나아가지
만 안정됨을 돌아보지 않는다."는 뜻이다. 알 수 없는 것과 할 수 없는 것
을 억지로 강요하더라도, 본인이 반드시 알 수 있고 할 수 있는 것은 아

---

12) 왕무횡(王懋竑, A.D.1668~A.D.1741): 청(清) 나라 때의 경학자이다. 자(字)
는 여중(予中)·여중(與中)이며, 호(號)는 백전(白田)이다.

니니, 이것이 "남을 시킬 때 진실됨에 따르지 않는다."는 뜻이다. 알 수
없고 할 수 없는 것에 대해 끝내 강요를 할 수 없는데, 알 수 있는 것과
할 수 있는 것에 대해서는 도리어 내버려두고 신경 쓰지 않아서 잃어버
리게 되니, 이것이 "남을 가르침에 그 재능을 다하도록 하지 않는다."는
뜻이다. 그 순서를 따지지 않고 평준화해서 가르친다면, 선후의 순서가
그 마땅함을 잃게 된다. 그렇기 때문에 "어그러졌다[悖]."고 말한 것이다.
재능의 수준을 따지지 않고 억지로 강요한다면, 수준의 차이에 따라 그
헤아림이 어긋나게 되기 때문에 "잘못되었다[佛]."고 말한 것이다.

訓纂 王氏念孫曰: 莊子外物篇, "相結以隱." 李頤注曰, "隱, 病患也." 後漢
書張衡傳, "勤恤民隱." 李賢注, "隱, 病也." 隱其學, 病其學也. 施之悖, 求之
佛, 故弟子皆病其學而疾其師也. 隱其學, 疾其師, 苦其難, 三者文義相承.

번역 왕념손[13]이 말하길, 『장자(莊子)』「외물(外物)」편에서는 "서로 병
폐로 결합하다."[14]라고 했고, 이이의 주에서는 "은(隱)자는 질병이다."라
고 했다. 『후한서(後漢書)』「장형전(張衡傳)」에서는 "백성들의 병환을 삼
가 근심한다."[15]라고 했고, 이현의 주에서는 "은(隱)은 병이다."라고 했
다. 따라서 '은기학(隱其學)'은 그 학문을 병폐로 여긴다는 뜻이다. 가르
침을 베푸는 것도 어그러지고, 학문을 요구하는 것도 잘못되었기 때문에,
제자들은 모두 그 학문을 병폐로 여기고 그 스승을 미워하는 것이다. 학
문을 병폐로 여기고 스승을 미워하며 어려운 일을 곤욕으로 여긴다고 했
는데, 이 세 가지 사안은 문맥의 뜻이 서로 연결된다.

---

13) 왕념손(王念孫, A.D.1744~A.D.1832) : 청(淸)나라 때의 학자이다. 자(字)는
   회조(懷租)이고, 호(號)는 석구(石臞)이다. 부친은 왕안국(王安國)이고, 아들
   은 왕인지(王引之)이다. 대진(戴震)에게 학문을 배웠다. 저서로는 『독서잡지
   (讀書雜志)』 등이 있다.
14) 『장자』「외물(外物)」 : 惠以歡爲鷔, 終身之醜, 中民之行進焉耳, 相引以名, <u>相
   結以隱</u>.
15) 『후한서(後漢書)』「장형열전(張衡列傳)」 : 故能同心戮力, <u>勤恤人隱</u>, 奄受區夏,
   遂定帝位, 皆謀臣之由也.

訓纂 色, 吳幼淸音朔.

번역 '色'자에 대해 오유청은 그 음이 '朔(삭)'이라고 했다.

集解 張子曰: 人未安之又進之, 未喩之又告之, 徒使人生此節目, 不盡其材, 不顧安, 不由誠, 皆是施之妄也. 敎人至難, 必盡人之材, 乃不誤人, 觀可及處, 然後告之. 聖人之明, 直若庖丁之解牛, 皆知其隙, 刀投餘地, 無全牛矣. 人之材足以有爲, 但以其不由於誠, 則不盡其材, 若勉率而爲之, 則豈有由其誠者哉?

번역 장자가 말하길, 사람이 아직 안정되게 할 수 없는데 또 진도를 나아가고, 아직 깨닫지 못하고 있는데 또 알려주면, 단지 상대로 하여금 이러한 지침이 있다는 사실만 알려주고, 그 재질을 다하지 못하며, 그가 안정되게 할 수 있는지 살피지 않고, 진실됨에 따르지 않으니, 이 모두는 가르침이 망령된 것이다. 남을 가르치는 일은 지극히 어려운 일이니, 반드시 그 사람의 재주를 다하도록 하고, 남에게 잘못을 범해서는 안 되며, 그가 도달할 수 있는 곳을 살펴본 뒤에야 알려주어야 한다. 성인의 지혜는 마치 백정이 소를 해체하는 것과 같아서, 모두 그 틈을 알아서 적당한 곳에 칼을 넣어서 해체를 하여, 온전한 소가 없게 된다. 그 사람의 재주로 충분히 할 수 있는 것인데, 다만 진실됨에 따르지 않는다면 그 재능을 다할 수 없으니, 만약 억지로 이끌어서 하게 한다면, 어떻게 진실됨에 따르는 일이 있겠는가?

集解 朱子曰: 數, 謂形名度數, 欲以是窮學者之未知, 非求其本也. 註疏 "法象"之說恐非. 隱其學, 謂以學爲幽隱而難知, 如曰"二三子以我爲隱"之意.

번역 주자가 말하길, '수(數)'자는 사물의 형태와 명칭 및 치수 등을 뜻하는데, 이것을 통해 학생들이 모르는 것에 대해서 추궁하고자 하며, 본질에 대해서는 탐구하지 않는다는 의미이다. 정현의 주와 공영달의 소에서는 '법칙[法象]'이라고 풀이를 했는데, 아마도 잘못된 주장인 것 같다. '은기학(隱其學)'은 학문을 은밀하고 그윽한 것으로 여기며 이해하기 어렵다고 여기는 것으로, 마치 "그대들은 내가 숨기고 있다고 여기는가?"[16]라고 했을 때의 '은(隱)'자와 같다.

集解 愚謂: 進, 謂進學也. 進而不顧其安, 謂不量其材之所能受也. 使人·教人, 皆謂師之施教也. 誠, 教者之誠. 材, 學者之材也. 多其訊問, 而務窮之以其所不知, 進而不顧其安, 而欲强之以其所未至, 則其使人也, 不出於愛人之誠矣. 呻其所視之簡畢, 而徒務乎口耳之囂繁, 稱乎度數, 而不究乎義理之本, 則其教人也, 不足以盡人之材, 而使之有所成就矣. 悖·佛, 皆謂不順其道也. 不由其誠, 不盡其材, 則教者之施之也悖, 而學者之求之也亦佛, 是以其學幽隱不明, 而至於疾其師, 徒苦其難而不知其益也. 雖勉强卒業, 而無自得之實, 故其去之必速, 則其與强立不反者相去遠矣. 此教之所以不成也.

번역 내가 생각하기에, '진(進)'자는 학문의 진도를 나간다는 뜻이다. "진도를 나아가지만 안정된 것을 살피지 않는다."는 말은 학생의 재능에 따라 받아들일 수 있는 것들을 헤아리지 않는다는 뜻이다. '사인(使人)'과 '교인(敎人)'은 모두 스승이 가르침을 베푼다는 뜻이다. '성(誠)'자는 가르치는 자의 진실됨을 뜻한다. '재(材)'자는 학생의 재능을 뜻한다. 질문을 많이 하여 그가 모르는 것에 대해서 추궁하는데 힘쓰고, 진도만 나아가고 받아들일 수 있는지의 여부는 따지지 않으며, 그가 미칠 수 없는 것에 대해서 억지로 강요를 한다면, 남을 가르치는 일이 상대를 사랑하는 진실된 마음에서 도출된 것이 아니다. 눈으로 보이는 책의 문자만 읊조리고, 단지 입과 귀로만 시끄럽게 떠들고 듣는 데에만 힘쓰며, 도수나 명칭들만을 일컫고, 의리의 본질에 대해서 탐구하지 않는다면, 남을 가르침에 있어서, 그것은 남의 재능을 다하도록 하기에 부족하며, 그로 하여금 성취함

16)『논어』「술이(述而)」 : 子曰, "二三子以我爲隱乎? 吾無隱乎爾. 吾無行而不與二三子者, 是丘也."

이 있게끔 하기에 부족하다. '패(悖)'자와 '불(佛)'자는 모두 그 도리에 따르지 않는다는 뜻이다. 진실됨에서 비롯되지 않고 재능을 다하도록 하지 않는다면, 가르치는 자가 교육을 베푸는 것도 어긋나게 되고, 배우는 자가 탐구를 하는 것 또한 어긋나게 되니, 이러한 까닭으로 학문은 어둡고 불투명하게 되어, 그 스승을 질시하는 지경에 이르며, 어려운 일을 곤욕스럽게만 생각하고, 학문이 보탬이 된다는 사실을 알지 못하게 된다. 비록 억지로 졸업을 하더라도 스스로 터득한 실질이 없기 때문에, 떠나갈 때 신속히 떠나게 되니, 굳세게 자립하여 훼손되지 않는 것과는 거리가 멀다. 이것이 교육이 완성되지 못하는 이유이다.

• 제11절 •

대학(大學)의 제도 - 가르침의 흥(興)과 폐(廢)

【449c】

大學之法, 禁於未發之謂豫, 當其可之謂時, 不陵節而施之謂
孫, 相觀而善之謂摩. 此四者, 敎之所由興也.

직역 大學의 法에, 未發에 禁함을 豫라 謂하고, 그 可함에 當함을 時라 謂하며,
節을 不陵하고 施함을 孫이라 謂하고, 相히 觀하며 善함을 摩라 謂한다. 此四者는
敎가 由하여 興한 所이다.

의역 대학(大學)의 법도에 있어서, 아직 발생되지 않은 일에 대해서 미리 방지
하는 것을 '예(豫)'라고 부른다. 가르쳐도 될 시기에 가르치는 것을 '시(時)'라고
부른다. 절차를 뛰어넘지 않고 가르치는 것을 '손(孫)'이라고 부른다. 서로 살펴서
본받고 좋은 길로 인도하는 것을 '마(摩)'라고 부른다. 이 네 가지 것들은 가르침이
흥기되는 계기이다.

集說 豫者, 先事之謂; 時者, 不先不後之期也. 陵, 踰犯也. 節, 如節候之節.
禮有禮節, 樂有樂節, 人有長幼之節, 皆言分限所在. 不陵節而施, 謂不敎幼者
以長者之業也. 相觀而善, 如稱甲之善, 則乙者觀而效之, 乙有善可稱, 甲亦如
之. 孫, 以順言; 摩, 以相厲而進爲言也.

번역 '예(豫)'라는 것은 해당 일보다 앞서는 것을 뜻한다. '시(時)'라는
것은 앞서지도 않고 늦지도 않은 적절한 시기를 뜻한다. '능(陵)'자는 "뛰
어넘어 범한다."는 뜻이다. '절(節)'자는 절기와 기후를 뜻할 때의 '절(節)'
자와 같다. 예(禮)에는 예법에 따른 절도가 있고, 악(樂)에는 음악에 따른
악절이 있으며, 사람에게는 나이에 따른 마디가 있는데, 이 모두는 한계

가 있는 곳을 뜻한다. "한계를 범하지 않고 베푼다."는 말은 나이가 어린
자에게 나이가 많은 자가 익혀야 할 학업으로 가르치지 않는다는 뜻이다.
"서로 살펴보며 선하게 한다."는 말은 마치 갑이 선하다고 일컫는다면 을
이 그것을 살펴서 본받고, 을에게 칭송할만한 선한 점이 있다면 갑 또한
을처럼 본받는다는 것과 같다. '손(孫)'자는 "따른다[順]."는 뜻으로 한 말
이고, '마(摩)'자는 서로 수양하며 나아간다는 뜻으로 한 말이다.

集說 方氏曰: 若七年男女不同席, 不共食, 幼子常視毋誑, 則可謂之豫矣.
若十年學書計, 十三年舞勺, 成童舞象, 可謂之時矣.

번역 방씨가 말하길, "7세가 되면, 남자아이와 여자아이는 같은 자리
에 앉지 않고, 함께 음식을 먹지 않는다."1)라는 말이나 "어린아이에게는
항상 거짓되지 않고 속임이 없는 것만을 보여주어야 한다."2)라는 말 등
은 '예(豫)'라고 부를 수 있다. "남자아이의 나이가 10세가 되면 육서(六
書)3)와 구수(九數)4)를 배운다."5)는 말이나 "남자아이의 나이가 13세가
되면 작(勺)이라는 춤을 추게 한다. 15세 이상이 된 남자아이들은 상(象)

---

1) 『예기』「내칙(內則)」【368a】 : 六年, 敎之數與方名. <u>七年, 男女不同席, 不共食</u>.
   八年, 出入門戶, 及卽席飮食, 必後長者, 始敎之讓.
2) 『예기』「곡례상(曲禮上)」【16c】 : 幼子, 常視毋誑.
3) 육서(六書)는 한자의 구성과 형성에 대한 여섯 가지 이론으로, 상형(象形),
   지사(指事: =處事), 회의(會意), 형성(形聲: =諧聲), 전주(轉注), 가차(假借)를
   뜻한다. 『주례』「지관(地官)·보씨(保氏)」편에는 "五曰六書."라는 기록이 있는
   데, 이에 대한 정현의 주에서는 정사농(鄭司農)의 주장을 인용하여, "六書,
   象形·會意·轉注·處事·假借·諧聲也."라고 풀이했다.
4) 구수(九數)는 고대의 아홉 가지 계산 방법이다. 방전(方田), 속미(粟米), 차분
   (差分), 소광(少廣), 상공(商功), 균수(均輸), 방정(方程), 영부족(贏不足), 방
   요(旁要)를 뜻한다. 『주례』「지관(地官)·보씨(保氏)」편에는 "六曰九數."라는
   기록이 있는데, 이에 대한 정현의 주에서는 정중(鄭衆)의 주장을 인용하여,
   "九數, 方田·粟米·差分·少廣·商功·均輸·方程·贏不足·旁要."라고 풀이
   했다.
5) 『예기』「내칙(內則)」【368a】 : 九年, 敎之數日. <u>十年</u>, 出就外傅, 居宿於外, <u>學
   書計</u>.

이라는 춤을 추게 한다."6)라는 말 등은 '시(時)'라고 부를 수 있다.

集說 石梁王氏曰: 註專以時爲年, 二十之時, 非也.

번역 석량왕씨가 말하길, 정현의 주에서는 '시(時)'자를 전적으로 나이에 대한 뜻으로만 여겨서, 20세가 되는 때라고 했는데, 잘못된 주장이다.

大全 嚴陵方氏曰: 夫旣發而後禁, 則爲無及未發而先禁, 乃爲有備, 幼子常視毋誑, 亦可謂之豫矣. 未可以敎而敎, 則欲速而不達, 可以敎而不敎, 則雖悔而不可追, 若十年學書計, 十三年舞勺, 成童舞象, 則可謂之時矣. 不陵節而施, 則理順而不悖, 故謂之孫, 若孔子言可與共學, 未可與適道, 可與立, 未可與權, 則可謂之孫矣. 以此之善而見彼之不善, 以彼之不善而見此之善, 所謂相觀也. 有見於上, 則知善之可慕, 有見於下, 則知不善之可戒. 荀子所謂見善, 修然必以自存, 見不善, 愀然必以自省, 則可謂之摩矣. 夫旣有以防其情, 又有以成其性, 旣有以因其才, 又有以輔其仁, 則敎之之道盡矣, 故曰所由興也.

번역 엄릉방씨가 말하길, 무릇 이미 발생한 이후에 금지하는 것은 아직 발생하기 이전에 먼저 금지함이 없었기 때문이니, 이것은 곧 미리 대비를 하기 위해서이며, 어린아이에게 항상 거짓되지 않고 속이지 않는 것을 보여주는 것 또한 '예(豫)'라고 할 수 있다. 아직 가르칠 수 없는데도 가르친다면 빨리 이루기를 바라지만 통달하지 못하고, 가르칠 수 있는데도 가르치지 않는다면 비록 후회를 하더라도 돌이킬 수 없으니, 마치 10세 때 글쓰기와 셈하기를 배우고, 13세 때 작(勺)을 춤추는 것을 배우며, 성동7)은 상(象)을 춤추는 것을 배우는 경우 등은 '시(時)'라고 할 수 있

---

6) 『예기』「내칙(內則)」【368c】: 十有三年, 學樂, 誦詩, 舞勺. 成童, 舞象, 學射御.
7) 성동(成童)은 아동들 중에서도 나이가 찬 자들을 뜻한다. 8세 이상이 된 아동을 뜻한다고 풀이하기도 하며, 15세 이상이 된 아동을 뜻한다고 풀이하기도 한다. 『춘추곡량전』「소공(召公) 19년」편의 "羈貫成童, 不就師傅, 父之罪

다. 등급을 뛰어넘지 않고 가르침을 베푼다면 이치에 따르게 되어 어그러지지 않기 때문에 '손(孫)'이라고 하는 것이니, 마치 공자가 "더불어서 함께 배울 수는 있어도 함께 도(道)로 나아갈 수 없고, 함께 설 수는 있어도 함께 권도를 시행할 수 없다."[8]고 한 말 등이 '손(孫)'이라고 할 수 있다. 이 사람의 선함을 통해 저 사람의 불선함을 보고, 저 사람의 불선함을 통해 이 사람의 선함을 보는 것이 바로 "서로 살펴본다[相觀]."는 뜻이다. 윗사람에게서 나타남이 있다면 선함을 흠모할 수 있음에 대해 알게 되고, 아랫사람에게서 나타남이 있다면 불섬함을 경계해야 함을 알게 된다. 순자가 "선함을 보면 수양을 하여 반드시 스스로 간직하도록 하고, 불선함을 보면 근심스럽게 생각하여 반드시 스스로 성찰을 해야 한다."[9]고 한 말 등이 '마(摩)'라고 할 수 있다. 무릇 이미 그 정감에 대해 방지함이 있고, 또 그 본성을 이룸이 있으며, 이미 그 재능에 따라서 함이 있고, 또 그 인(仁)함을 보필함이 있다면, 가르치는 도가 모두 다하게 된다. 그렇기 때문에 "흥성하게 되는 이유이다."라고 말한 것이다.

大全 朱子曰: 禁於未發, 但謂豫, 爲之防, 其事不一, 不必皆謂十五時也. 當其可, 謂適當其可告之時, 亦不當以年爲斷. 相觀而善, 但謂觀人之能, 而於己有益, 如以兩物相摩, 而各得其助也.

번역 주자가 말하길, 아직 발생하지 않은 것에 대해 금지하는 것은 단지 '예(豫)'라고 하는데, 방지하는 것은 그 사안이 하나가 아니므로, 반드시 이 모두를 15세에 대한 내용이라고 할 필요는 없다. '당기가(當其可)'는 알려줄 수 있을 때에 알려준다는 뜻이니, 이 또한 마땅히 나이에 따라

也."라는 기록에 대해, 범녕(范甯)의 주에서는 "成童, 八歲以上."이라고 풀이했고, 『예기』「내칙(內則)」편의 "成童, 舞象, 學射御."라는 기록에 대해, 정현의 주에서는 "成童, 十五以上."이라고 풀이했다.

8) 『논어』「자한(子罕)」: 子曰, "可與共學, 未可與適道, 可與適道, 未可與立, 可與立, 未可與權."

9) 『순자(荀子)』「수신(修身)」: 見善, 修然必以自存也; 見不善, 愀然必以自省也.

기간을 단정해서는 안 된다. 서로 살펴서 선하게 한다는 것은 단지 남의 잘하는 점을 살펴보고 자신에게 보탬이 되도록 하는 것인데, 만약 두 대상이 서로 수양하게 된다면 각각 도움을 얻게 된다.

大全 臨川吳氏曰: 陵猶越也. 節, 如竹之節, 俟其能此事, 然後又敎一事, 則爲順敍而不叢倂. 相觀, 謂甲觀乙, 乙觀甲, 此有未善, 觀彼所善而效之, 則此亦善矣. 摩, 如兩石相摩, 互相資藉. 程子曰, 朋友講習, 莫如相觀而善之益多. 澄謂此四者, 三屬於師, 一屬於友.

번역 임천오씨가 말하길, '능(陵)'자는 "뛰어넘다[越].''는 뜻이다. '절(節)'자는 대나무의 마디[節]와 같으니, 그가 이러한 사안을 잘 할 수 있을 때까지 기다린 뒤에야 재차 다른 한 가지 사안을 가르친다면, 순서에 따르고 한꺼번에 잡다히 가르치지 않는다. '상관(相觀)'은 갑이 을을 살펴보고 을이 갑을 살펴보는 것으로, 이 사람에게 선하지 못한 점이 있는데 저 사람의 선한 점을 살펴서 본받게 된다면, 이 사람 또한 선하게 됨을 뜻한다. '마(摩)'자는 두 개의 돌을 서로 갈아서 문지른다는 뜻으로, 서로에게 의지하여 힘입는 것이다. 정자는 "벗들이 학문을 익힘에 서로 살펴보아서 선하게 함처럼 뛰어난 것이 없다."고 했다. 내가 생각하기에, 이 네 가지 것들 중에서 세 가지는 스승에게 해당하는 일이며, 나머지 한 가지는 벗에게 달려 있는 것이다.

鄭注 未發, 情欲未生, 謂年十五時. 可, 謂年二十, 時成人. 不陵節, 謂不敎長者·才者以小, 敎幼者·鈍者以大也. 施, 猶敎也. 孫, 順也. 不並問, 則敎者思專也. 摩, 相切磋也. 興, 起也.

번역 '미발(未發)'은 정욕이 아직 발생하지 않았을 때를 뜻하니, 나이가 15세인 시기를 뜻한다. '가(可)'자는 나이가 20세인 때를 뜻하니, 성인(成人)이 되었을 시기이다. "절차를 뛰어넘지 않는다."는 말은 나이가 많은 자와 재주가 뛰어난 자에게는 작은 것을 가르칠 수 없고, 나이가 어린 자와 우둔한 자에게는 큰 것을 가르칠 수 없다는 뜻이다. '시(施)'자는 "가르친다[敎]."는 뜻이다. '손(孫)'자는 "따른다[順]."는 뜻이다. 학생들 모두가 질문을 하지 않는다면, 가르치는 자는 생각이 전일하게 된다. '마(摩)'자는 서로 깎고 다듬는다는 뜻이다. '흥(興)'자는 "일어난다[起]."는 뜻이다.

釋文 禁, 居鴆反. 欲音慾. 鈍, 徒困反. 摩, 莫波反, 徐亡髮反. 思, 息吏反. 磋, 七多反.

번역 '禁'자는 '居(거)'자와 '鴆(짐)'자의 반절음이다. '欲'자의 음은 '慾(욕)'이다. '鈍'자는 '徒(도)'자와 '困(곤)'자의 반절음이다. '摩'자는 '莫(막)'자와 '波(파)'자의 반절음이며, 서음(徐音)은 '亡(망)'자와 '髮(피)'자의 반절음이다. '思'자는 '息(식)'자와 '吏(리)'자의 반절음이다. '磋'자는 '七(칠)'자와 '多(다)'자의 반절음이다.

孔疏 ●"大學"至"由興也". ○正義曰: 此一節論敎之得理, 則敎興也.

번역 ●經文: "大學"~"由興也". ○이곳 문단은 가르치는 자가 이치를 얻게 되면, 가르침이 흥성하게 된다는 사실을 논의하고 있다.

孔疏 ●"禁於未發之謂豫"者, 發, 謂情欲發也. 豫, 逆也. 十五以前, 情欲未發, 則用意專一, 學業易入. 爲敎之道, 當逆防未發之前而敎之, 故云"禁於未發之謂豫".

번역 ●經文: "禁於未發之謂豫". ○'발(發)'자는 정욕이 나타난다는 뜻이다. '예(豫)'자는 "거스르다[逆]."는 뜻이다. 15세 이전에는 정욕이 아직 발생하지 않았고 생각함이 전일하니, 학업을 익히는 길로 접어들기 쉽다. 가르치는 도에 있어서 마땅히 아직 정욕이 발생하기 전에 미리 방지를 하여 가르치기 때문에, "아직 발생하지 않았을 때 금지하는 것을 예(豫)

라고 부른다."라고 한 것이다.

孔疏 ●"當其可之謂時"者, 可, 謂年二十之時. 言人年至二十, 德業已成, 言受敎之端, 是時最可也.

번역 ●經文: "當其可之謂時". ○'가(可)'자는 나이가 20세일 때를 뜻한다. 즉 사람의 나이가 20세가 되면, 덕과 학업이 이미 완성되었다는 의미이며, 가르침을 받는 발단 또한 이 시기에 가장 적합하게 된다는 뜻이다.

孔疏 ●"不陵節而施之謂孫"者, 陵, 猶越也. 節, 謂年才所堪. 施, 猶敎也. 孫, 順也. 謂敎人之法, 當隨其年才, 若年長而聰明者, 則敎以大事, 而多與之; 若年幼又頑鈍者, 當敎以小事, 又與之少, 是不越其節分而敎之, 所謂 "孫, 順也", 從其人而設敎也.

번역 ●經文: "不陵節而施之謂孫". ○'능(陵)'자는 "뛰어넘다[越]."는 뜻이다. '절(節)'자는 나이와 재주에 따라 감당할 수 있는 것을 뜻한다. '시(施)'자는 "가르치다[敎]."는 뜻이다. '손(孫)'자는 "따른다[順]."는 뜻이니, 남을 가르치는 법도에 있어서는 마땅히 그 대상의 나이와 재능에 따라야 한다는 뜻으로, 만약 나이가 많고 총명한 자라면 중대한 사안을 가르치고 많은 것을 부여해야 하며, 만약 나이가 어리고 또 우둔한 자라면 마땅히 작은 일을 가르치며 또 부여하는 것도 적어야 하니, 이것이 바로 등급을 뛰어넘어서 가르칠 수 없다는 뜻으로, 이른바 "손(孫)은 따른다는 뜻이다."는 의미이니, 그 상대에 따라서 가르치는 것이다.

孔疏 ●"相觀而善之謂摩"者, 善, 猶解也. 受學之法, 言人人競問, 則師思不專, 故令弟子共推長者能者一人諮問, 餘小不能者, 但觀聽長者之問答, 而各得知解. 此朋友琢磨之益, 故謂之"摩"也.

번역 ●經文: "相觀而善之謂摩". ○'선(善)'자는 "풀이하다[解]."는 뜻

이다. 배움을 받아들이는 법도에서는 사람들마다 다투어 질문을 하면, 스승의 생각은 한 가지에 집중할 수 없다. 그렇기 때문에 제자들은 가장 연장자 한 사람을 추대하여 질문을 하도록 하고, 나머지 소자들은 질문을 할 수 없고 다만 연장자가 질문하고 답변하는 내용을 살피고 들어서, 각각 이해를 하게 된다. 이것은 벗들이 서로 갈고 닦아서 보탬을 준다는 뜻이다. 그렇기 때문에 '마(摩)'라고 부르는 것이다.

孔疏 ●"此四者, 敎之所由興也"者, 結上四者. 興, 起也. 四事並是敎成之所起也.

번역 ●經文: "此四者, 敎之所由興也". ○앞의 네 가지 사안에 대해서 결론을 맺은 것이다. '흥(興)'자는 "일어나다[起]."는 뜻이다. 네 가지 사안은 모두 가르침의 완성됨이 흥기되는 원인이다.

集解 愚謂: 少成若天性, 習貫若自然, 豫之謂也. 八歲入小學, 十五入大學, 時之謂也. 中人以上, 可以語上, 中人以下, 不可以語上, 孫之謂也. 夫子以回方賜, 而子貢自知其弗如, 摩之謂也.

번역 내가 생각하기에, 어렸을 때 형성되는 습성과 습관이 오래되어 생긴 습성 등을 '예(豫)'라고 부른다.10) 8세가 되면 소학(小學)에 입학하고, 15세가 되면 대학(大學)에 입학한다는 것 등을 '시(時)'라고 부른다. 보통 사람 이상에게는 높은 것을 말해줄 수 있고, 보통 이하의 사람에게는 높은 것을 말해줄 수 없는 것11) 등을 '손(孫)'이라고 부른다. 공자가 안회를 통해서 자공에게 견주니, 자공이 스스로 그만 못하다는 사실을 안 것12) 등을 '마(摩)'라고 부른다.

---

10) 『대대례기(大戴禮記)』「보부(保傳)」: 孔子曰, 少成若性, 習貫之爲常.
11) 『논어』「옹야(雍也)」: 子曰, "中人以上, 可以語上也, 中人以下, 不可以語上也."
12) 『논어』「공야장(公冶長)」: 子謂子貢曰, "女與回也孰愈? 對曰, "賜也何敢望回? 回也聞一以知十, 賜也聞一以知二." 子曰, "弗如也, 吾與女弗如也."

그림 11-1 ■ 작무(勺舞)와 상무(象舞)

※ 출처: 『가산도서(家山圖書)』「무작무상도(舞勺舞象圖)」

【450a】

發然後禁, 則扞格而不勝; 時過然後學, 則勤苦而難成; 雜施而不孫, 則壞亂而不修; 獨學而無友, 則孤陋而寡聞; 燕朋逆其師; 燕辟廢其學. 此六者, 教之所由廢也.

직역 發한 然後에 禁하면, 扞格하여 不勝하고; 時가 過한 然後에 學하면, 勤苦하여 成이 難하며; 雜施하여 不孫하면, 壞亂하여 不修하고; 獨學하여 友가 無하면, 孤陋하여 寡聞하며; 燕朋은 그 師를 逆하고; 燕辟은 그 學을 廢한다. 此六者는 敎가 由하여 廢한 所이다.

의역 이미 발생한 이후에 금지를 한다면, 저항을 일으키고 감당하지 못하게 된다. 때가 지나친 뒤에야 가르친다면, 고생을 하더라도 이루기가 어렵다. 등급과 절차를 무시하고 마구잡이로 가르치고 순서에 따르지 않는다면, 무너지고 학문을 닦지 못한다. 홀로 배우기만 하고 도와줄 벗이 없다면, 고루하고 편협하며 학식이 천박해진다. 놀기만 하는 친구와 사귀게 되면 스승의 가르침을 거스르게 된다. 놀기만 하며 사벽한 짓을 하면 학문을 버리게 된다. 이러한 여섯 가지는 가르침이 폐지되는 이유이다.

集說 扞, 拒扞也. 格, 讀如凍▼(冫+各)之▼(冫+各), 謂如地之凍, 堅强難入也. 不勝, 不能承當其教也. 一讀爲去聲, 謂教不能勝其爲非之心, 亦通. 雜施, 謂躐等陵節也. 燕私之朋, 必不責善, 或相與以慢其師. 燕遊邪僻, 必惑外誘, 得不廢其業乎? 此燕朋燕辟之害, 皆由於發然後禁以下四者之失, 皆與上文四者相反也.

번역 '한(扞)'자는 저항한다는 뜻이다. '격(格)'자는 '동학(凍▼(冫+各))'이라고 할 때의 '학(▼(冫+各))'자이니, 얼어붙은 땅은 견고하여 땅속으로 들어가기 어려움을 뜻한다. '불승(不勝)'은 가르침을 감당할 수 없다는 뜻이다. 한편으로는 거성으로 읽으니, 가르침이 잘못을 시행하려는 마음을 이기지 못한다는 뜻이라고 하는데, 그 의미 또한 통한다. '잡시(雜施)'는 등급을 뛰어넘고 절차를 침범한다는 뜻이다. 한가롭게 놀기만 하는 친구에 대해서 기어코 선함에 대해서 책망하지 않고, 혹은 서로 참여하여 스승을 섬기는데 태만하게 군다. 한가롭게 놀며 사사롭고 편벽된다면 반드시 외적인 유혹에 끌리게 되는데, 학업을 폐지하지 않을 수 있겠는가? 이것이 놀기만 하는 친구와 어울리며 사벽한 짓을 하는 해로움은 모두 어떤 일이 발생한 이후에 금지를 한다는 것으로부터 그 이하의 네 가지 사안에 나타난 잘못에서 비롯된 것이니, 앞 문장에 나온 네 가지 사안과는 상반된다.

集說 鄭氏曰: 燕, 猶藝也. 藝其朋友, 藝師之譬喩.

번역 정현이 말하길, '연(燕)'자는 "너무 친근해서 버릇없이 군다[藝]."는 뜻이다. 벗들에 대해서 버릇없이 구는 것이며, 스승에게 버릇없이 구는 것을 비유했다.

大全 永嘉戴氏曰: 發然後禁, 非不禁也, 特禁之不得其要爾. 時過然後學, 非不學也, 特學之不得其道爾. 雜施而不遜, 則固嘗施之矣, 施之不得其統, 猶不施也. 獨學則固嘗自學矣, 而無其友, 猶不學也. 燕遊, 私昵之謂也. 燕朋, 謂昵於朋比, 如孺子其朋之朋. 燕辟, 謂昵於敖辟, 如師也辟之辟. 昵於朋比, 則人自爲學不顧其師, 昵於敖辟, 則自以爲是, 不力於學, 敎之不行, 由此其故也.

번역 영가대씨가 말하길, 발생한 이후에 금지하는 것은 금지하지 않는 것은 아니지만, 금지하는 것이 그 요점을 획득하지 못한 것일 뿐이다. 때를 지나친 이후에 배우는 것은 배우지 않는 것은 아니지만, 배우는 것이 그 도리를 획득하지 못한 것일 뿐이다. 잡되게 가르치고 순서를 따르지 않는다면 진실로 가르침을 베푸는 것이지만, 가르침을 베푸는 것이 그 계통을 얻지 못했으니 가르치지 않는 것과 같다. 혼자 배운다면 진실로 스스로 배우기는 하지만, 도와줄 벗들이 없다면 배우지 않는 것과 같다.

'연유(燕遊)'는 사적으로 친근하게 지내는 자를 뜻한다. '연붕(燕朋)'은 사적인 당파를 이룬 자들과 친근하게 지낸다는 뜻이니, "어린 아들이 사사롭게 무리를 짓는다."[13]고 했을 때의 '붕(朋)'자와 같다. '연벽(燕辟)'은 거만하고 사벽한 자들과 친근하게 지낸다는 뜻이니, "자장(子張)은 치우쳤다."[14]고 했을 때의 '벽(辟)'자와 같다. 사적인 당파를 이룬 자들과 친근하게 지낸다면, 사람들은 자기 혼자 학문을 하며 스승에 대해서 돌아보지 않고, 거만하고 사벽한 자들과 친근하게 지낸다면, 스스로 자신이 옳다고 여겨서 학문에 힘쓰지 않으니, 가르침이 시행되지 않는 것은 바로 이러한 이유에서 비롯된다.

大全 嚴陵方氏曰: 教之興, 止於四, 廢至於六者, 以見所由興者常少, 所由廢者常多也.

번역 엄릉방씨가 말하길, 가르침이 흥성하게 되는 원인은 단지 네 가지에서만 그치는데, 가르침이 폐지되는 원인은 여섯 가지에 이르니, 이것을 통해서 흥성하게 되는 원인은 항상 적지만, 폐지되는 원인은 항상 많다는 뜻을 나타낸 것이다.

鄭注 教不能勝其情欲. 格, 讀如"凍▼(冫+各)"之"▼(冫+各)". 扞格[15], 堅不可入之貌. 時過則思放也. 小者不達, 大者難識, 學者所惑也. 不相觀也. 燕, 猶褻也. 褻其朋友. 褻師之譬喩. 廢, 滅.

---

13) 『서』「주서(周書)·낙고(洛誥)」 : <u>孺子其朋</u>. 孺子其朋, 其往無若火始燄燄.

14) 『논어』「선진(先進)」 : 柴也愚, 參也魯, <u>師也辟</u>, 由也喭.

15) '격(格)'자에 대하여. '격'자는 본래 없던 글자인데, 완원(阮元)의 『교감기(校勘記)』에서는 "『고문(考文)』에서 인용하고 있는 『고본(古本)』과 『족리본(足利本)』에는 '한(扞)'자 뒤에 '격'자가 기록되어 있다. 단옥재(段玉裁)는 교감을 하며, '견(堅)'자 앞에는 마땅히 격(格)자가 있어야 한다.'고 했다. 살펴보니 『경전석문(經典釋文)』에도 '격'자가 기록되어 있고, '정현의 주에 나오는 글자도 그 음이 이와 같다.'고 했으니, 정현의 주에도 '격'자가 있었음을 알 수 있으므로, 마땅히 '한'자 뒤에는 '격'자가 있어야 한다."라고 했다.

[번역] 가르침이 그의 정욕을 이기지 못한다. '격(格)'자는 '동학(凍▼(冫+各))'이라고 할 때의 '학(▼(冫+各))'자이다. '한격(扞格)'은 견고하여 들어가지 못하는 모양을 뜻한다. 해당 나이를 지나치게 된다면 생각이 방만하게 된다. 절차를 무시하고 가르치면, 사소한 것에 대해서도 깨우치기 못하고 중대한 것에 대해서는 이해하기 어려우니, 학생들이 의혹을 품게된다. 벗이 없다면 서로 살펴보며 도와주지 못한다. '연(燕)'자는 "너무 친근해서 버릇없이 군다[褻]."는 뜻이다. 벗들에 대해서 버릇없이 구는 것이다. 학문을 폐지한다는 말은 스승에게 버릇없이 구는 것을 비유한다. '폐(廢)'자는 "없애다[滅]."는 뜻이다.

[釋文] 扞, 胡半反, 注同. 格, 胡客反, 又戶隔反. 扞格, 不入也, 注同. 勝音升, 又升證反. ▼(冫+各), 胡客反, 下同. 此二字並從▼(冫+各), 或水旁作非, 一音戶各反. 過, 姑臥反. 壞音怪, 徐戶拜反. 燕音鷰. 褻, 息列反, 下同. 辟音譬, 注及下"罕辟"同.

[번역] '扞'자는 '胡(호)'자와 '半(반)'자의 반절음이며, 정현의 주에 나오는 글자도 그 음이 이와 같다. '格'자는 '胡(호)'자와 '客(객)'자의 반절음이며, 또한 '戶(호)'자와 '隔(격)'자의 반절음도 된다. '扞格'은 들어가지 못한다는 뜻으로, 정현의 주에 나오는 글자도 그 음이 이와 같다. '勝'자의 음은 '升(승)'이며, 또한 '升(승)'자와 '證(증)'자의 반절음도 된다. '▼(冫+各)'자는 '胡(호)'자와 '客(객)'자의 반절음이고, 아래문장에 나오는 글자도 그 음이 이와 같다. 이곳에 나온 두 글자는 모두 '▼(冫+各)'자인데, 어떤 판본에서는 '水'자를 부수로 기록한 것도 있지만 잘못된 기록이며, 이 글자의 다른 음은 '戶(호)'자와 '各(각)'자의 반절음이다. '過'자는 '姑(고)'자와 '臥(와)'자의 반절음이다. '壞'자의 음은 '怪(괴)'이며, 서음(徐音)은 '戶(호)'자와 '拜(배)'자의 반절음이다. '燕'자의 음은 '鷰(연)'이다. '褻'자는 '息(식)'자와 '列(렬)'자의 반절음이며, 아래문장에 나오는 글자도 그 음이 이와 같다. '辟'자의 음은 '譬(비)'이며, 정현의 주 및 아래문장에 나오는 '罕辟'에서의 '辟'자도 그 음이 이와 같다.

孔疏 ●"發然"至"廢也". ○正義曰: 此一節論學不依理, 敎之廢耳.

번역 ●經文: "發然"~"廢也". ○이곳 경문은 학문이 도리에 따르지 않으면 가르침이 폐지될 따름이라는 사실을 논의하고 있다.

孔疏 ●"發然後禁, 則扞格而不勝"者, 發, 謂情欲旣生也. 扞, 謂拒扞也. 格, 謂堅强. 若情欲旣發而後乃禁, 敎則扞格於敎, 敎之不復入也. 是敎弱而欲强, 爲敎不勝矣.

번역 ●經文: "發然後禁, 則扞格而不勝". ○'발(發)'자는 정욕이 이미 생겨났다는 뜻이다. '한(扞)'자는 저항한다는 뜻이다. '격(格)'자는 굳고 단단하다는 뜻이다. 만약 정욕이 이미 발생한 이후에 금지를 한다면, 가르치더라도 가르침에 대해 저항을 하여, 가르침이 그 속으로 들어갈 수 없게 된다. 이것은 가르침이 약화되고 정욕이 강화되어 가르침이 이길 수 없게 됨을 뜻한다.

孔疏 ●"時過然後學, 則勤苦而難成"者, 時過, 謂學時已過, 則心情放蕩, 雖欲追悔欲學, 精明已散, 徒勤苦四體, 終難成也.

번역 ●經文: "時過然後學, 則勤苦而難成". ○'시과(時過)'는 배워야 할 시기가 이미 지났다는 뜻이니, 이처럼 되면 마음과 정이 방만하게 되어, 비록 뉘우쳐서 배우고자 하더라도 정신과 총기가 이미 산만해져서, 단지 사지만 고달프게 만들고 끝내 이루기가 어렵게 된다는 뜻이다.

孔疏 ●"雜施而不孫, 則壞亂而不脩"者, 雜施, 謂敎雜亂無次越節, 則大才輕其小業, 小才苦其大業, 並是壞亂之法, 不可復脩治也.

번역 ●經文: "雜施而不孫, 則壞亂而不脩". ○'잡시(雜施)'는 가르침이 잡되고 뒤죽박죽이며 순서가 없고 등급을 뛰어넘는다는 뜻이니, 이처럼 되면 재주가 큰 자들은 사소한 학업에 대해 경시하고 재주가 작은 자들은 큰 과업에 곤욕스러워하여, 모두 허물어지고 혼란하게 되는 도리가 되니, 재차 자신을 가다듬어서 학업을 다스릴 수 없다.

孔疏 ●"獨學而無友, 則孤陋而寡聞"者, 獨學, 謂獨自習學而無朋友. 言有所疑, 無可諮問, 則學識孤偏鄙陋, 寡有所聞也.

번역 ●經文: "獨學而無友, 則孤陋而寡聞". ○'독학(獨學)'은 홀로 학습을 하며 도와줄 벗들이 없다는 뜻이다. 즉 의심스러운 것이 있는데도 자문을 구할 수 없다면, 배운 것이 고루하고 편협하게 되며, 들어서 터득하는 것도 적게 된다.

孔疏 ●"燕朋逆其師"者, 以前四條皆反上教之所興, 此"燕朋"·"燕譬", 特加二條, 不與上相對. 燕朋, 謂燕褻朋友, 不相遵敬, 則違逆師之教道也.

번역 ●經文: "燕朋逆其師". ○앞서 말한 네 가지 조목은 모두 앞에서 가르침이 흥성하게 되는 이유로 말한 것과 상반되는데, 이곳에서는 '연붕(燕朋)'과 '연비(燕譬)'라고 기록하여, 특별히 두 가지 조목을 더해서 앞의 기록들과 상반되지 않는다. '연붕(燕朋)'은 벗들에게 너무 친근하게 대해 버릇없이 군다는 뜻이니, 서로 공경하지 않는다면 스승이 가르쳐준 도리를 위배하게 된다.

孔疏 ●"燕譬廢其學"者, 譬, 譬喩也. 謂義理鉤深, 或直言難曉時, 須假設譬喩, 然後可解. 而墮學之徒, 好褻慢笑師之譬喩, 是廢學之道也.

번역 ●經文: "燕譬廢其學". ○'비(譬)'자는 비유를 뜻한다. 즉 의리 중 심원한 것들에 대해서는 간혹 직접적으로 설명하면 깨닫기 어려울 때가 있으니, 이러한 경우에는 비유를 들어서 설명을 한 뒤에라야 이해할 수 있게 된다. 그런데 학문의 도리를 무너트리는 무리들은 스승이 비유를 해준 것에 대해 너무 버릇없이 굴며 조소를 하니, 이것은 학문을 없애는 방법이다.

孔疏 ●"此六者, 敎之所由廢也"者, 結上六事, 是廢學之由. 前興有四, 後廢有六者, 庾云: "不褻朋友及師之譬喩, 自是學者之常理. 若不爲燕朋 · 燕譬, 則亦不足以致興." 言若作此燕朋 · 燕譬, 則學廢替矣.

번역 ●經文: "此六者, 敎之所由廢也". ○앞에 나온 여섯 가지 사안에 대해서 결론을 맺은 것이니, 이것들이 학문을 폐지하는 이유가 된다는 뜻이다. 앞에서는 학문을 흥기시키는 것으로 네 가지 이유가 있다고 했고, 뒤에서는 폐지하는 것으로 여섯 가지 이유가 있다고 했다. 유울은 "벗들과 스승이 든 비유에 대해서 버릇없이 굴지 않는 것은 학생들이 지켜야 하는 일상적인 도리이다. 따라서 벗들에게 버릇없이 굴거나 스승이 든 비유에 대해서 버릇없이 구는 행동을 하지 않는 조목은 또한 학문을 흥기시키기에 부족하다."라고 했다. 즉 이러한 규정으로는 학문을 흥기시키기에는 부족하지만, 만약 벗들에게 버릇없이 굴거나 스승이 든 비유에 대해서 버릇없이 굴게 되면, 학문이 폐지된다는 뜻이다.

孔疏 ◎注"格讀"至"之▼(氵+各)". ○正義曰: 言格是堅强, 譬如地之凍, 則堅强難入, 故云"如凍▼(氵+各)之▼(氵+各)". 但今人謂地堅爲▼(氵+各)也.

번역 ◎鄭注: "格讀"~"之▼(氵+各)". ○'격(格)'자는 굳고 단단하다는 뜻이니, 땅이 얼게 되면 굳어져서 속으로 들어가기가 어렵다는 사실을 비유한 것이다. 그렇기 때문에 "'동학(凍▼(氵+各))'이라고 할 때의 '학(▼(氵+各))'자와 같다."라고 말한 것이다. 다만 오늘날 사람들은 땅이 단단한 것을 '학(▼(氵+各))'이라고 부른다.

訓纂 朱子曰: 燕朋逆其師, 大戴保傅篇作"左右之習反其師." 朋, 此"燕朋", 是私褻之友, 所謂"損者三友"之類, 注說非. 燕辟, 但謂私褻之談, 無益於學, 而反有所害也.

번역 주자가 말하길, '연붕역기사(燕朋逆其師)'라고 했는데, 『대대례기(大戴禮記)』「보부(保傳)」편에서는 "좌우에서 익힌 것이 그 스승을 거스른다."16)라고 했다. 좌우의 벗은 곧 이곳에서 말한 '연붕(燕朋)'을 뜻하니, 사적으로 친근한 벗들을 의미하는 것으로, "손해를 끼치는 세 가지 벗이다."17)라고 했을 때의 부류를 뜻하니, 정현의 주에서 설명한 말은 잘못된 주장이다. '연벽(燕辟)'은 단지 사적으로 친근한 자들과 담화를 나누는 것을 뜻하니, 학문에는 보탬이 없고 도리어 해를 깨치게 된다.

訓纂 辟, 朱子讀匹亦反.

번역 '辟'자를 주자는 '匹(필)'자와 '亦(역)'자의 반절음으로 읽었다.

集解 愚謂: 燕辟, 如所謂"群居終日, 言不及義"也. 上言敎之所由興有四, 此言敎之所由廢有六者, 蓋發然後禁, 四者固爲敎之失其方而學之無其助, 然其天資之高而向學之勤者, 或猶能奮發以有所成就. 若又加以私褻之朋, 私褻之談, 則固無望其能勤於學, 而雖有美質, 亦將漸移於邪僻而不自覺矣, 敎有不廢者哉?

번역 내가 생각하기에, '연벽(燕辟)'이라는 말은 마치 "여럿이 함께 거처하며 하루 종일 있더라도 말이 의리에 미치지 못한다."18)라고 한 것과 같다. 앞에서는 가르침이 흥성하게 되는 이유로 네 가지를 들었고, 이곳에서는 가르침이 폐지되는 이유로 여섯 가지를 들었다. 무릇 발생한 이후에 금지하는 것 등의 네 가지 것들은 진실로 가르침에 있어서 그 방향을 잃은 것이고 배움에 있어서도 보탬이 없는 것이다. 그러나 천성적인 자질

---

16) 『대대례기(大戴禮記)』「보부(保傳)」 : 天子宴瞻其學, <u>左右之習反其師</u>, 答遠方諸侯, 不知文雅之辭, 應群臣左右, 不知已諾之正, 簡聞小誦, 不傳不習, 凡此其屬, 少師之任也.

17) 『논어』「계씨(季氏)」 : 孔子曰, "<u>益者三友, 損者三友</u>. 友直, 友諒, 友多聞, 益矣. 友便辟, 友善柔, 友便佞, 損矣."

18) 『논어』「위령공(衛靈公)」 : 子曰, "<u>群居終日, 言不及義</u>, 好行小慧, 難矣哉!"

이 매우 뛰어나고 학문에 대한 노력이 뛰어난 자라면, 간혹 분발하여 성취하는 자도 있을 수 있다. 하지만 또한 사적으로 친근한 자들 및 사적으로 친근한 자들과 담소를 나누는 폐해가 더해지면, 진실로 학문에 대해 노력할 수 있다는 것을 바랄 수 없게 되니, 비록 천성적으로 뛰어난 자질을 갖추고 있더라도, 또한 사벽한 곳으로 점차 빠지는데도 스스로 깨닫지 못하게 되니, 가르침이 폐지되지 않을 수 있겠는가?

• 제12절 •

훌륭한 스승의 요건

【450c】

> 君子既知教之所由興, 又知教之所由廢, 然後可以爲人師也. 故
> 君子之教喻也, 道而弗牽, 强而弗抑, 開而弗達. 道而弗牽則和,
> 强而弗抑則易, 開而弗達則思. 和·易以思, 可謂善喻矣.

직역 君子가 旣히 敎가 由하여 興한 所를 知하고, 또 敎가 由하여 廢한 所를 知한 然後에야 可히 人師가 爲한다. 故로 君子가 敎喻함에는 道하되 牽을 弗하고, 强하되 抑을 弗하며, 開하되 達을 弗한다. 道하되 牽을 弗하면 和하고, 强하되 抑을 弗하면 易하며, 開하되 達을 弗하면 思한다. 和와 易하여 思함은 可히 善喻라 謂한다.

의역 군자가 가르침이 흥성하게 되는 이유와 폐지되는 이유를 알고 있다면, 그런 뒤에는 남의 스승이 될 수 있다. 그렇기 때문에 군자가 가르침을 베풀 때에는 도로 들어가는 방법은 알려주되 억지로 이끌지는 않고, 뜻과 기상을 굳세게 만들지만 억누르지 않으며, 단서를 열어주지만 모든 절차에 대해서 알려주지 않는다. 도로 들어가는 방법만 알려주고 억지로 이끌지 않는다면, 가르침을 받아들임에 조화롭게 되고, 뜻과 기상을 굳세게 만들어주고 억누르지 않는다면, 가르침을 받아들임에 쉽게 익히게 되며, 단서를 열어주되 모든 것을 알려주지 않는다면, 학생들이 스스로 생각하여 터득하게 된다. 조화롭고 쉽게 학문을 익혀 생각하게 된다면, 좋은 가르침이라고 평가할 수 있다.

集說 示之以入道之所由, 而不牽率其必進; 作興其志氣之所尙, 而不沮抑之使退; 開其從入之端, 而不竟其所通之地. 如此, 則不扞格而和, 不勤苦而易, 不雜施以亂其心, 有相觀以輔其志, 而思則得之矣.

번역 도로 들어가는 경로를 보여주지만 반드시 나아가야 한다고 억지로 끌지 않으며, 그 뜻과 기운이 숭상하는 것을 흥기시켜주지만 억눌러서 물러나도록 하지 않으며, 따라서 들어갈 수 있는 단서를 열어주지만 거쳐야하는 경로까지 모두 말해주지 않는다. 이처럼 한다면 저항을 하지 않고 조화롭게 되며, 고생하거나 곤욕스러워하지 않고 쉽게 따르며, 뒤죽박죽으로 가르침을 베풀어서 마음을 혼란하게 하지 않고, 서로 살펴보아서 그 뜻을 보완하도록 도와주는 자가 있어서, 생각을 한 것들이 알맞게 된다.

大全 慶源輔氏曰: 知所由興則行之, 知所由廢則防之, 然後可以爲人師. 道而弗牽則和, 强而弗抑則易, 所謂優而柔之, 使自求之也. 先儒謂至道懇切, 固是誠意, 若迫切不中理, 則反爲不誠, 則敎者亦豈可不知此理哉? 開, 謂開其端緖, 開其端緖, 則自不能已於致思, 故可以致於自得之地, 於敎喩而如此謂之善.

번역 경원보씨가 말하길, 학문이 흥기되는 이유를 알고 행동하며, 학문이 폐지되는 이유를 알아서 방지를 한 뒤에야 남의 스승이 될 수 있다. 도로 들어가는 방법을 알려주되 억지로 이끌지 않는다면 조화롭게 되고, 뜻과 기상을 굳세게 만들되 억누르지 않는다면 쉽게 익히니, 뜻을 여유롭게 가지도록 대우하고 유연하게 생각하도록 하여 스스로 터득하도록 한다는 뜻이다. 선대 학자들은 도에 이르도록 간절히 노력하는 것이 바로 진실된 뜻이라고 했는데, 만약 급박하고 절실하게 하지만 도리에 맞지 않는다면 도리어 진실되지 않음이 되니, 가르치는 자가 또한 어찌 이러한 이치를 모를 수 있겠는가? '개(開)'자는 단서를 열어준다는 뜻이니, 단서를 열어준다면 스스로 생각을 지극히 하는 것을 그칠 수 없다. 그렇기 때문에 스스로 터득하는 경지에 도달할 수 있으니, 가르침에 있어서 이와 같이 하는 것을 '선(善)'이라고 부른다.

鄭注 道, 示之以道塗也. 抑, 猶雜也. 開, 爲發頭角. 思而得之則深.

번역 '도(道)'자는 가야할 길을 보여준다는 뜻이다. '억(抑)'자는 "뒤섞어서 등급과 절차를 뛰어넘는다[雜]."는 뜻이다. '개(開)'자는 두각을 드러내도록 하는 것이다. 생각을 하여 터득하면 이해가 깊게 된다.

釋文 道音導, 注"道示"及下同. 强, 沈其良反, 徐其兩反, 下同. 爲, 于僞反, 下"爲學者"同.

번역 '道'자의 음은 '導(도)'이며, 정현의 주에 나오는 '道示'에서의 '道'자도 아래문장에 나오는 이 글자는 그 음이 이와 같다. '强'자의 심음(沈音)은 '其(기)'자와 '良(량)'자의 반절음이고, 서음(徐音)은 '其(기)'자와 '兩(량)'자의 반절음이며, 아래문장에 나오는 글자도 그 음이 이와 같다. '爲'자는 '于(우)'자와 '僞(위)'자의 반절음이고, 아래문장에 나오는 '爲學者'에서의 '爲'자도 그 음이 이와 같다.

孔疏 ●"君子"至"喩矣". ○正義曰: 此一節明君子教人方便善誘之事.

번역 ●經文: "君子"~"喩矣". ○이곳 문단은 군자가 사람들을 가르치는 방편과 좋은 지도법에 대한 사안을 논의하고 있다.

孔疏 ●"故君子之教喩也, 道而弗牽"者, 喩, 猶曉也; 道, 猶示也; 牽, 謂牽逼. 師教既識學之廢興, 故教喩有節, 使人曉解之法, 但廣開道, 示語學理而已. 若人苟不曉知, 亦不逼急, 牽令速曉也.

번역 ●經文: "故君子之教喩也, 道而弗牽". ○'유(喩)'자는 "깨우쳐 주다[曉]."는 뜻이다. '도(道)'자는 "보여주다[示]."는 뜻이다. '견(牽)'자는 억지로 끌며 핍박한다는 뜻이다. 스승의 가르침에 따라 학문이 폐기되느냐 흥성하게 되느냐를 알고 있기 때문에, 가르침에는 절차가 있어서 사람들로 하여금 깨우치도록 만드는 법도에서는 단지 그 길을 널리 열어주고 말을 통해 보여주어 이치를 공부하도록 할 따름이다. 만약 사람들이 진실로 깨우치지 못하더라도 또한 핍박하거나 재촉하여 억지로 이끌어서 신속히 깨우치도록 해서는 안 된다.

孔疏 ●“强而弗抑”者, 抑, 推也. 謂師微勸學者, 使神識堅强, 師當隨才而與之, 使學者不甚推抑其義而敎之.

번역 ●經文: “强而弗抑”. ○‘억(抑)’자는 “밀다[推].”는 뜻이다. 즉 스승은 은미한 방법으로 학생들에게 학문을 권유해서, 학생들의 정신과 지식을 견고하고 만들어야 하며, 스승은 마땅히 학생들의 재주에 따라서 이러한 것들을 부여해야 하며, 학생들에게 그 뜻을 매우 강조하여 강압적으로 가르쳐서는 안 된다는 뜻이다.

孔疏 ●“開而弗達”者, 開, 謂開發事端, 但爲學者開發大義頭角而已, 亦不事事使之通達也.

번역 ●經文: “開而弗達”. ○‘개(開)’자는 사안의 단서를 열어준다는 뜻이니, 단지 학생들을 위해서 큰 도의의 두각을 나타내고 열어줄 따름이니, 또한 모든 일들에 대해서 일일이 가르쳐주어서는 안 된다는 뜻이다.

孔疏 ●“道而弗牽則和”者, 此下三句, 釋上三事之所由也. 若心苟不曉而牽偪之, 則彼心必生忿恚, 師與弟子不復和親. 今若但示正道, 寬柔敎之, 則彼心和而意乃覺悟也.

번역 ●經文: “道而弗牽則和”. ○이곳 구문부터 그 이하의 세 구문은 앞의 세 가지 사안이 비롯된 이유를 풀이한 말이다. 만약 마음으로 깨닫지 못했는데도 억지로 강요하며 핍박한다면, 상대방의 마음에는 반드시 분노가 생기게 되어, 스승과 제가가 재차 화목하고 친해질 수 없다. 현재 만약 올바른 도를 보여주고 관대하고 부드럽게 가르친다면, 상대방의 마음은 조화롭게 되고 그의 생각에도 깨우침이 일어난다.

孔疏 ●"强而弗抑則易"者, 賀氏以爲: 師但勸强其神識, 而不抑之令曉, 則受者和易, 和易亦易成也.

번역 ●經文: "强而弗抑則易". ○하창1)은 다음과 같이 여겼다. 스승은 단지 학생들의 정신과 지식이 굳건해지도록 돕기만 해야 하고, 그들로 하여금 깨우치도록 억누르지 않으니, 이처럼 하면 가르침을 받아들이는 자도 온화하고 평온하게 되며, 온화하고 평온하게 되면 또한 쉽게 이루게 된다.

孔疏 ●"開而弗達則思"者, 但開發義理, 而不爲通達, 使學者用意思念, 思得必深, 故云"則思"也.

번역 ●經文: "開而弗達則思". ○단지 의리를 열어주고 보여주기만 하고 모든 것을 알려주지 않으니, 학생들로 하여금 생각을 하도록 한 것으로, 생각을 하여 터득하면 반드시 이해가 깊어지게 된다. 그렇기 때문에 "곧 생각한다."라고 말한 것이다.

孔疏 ●"和易以思, 可謂善喩矣"者, 結上三事之功, 若師能敎弟子如此三事, 則可謂"善敎喩矣".

번역 ●經文: "和易以思, 可謂善喩矣". ○앞의 세 가지 사안을 통한 공덕을 결론 맺은 것이니, 만약 스승이 제자들에 대해서 이러한 세 가지 사안에 따라서 가르칠 수 있다면, "가르치는 일을 잘한다."라고 평가할 수 있다.

訓纂 方性夫曰: 道之使有所尙, 而弗牽之使從, 則人有樂學之心. 强之使

---

1) 하창(賀瑒, A.D.452~A.D.510) : 남조(南朝) 때의 학자이다. 남조의 제(齊)나라와 양(梁)나라에서 각각 활동하였다. 자(字)는 덕연(德璉)이다.『예기신의소(禮記新義疏)』등을 찬술하였다.

有所勉, 而弗抑之使退, 則人無難能之病. 開之使有所入, 而弗達之使知, 則人
有自得之益.

번역 방성부가 말하길, 인도를 하여 학생들로 하여금 숭상하는 것이
있도록 하되, 억지로 이끌어서 따르도록 하지 않는다면, 사람들은 학문을
좋아하는 마음을 갖게 된다. 뜻을 굳세게 만들어서 학생들로 하여금 노력
을 하도록 하되, 억눌러서 물러나도록 하지 않는다면, 사람들은 주저하며
일을 잘 실천하지 못하는 병폐가 없게 된다. 길을 열어주어 학생들로 하
여금 들어갈 수 있는 방도를 갖게 하되, 모두 말해주어 모든 것을 미리
알게끔 하지 않는다면, 사람들은 스스로 터득하는 이로움이 있게 된다.

訓纂 趙氏良澍曰: 開其端而不竟其說, 使學者或苦爲難而敎之, 誘於前者
有緒; 或視爲易而理之, 蘊於中者無窮. 是以思而不能也.

번역 조량주2)가 말하길, 단서를 열어주되 모든 것을 말해주지 않는
것은 학생들이 어렵다고 느껴 곤욕스러워 하면 그들을 가르쳐서 이전 것
에 단서가 있다고 알려주고, 또는 쉬운 일이라고 여겨서 경시하면 그들을
다스려서 그 안에 내포된 무궁한 도리를 익혀야 한다고 알려주는 것이다.
이러한 까닭으로 생각하지 않으면 해낼 수 없다.

集解 愚謂: 敎唯其豫也, 故道之而無牽引之煩而和矣. 和者, 扞格之反也.
敎唯其時也, 故强之而無屈抑之患而易矣. 易者, 勤苦之反也. 敎唯其孫也,
故迎其機以道之, 開其端, 不遽達其意, 而人將思而得之矣. 思者, 壞亂之反
也. 蓋君子唯知學之所由廢興, 故其敎喩之善如此. 若相觀而善, 則存乎朋友
之益焉.

번역 내가 생각하기에, 가르침은 오직 예(豫)에 따른다. 그렇기 때문에

---

2) 조량주(趙良澍, ?~?) : 청(淸)나라 때의 학자이다. 저서로는 『독예기(讀禮記)』
가 있다.

인도를 하지만 억지로 이끄는 번잡함이 없어서 조화롭게 된다. '화(和)'라는 것은 저항한다는 말의 반대 뜻이다. 가르침은 오직 시(時)에 따른다. 그렇기 때문에 굳건하게 하되 억누르는 잘못이 없어서 쉽게 이루게 된다. '이(易)'자는 애써 노력하지만 고달프게 된다는 말의 반대 뜻이다. 가르침은 오직 손(孫)에 따른다. 그렇기 때문에 그 기미에 따라 말을 해주고 단서를 열어주되, 갑작스럽게 그 의미까지 말해주지 않아서, 사람들은 생각을 하여 터득하게 된다. '사(思)'는 무너지고 혼란스럽다는 말의 반대 뜻이다. 무릇 군자는 오직 학문이 폐기되거나 흥성하게 되는 이유를 알아야만 한다. 그렇기 때문에 그 가르침이 이처럼 좋게 되는 것이다. 만약 서로 살펴보며 선하게 만들어준다면 벗을 통한 이로움도 보존하게 된다.

【450d】

> 學者有四失, 教者必知之. 人之學也, 或失則多, 或失則寡, 或失則易, 或失則止. 此四者, 心之莫同也. 知其心, 然後能救其失也. 教也者, 長善而救其失者也.

직역 學者에게는 四失이 有하니, 教者는 必히 知라. 人이 學함에, 或은 失하면 多하고, 或은 失하면 寡하며, 或은 失하면 易하고, 或은 失하면 止한다. 此四者는 心의 同이 莫이라. 그 心을 知한 然後에야 能히 그 失을 救한다. 教하는 者는 善을 長하고 그 失을 救하는 者이다.

의역 배우는 자에게는 네 가지 잘못이 발생할 수 있으니, 가르치는 자는 반드시 이러한 사안을 알아야만 한다. 사람이 학문을 함에, 어떤 자는 깊이가 없이 많은 것만 보고 듣는데 힘쓰는 잘못을 범하고, 또 어떤 자는 범위를 적게 잡아 적은 것만을 보고 듣는 잘못을 범한다. 어떤 자는 너무 쉽게 여겨서 대충하는 잘못을 범하고, 또 어떤 자는 스스로 한계를 정해서 더 이상 정진하지 못하는 잘못을 범한다. 이러한 네 가지 잘못이 발생하는 것은 각각의 마음이 다르기 때문이다. 따라서 그 마음을 알아본 뒤에야 그들이 범할 잘못을 구원할 수 있다. 가르치는 자는 상대의 좋은 점을 배양해주고, 상대의 잘못을 구원해주는 자이다.

集說 方氏曰: 或失則多者, 知之所以過. 或失則寡者, 愚之所以不及. 或失則易, 賢者之所以過. 或失則止, 不肖者之所以不及. 多聞見而適乎邪道, 多之失也. 寡聞見而無約無博, 寡之失也. 子路好勇過我無所取材, 易之失也. 冉求之今女畫, 止之失也. 約我以禮, 所以救其失之多; 博我以文, 所以救其失之寡; 兼人則退之, 所以救其失之易; 退則進之, 所以救其失之止也.

번역 방씨가 말하길, '혹실즉다(或失則多)'는 지혜로운 자가 지나치게 되는 이유이다. '혹실즉과(或失則寡)'는 우매한 자가 미치지 못하게 되는 이유이다. '혹실즉이(或失則易)'는 현명한 자가 지나치게 되는 이유이다. '혹실즉지(或失則止)'는 어리석은 자가 미치지 못하게 되는 이유이다. 많이 보고 들었지만 사벽한 도리에 빠지는 것은 지식만 많은 자의 잘못이다. 적게 보고 들어서 요약됨이 없고 널리 아는 것이 없는 것은 지식이 적은 자의 잘못이다. 자로(子路)가 용맹을 좋아함은 나보다 낫지만 재목으로 취할 것이 없다[3]고 한 말이 바로 쉽게 여기는 자의 잘못이다. 염구(冉求)가 현재 스스로 한계를 지은 것[4]은 멈추는 자의 잘못이다. 자신을 예(禮)에 따라서 요약하도록 하는 것이 지식만 많은 자의 잘못을 구원하는 방법이고, 자신을 글을 통해 널리 익히도록 하는 것이 지식이 적은 자의 잘못을 구원하는 방법이다.[5] 또 남보다 낫다면 물러나게 하니, 이것이 쉽게 여기는 자의 잘못을 구원하는 방법이다. 스스로 물러난다면 나아가게 하니, 이것이 스스로 멈추는 자의 잘못을 구원하는 방법이다.[6]

---

3) 『논어』「공야장(公冶長)」: 子曰, "道不行, 乘桴浮于海. 從我者其由與?" 子路聞之喜. 子曰, "由也好勇過我, 無所取材."

4) 『논어』「옹야(雍也)」: 冉求曰, "非不說子之道, 力不足也." 子曰, "力不足者, 中道而廢. 今女畫."

5) 『논어』「옹야(雍也)」: 子曰, "君子博學於文, 約之以禮, 亦可以弗畔矣夫!"

6) 『논어』「선진(先進)」: 子路問, "聞斯行諸?" 子曰, "有父兄在, 如之何其聞斯行之?" 冉有問, "聞斯行諸?" 子曰, "聞斯行之." 公西華曰, "由也問聞斯行諸, 子曰, '有父兄在', 求也問聞斯行諸, 子曰, '聞斯行之'. 赤也惑, 敢問." 子曰, "求也

大全 長樂陳氏曰: 失之多者, 孔子謂之狂, 而失之寡者, 孔子謂之簡. 古之教者, 觀性以知心, 因心以救失. 多者, 約之以禮, 寡者, 博之以文, 易者, 抑之以自反, 止者, 勉之以自強, 此長善救失之道也.

번역 장락진씨가 말하길, 깊이가 없이 널리 아는 데에만 치중한 잘못에 대해 공자는 '광(狂)'이라고 말했고, 한정된 지식을 익히는 것에만 그치는 잘못에 대해 공자는 '간(簡)'이라고 말했다.[7] 고대의 가르치던 자들은 품성을 살펴보고 그의 마음을 헤아렸으며, 그의 마음에 따라서 그의 잘못을 구원했다. 많이 하는 데에만 치중하는 자에게는 예(禮)로써 요약을 했고, 학식이 좁은 자에게는 글을 통해 널리 알도록 했으며, 모든 일을 쉽게만 여기는 자에게는 스스로 반성하도록 억눌렀고, 스스로 한계를 짓는 자에게는 스스로 굳세게 되도록 독려하였으니, 이것이 선한 점을 길러주고 잘못을 구원하는 도이다.

大全 東萊呂氏曰: 多才有餘者, 寡才不足者, 易俊快者, 止鈍滯者. 四者, 心之莫同, 病各自別, 知其心, 然後能救其失, 譬如醫者要識他病處, 方始隨證用藥.

번역 동래여씨[8]가 말하길, '다(多)'는 재능이 넘치는 자를 뜻하며, '과(寡)'는 재능이 부족한 자를 뜻하고, '이(易)'는 뛰어나고 신속한 자를 뜻하며, '지(止)'는 노둔하고 더딘 자를 뜻한다. 이 네 가지 부류에 해당하는 자들은 마음이 동일하지 않으므로 병폐도 제각각 나타나게 되니, 그 마음을 알아본 뒤에야 그의 잘못을 구제할 수 있다. 비유하자면 의원은 그의 병환이 걸린 곳을 알아야만 비로소 그 병세에 따라 약을 쓸 수 있는 있

退, 故進之, 由也兼人, 故退之."

7) 『논어』「공야장(公冶長)」: 子在陳, 曰, "歸與! 歸與! 吾黨之小子狂簡, 斐然成章, 不知所以裁之."

8) 여조겸(呂祖謙, A.D.1137~A.D.1181): =동래여씨(東萊呂氏)·여동래(呂東萊). 남송(南宋) 때의 학자이다. 자(字)는 백공(伯恭)이고, 호(號)는 동래(東萊)이다. 주자(朱子)와 함께 『근사록(近思錄)』을 편찬하였다.

다.

鄭注 失於多, 謂才少者. 失於寡, 謂才多者. 失於易, 謂好問不識者, 失於止, 謂好思不問者. 救其失者, 多與易則抑之, 寡與止則進之.

번역 많이만 아는 데에 치중하는 잘못을 범한다는 말은 재주가 적은 자들에게 해당한다. 좁게 아는 데에 그치는 잘못을 범한다는 말은 재주가 많은 자들에게 해당한다. 쉽게만 여기는 데에 잘못을 범한다는 말은 질문하기만 좋아하고 그 뜻을 알려고 하지 않는 자들에게 해당한다. 스스로 그치는 데에 잘못을 범한다는 말은 생각하기만 좋아하고 질문을 하지 않는 자들에게 해당한다. 그 잘못을 구원하는 경우, 많이 알려고만 하고 쉽게만 생각하는 자라면 억눌러야 하고, 좁게 알고 스스로 그치는 자라면 진척시켜야 한다.

釋文 好, 呼報反, 下"好思"·"好述"同.

번역 '好'자는 '呼(호)'자와 '報(보)'자의 반절음으로, 아래문장에 나오는 '好思'와 '好述'에서의 '好'자도 그 음이 이와 같다.

孔疏 ●"學者"至"者也". ○正義曰: 此一節明敎者識學者之心, 而救其失也. 故云"學者有四失, 敎者必先知之".

번역 ●經文: "學者"~"者也". ○이곳 문단은 가르치는 자가 학생들의 마음을 파악해야 하고, 그 잘못을 구원해야 함을 나타내고 있다. 그렇기 때문에 "학생에게는 네 가지 잘못이 발생하니, 가르치는 자는 먼저 그것들을 알아야만 한다."라고 말한 것이다.

孔疏 ●"人之學也, 或失則多"者, 一失也. 假若有人才識淺小, 而所學貪多, 則終無所成, 是失於多也.

번역 ●經文: "人之學也, 或失則多". ○첫 번째 잘못을 뜻한다. 가령 어떤 자가 재능과 지식이 얕고 적은데도, 많은 것을 배우는데 탐욕을 부린다면 끝내 이루는 것이 없게 되니, 이것이 많이만 알려고 하는데 빠지는 잘못이다.

孔疏 ●"或失則寡"者, 二失也. 或有人才識深大, 而所學務少, 徒有器調, 而終成狹局, 是失於寡少也.

번역 ●經文: "或失則寡". ○두 번째 잘못을 뜻한다. 어떤 자는 재능과 지식이 깊고 큰데도, 배우는 데에 노력을 적게 하여 단지 국한된 것만 갖추게 되면 끝내 협소하고 제한된 것만 이루게 되니, 이것은 조금 아는 것에 만족하는데 빠지는 잘못이다.

孔疏 ●"或失則易"者, 三失也. 至道深遠, 非凡淺所能, 而人不知思求, 唯好汎濫外問, 是失在輕易於妙道, 故云"或失則易", 此是"學而不思則罔".

번역 ●經文: "或失則易". ○세 번째 잘못을 뜻한다. 지극한 도리는 매우 깊고 원대하여 평범하고 식견이 옅은 자가 알 수 있는 것이 아닌데, 사람들은 생각해서 터득해야 함은 모르고 오직 터무니없이 큰 질문만 하기 좋아하니, 이것은 오묘한 도리에 대해 너무 쉽게만 생각하는 잘못을 범한 것이다. 그렇기 때문에 "어떤 자는 쉽게만 여기는 잘못에 빠진다."라고 한 것이니, "배우기만 하고 생각하지 않는다면 얻는 것이 없다."[9]는 경우에 해당한다.

孔疏 ●"或失則止"者, 四失也. 人心未曉知, 而不肯諮問, 惟但止住而自思之, 終不能達其實理, 此失在於自止也. 此是"思而不學則殆".

번역 ●經文: "或失則止". ○네 번째 잘못을 뜻한다. 사람이 마음속으

---

9) 『논어』「위정(爲政)」: 子曰, "<u>學而不思則罔</u>, 思而不學則殆."

로 아직 깨닫지 못했는데도, 자문하기를 꺼려하며 단지 정진하는 것을 멈추고 스스로 생각만 하여 끝내 그 실제의 이치를 깨닫지 못하니, 이것은 스스로 멈추는 데에서 잘못을 범한 것이다. 이것은 "생각만 하고 배우지 않는다면 위태롭다."[10]는 경우에 해당한다.

孔疏 ●"此四者, 心之莫同也"者, 結前四失, 是由人心之異故也.

번역 ●經文: "此四者, 心之莫同也". ○앞에 나온 네 가지 잘못에 대해 결론을 맺은 것이니, 이러한 차이는 사람들의 마음이 다르기 때문에 발생했다는 뜻이다.

孔疏 ●"知其心, 然後能救其失也"者, 結救失四事. 師旣前識其四心之不同, 故後乃能隨失而救之也. "敎也者, 長善而救其失者也"者, 使學者"和易以思", 是長善, 使學者無此四者之失, 是救失, 唯善敎者能知之.

번역 ●經文: "知其心, 然後能救其失也". ○네 가지 잘못을 범한 사안에 대해 구원하는 일을 결론 맺은 말이다. 스승이 이미 이러한 네 가지 마음이 다르다는 사실을 알고 있었기 때문에, 그 뒤에는 곧 그들이 범한 잘못에 따라서 구원할 수 있다. 경문의 "敎也者, 長善而救其失者也"에 대하여. 학생들로 하여금 "온화하고 평이하게 생각을 한다."라는 말처럼 할 수 있는 것이 바로 선한 점을 길러주는 것이며, 학생들로 하여금 이러한 네 가지 잘못을 범하지 않게끔 하는 것이 잘못을 구원하는 일이니, 오직 잘 가르치는 자만이 이러한 것들을 알 수 있다.

集解 張子曰: 爲人則多, 好高則寡, 不察則易, 畏難則止.

번역 장자가 말하길, 남을 위한 학문을 한다면 깊이가 없이 지식만 많아지고, 높은 것만 좋아하면 식견이 좁아지며, 정밀하게 살피지 않으면

---

10) 『논어』「위정(爲政)」: 子曰, "學而不思則罔, <u>思而不學則殆</u>."

쉽게만 여기고, 어려운 것을 두려워하면 스스로 그친다.

集解 愚謂: 失則多, 謂多學而識而未能貫通, 若子貢. 失則寡, 謂志意高遠而略於事爲, 若曾晳. 失則易, 謂無所取裁, 若子路. 失則止, 謂畏難自畫, 若冉有. 多者欲其至於會通, 寡者欲其進於篤實, 易者欲其精於所知, 止者欲其勉於所行.

번역 내가 생각하기에, '실즉다(失則多)'라는 말은 많이 배우고 익히지만 그 의미를 꿰뚫지 못한다는 뜻이니, 자공(子貢)과 같은 자를 가리킨다. '실즉과(失則寡)'라는 말은 뜻과 의지는 고매하고 원대하지만 실제의 일들과 행위에 대해서는 아는 것이 소략하다는 뜻이니, 증석(曾晳)과 같은 자를 가리킨다. '실즉이(失則易)'라는 말은 취하여 재단할 것이 없다는 뜻으로, 자로(子路)와 같은 자를 가리킨다. '실즉지(失則止)'라는 말은 어려운 일을 두려워하여 스스로 한계를 짓는 자를 뜻하니, 염유(冉有)와 같은 자를 가리킨다. 많이만 아는 자에게는 뜻에 두루 달통할 수 있도록 해야 하고, 아는 것이 소략한 자에게는 독실하게 학문을 실천하도록 만들어야 하며, 쉽게만 여기는 자에게는 아는 것을 정밀히 연구하게끔 해야 하고, 스스로 멈추는 자에게는 시행하는 것들에 힘쓰도록 해야 한다.

【451b】

善歌者, 使人繼其聲; 善敎者, 使人繼其志. 其言也約而達, 微而臧, 罕譬而喩, 可謂繼志矣.

직역 善히 歌하는 者는 人이 그 聲을 繼하도록 使하며; 善히 敎하는 者는 人이 그 志를 繼하도록 使한다. 그 言함에는 約이나 達하고, 微이나 臧하며, 譬를 罕이나 喩하니, 可히 志를 繼한다고 謂한다.

의역 노래를 잘 부르는 자는 사람들이 그의 소리를 배워서 계승하고자 한다.

잘 가르치는 자는 사람들이 그의 뜻을 배워서 계승하고자 한다. 잘 가르치는 자의 말은 간략하면서도 의미가 분명하게 통하고, 엄하게 하지 않지만 선한 도리를 말해주어 뜻이 분명해지고, 비유를 적게 들면서도 잘 깨우쳐주니, 이처럼 하게 되면, 그 뜻을 계승할 수 있다고 평가할 수 있다.

集說 約而達, 辭簡而意明也. 微而臧, 言不峻而善則明也. 罕譬而喩, 比方之辭少而感動之意深也. 繼志, 謂能使學者之志與師無間也.

번역 '약이달(約而達)'은 말이 간략하지만 의미가 분명하다는 뜻이다. '미이장(微而臧)'은 말을 엄하게 하지 않지만 좋아서 뜻이 분명해진다는 뜻이다. '한비이유(罕譬而喩)'는 비유를 드는 말이 적지만 감동시키는 뜻이 깊다는 의미이다. '계지(繼志)'는 학생들의 뜻을 스승과 차이가 없게끔 할 수 있다는 뜻이다.

大全 朱子曰: 繼聲, 繼志者, 皆謂微發其端而不究其說, 使人有所玩索而自得之也. 約而達, 微而臧, 罕譬而喩, 三者皆不務多言而使人自得之意.

번역 주자가 말하길, 그 소리를 계승하고 그 뜻을 계승하는 경우는 모두 그 단서만 은미하게 드러내고 모두 설명해주지 않아서, 사람들이 깊이 사색하여 스스로 터득하게 만드는 것을 뜻한다. 간략하지만 의미가 통하고, 은미하게 말하지만 깊이 간직하게 하며, 비유를 적게 들면서도 깨우쳐준다고 했는데, 이 세 가지 것들은 모두 말을 많이 하는데 힘쓰지 않고 사람들로 하여금 스스로 터득하게 한다는 뜻이다.

大全 永嘉戴氏曰: 善歌, 藝也, 猶使人繼其聲, 善敎者, 可不使人繼其志乎? 然繼志之學, 不在言語之間, 曰約曰微曰罕譬, 其爲辭甚簡, 曰達曰臧曰喩, 其見理甚明. 敎者之辭簡, 學者之理明, 若此可謂能繼志矣.

번역 영가대씨가 말하길, 노래를 잘하는 것은 기예에 해당하는데도,

오히려 사람들이 그 소리를 배워서 계승하려고 하는데, 가르치길 잘하는 자에 대해서, 사람들로 하여금 그 뜻을 배워서 계승하도록 하지 않을 수 있겠는가? 그러나 뜻을 계승하는 배움은 말에만 달려 있지 않으니, 간략하고, 은미하며, 비유를 적게 한다고 한 것은 그 말이 매우 간략하다는 뜻이며, 통달하고, 간직하며, 깨우친다는 것은 이치를 드러냄이 매우 분명하다는 뜻이다. 가르치는 자의 말은 간략하고, 배우는 자가 깨닫는 이치가 분명하니, 이처럼 한다면 그 뜻을 계승할 수 있다고 평가할 수 있다.

大全 臨川吳氏曰: 善於歌者, 倡起其聲而不終曲, 使人和而歎之以繼續其聲, 然後歌者之聲終. 善於敎者, 開示其志而不盡言, 使人思而繹之以繼續其志, 然後敎者之志盡, 故敎者之言, 雖至約不繁而能使人通之, 雖至微不顯而能使人善之, 雖少所取譬而能使人曉之. 達之爲通, 如樊遲未達之達, 臧之爲善, 如王曰善哉言乎之善, 喩之爲曉, 如夷子憮然曰命之矣, 是也. 三者皆不盡言, 而使學者自思繹而得之者, 約微罕譬, 敎者之不盡言也, 達臧喩, 學者之能自得也. 如此可謂能使人繼其志者矣.

번역 임천오씨가 말하길, 노래를 잘 부르는 자는 먼저 그 소리를 이끌어 내되 악곡을 끝내지 않아서, 다른 사람으로 하여금 화답하여 노래를 부르게 해서 그 소리를 연속되게 하며, 그런 뒤에 노래를 부르는 자가 소리를 끝낸다. 가르치길 잘하는 자는 그 뜻을 열어주되 모든 것을 말해주지 않아서, 사람들로 하여금 생각하고 탐구하여 그 뜻을 잇도록 하니, 그런 뒤에야 가르치는 자의 뜻도 다 표현할 수 있다. 그렇기 때문에 가르치는 자의 말은 비록 지극히 간략하여 번잡하지 않지만 사람들로 하여금 그 뜻을 이해할 수 있도록 만들고, 비록 지극히 은미하여 잘 드러나지 않지만 사람들로 하여금 그것을 좋게 여기게끔 만들며, 비록 비유로 드는 것이 적지만 사람들로 하여금 깨우치도록 만든다. '달(達)'자는 "달통하다[通]."는 뜻이니, "번지(樊遲)가 아직 깨우치지 못했다."11)고 했을 때의

11) 『논어』「안연(顏淵)」: 樊遲問仁. 子曰, "愛人." 問知. 子曰, "知人." 樊遲未達.

'달(達)'자와 같다. '장(臧)'자는 "좋다[善]."는 뜻이니, 제선왕(齊宣王)이 "좋은 말씀입니다."12)라고 했을 때의 '선(善)'자와 같다. '유(喩)'자는 "깨닫다[曉]."는 뜻이니, 이자(夷子)가 가만히 있다가 "나를 깨우쳐 주셨다."13)라고 한 뜻에 해당한다. 이러한 세 가지 것들은 모두 다 알려주지 않고, 배우는 자로 하여금 스스로 생각하고 연구하여 터득하도록 한 것이니, 간략하고 은미하며 비유를 적게 드는 것은 가르치는 자가 다 설명해 주지 않는다는 뜻이며, 달통하고 좋게 여기며 깨닫는 것은 배우는 자가 스스로 터득할 수 있음을 뜻한다. 이처럼 하면 남으로 하여금 그 뜻을 계승하여 잇도록 할 수 있다고 평가할 수 있다.

鄭注 言爲之善者, 則後人樂放倣. 師說之明, 則弟子好述之, 其言少而解. 臧, 善也.

번역 그것을 시행함에 잘하는 자라면, 후대 사람들이 본받기를 좋아한다는 뜻이다. 스승의 설명이 명확하다면, 제자들이 조술하기를 좋아하며, 그 말이 적더라도 이해를 한다. '장(臧)'자는 "좋다[善]."는 뜻이다.

釋文 長, 丁丈反, 下文及注同. 敎如字, 一本作學, 胡孝反. 放, 方往反. 倣, 胡敎反. 臧, 子卽反. 解, 胡買反, 下文注同.

번역 '長'자는 '丁(정)'자와 '丈(장)'자의 반절음이며, 아래문장 및 정현의 주에 나오는 글자도 그 음이 이와 같다. '敎'자는 글자대로 읽으며, 다른 판본에서는 '學'자로도 기록하는데, 그 음은 '胡(호)'자와 '孝(효)'자의 반절음이다. '放'자는 '方(방)'자와 '往(왕)'자의 반절음이다. '倣'자는 '胡

子曰, "擧直錯諸枉, 能使枉者直." 樊遲退, 見子夏曰, "鄕也吾見於夫子而問知, 子曰, '擧直錯諸枉, 能使枉者直', 何謂也?" 子夏曰, "富哉言乎! 舜有天下, 選於衆, 擧皐陶, 不仁者遠矣. 湯有天下, 選於衆, 擧伊尹, 不仁者遠矣."
12) 『맹자』「양혜왕하(梁惠王下)」 : 王曰, "善哉言乎!" 曰, "王如善之, 則何爲不行?" 王曰, "寡人有疾, 寡人好貨."
13) 『맹자』「등문공상(滕文公上)」 : 徐子以告夷子. 夷子憮然爲閒曰, "命之矣."

(호)'자와 '敎(교)'자의 반절음이다. '臧'자는 '子(자)'자와 '卽(즉)'자의 반절음이다. '解'자는 '胡(호)'자와 '買(매)'자의 반절음이며, 아래문장과 정현의 주에 나오는 글자도 그 음이 이와 같다.

孔疏 ●"善歌"至"志矣". ○正義曰: 此一節論敎者若善, 則能使學者繼其志於其師也. 言學者繼師之志, 記者以善歌而比喩之, 故云"善歌者使人繼其聲". 善歌, 謂音聲和美, 感動於人心, 令使聽者繼續其聲也.

번역 ●經文: "善歌"~"志矣". ○이곳 문단은 가르치는 자가 만약 잘 가르친다면, 배우는 자로 하여금 그 스승에 대해서 뜻을 계승하도록 할 수 있음을 논의하고 있다. 즉 학생들이 스승의 뜻을 계승한다는 의미인데, 『예기』를 기록한 자는 노래를 잘 부르는 자를 통해서 비유를 한 것이다. 그렇기 때문에 "노래를 잘 부르는 자는 사람들로 하여금 그 소리를 계승하도록 한다."라고 말한 것이다. 노래를 잘 부른다는 말은 소리가 조화롭고 아름다워서 사람의 마음을 감동시키고, 그 소리를 듣는 자로 하여금 그의 소리를 계승하게끔 한다는 뜻이다.

孔疏 ●"善敎者使人繼其志"者, 設譬旣畢, 故述其事, 而言善敎者必能使後人繼其志, 如善歌之人能以樂繼其聲, 如今人傳繼周·孔是也.

번역 ●經文: "善敎者使人繼其志". ○비유를 든 것이 끝났기 때문에 해당 사안을 기술한 것이고, 잘 가르치는 자는 분명히 후대 사람들로 하여금 그 뜻을 계승하도록 하니, 이것은 마치 노래를 잘 부르는 자가 사람들로 하여금 그 소리를 즐거워하며 계승하도록 할 수 있는 것과 같다는 뜻이다. 오늘날 사람들이 주공(周公)과 공자(孔子)를 계승하고 있는 경우와 같다.

孔疏 ●"其言也約而達"者, 此釋所以可繼之事. 言善爲敎者, 出言寡約, 而義理顯達易解之.

번역 ●經文: "其言也約而達". ○이 내용은 계승할 수 있게끔 하는 사안들을 풀이한 것이다. 즉 잘 가르치는 자는 말을 하는 것이 적고 간략하지만 의리가 분명히 드러나고 소통되어 쉽게 이해시킬 수 있다는 뜻이다.

孔疏 ●"微而臧"者, 微, 謂幽微. 臧, 善也. 謂義理微妙, 而說之精善也.

번역 ●經文: "微而臧". ○'미(微)'자는 그윽하고 은미하다는 뜻이다. '장(臧)'자는 "좋다[善]."는 뜻이다. 즉 의리는 은미하고 미묘하지만, 그것을 설명하는 말이 정밀하고 좋다는 의미이다.

孔疏 ●"罕譬而喩"者, 罕, 少也. 喩, 曉也. 其譬罕少而聽者皆曉.

번역 ●經文: "罕譬而喩". ○'한(罕)'자는 "적다[少]."는 뜻이다. '유(喩)'자는 "깨우치다[曉]."는 뜻이다. 비유를 든 것이 적지만 듣는 자들이 모두 깨우친다는 뜻이다.

孔疏 ●"可謂繼志矣"者, 能爲敎如上, 則可使後人繼其志意. 不繼聲而繼志者, 本爲志設, 故不繼聲也.

번역 ●經文: "可謂繼志矣". ○위에서 언급한 것처럼 가르칠 수 있다면, 후세 사람들로 하여금 그의 뜻과 의지를 계승하도록 할 수 있다. 소리를 계승하지 않고 뜻을 계승한다고 말한 이유는 본래 뜻을 계승한다는 내용을 위해 설명한 것이기 때문에, 소리를 계승한다고 하지 않은 것이다.

訓纂 呂東萊曰: 敎者之言甚約, 然本末貫徹, 未嘗不達. 敎者之言甚微, 然淵深粹美, 其味無窮. 曲爲之喩, 使學者自得於言意之表, 如此, 可謂善繼志矣.

번역 여동래가 말하길, 가르치는 자의 말이 매우 간략하더라도, 본질과 말단을 꿰뚫고 있어서 통달되지 않은 적이 없다. 가르치는 자의 말이 매우 은미하더라도, 심후하고 순수하여 그 의미가 무궁하다. 완곡하게 말하여 깨우쳐주어서, 학생들로 하여금 스스로 말 속에 드러난 의미를 자득하도록 하니, 이처럼 하면 그 뜻을 잘 계승시킨다고 평가할 수 있다.

【451c~d】

君子知至學之難易而知其美惡, 然後能博喩, 能博喩然後能爲師, 能爲師然後能爲長, 能爲長然後能爲君. 故師也者, 所以學爲君也. 是故擇師不可不愼也. 記曰: "三王四代唯其師." 其此之謂乎.

직역 君子는 學에 至하는 難易를 知하고 그 美惡를 知한 然後에 能히 博喩하며, 能히 博喩한 然後에 能히 師가 爲하고, 能히 師가 爲한 然後에 能히 長이 爲하며, 能히 長이 爲한 然後에 能히 君이 爲한다. 故로 師하는 者는 君을 爲함을 學하는 所以이다. 是故로 師를 擇함에는 不愼을 不可하다. 記에서 曰, "三王四代는 唯히 그 師이다." 그 此를 謂함일 것이다.

의역 군자는 학생들이 학문에 도달하는 수준 차이를 알고 재능의 차이를 알아야만 하며, 그런 뒤에야 널리 가르칠 수 있다. 널리 가르칠 수 있는 뒤에야 스승이 될 수 있다. 스승이 될 수 있은 뒤에야 수장이 될 수 있다. 수장이 될 수 있은 뒤에야 군주가 될 수 있다. 그렇기 때문에 스승이 된다는 것은 군주가 되기 위한 방법을 배우는 것이다. 이러한 까닭으로 스승을 택할 때에는 신중을 기하지 않을 수가 없다. 고대의 『기』에서는 "삼왕 및 사대 때의 군주는 훌륭한 스승이었다."라고 했으니, 바로 이러한 뜻을 나타낼 것이다.

集說 至學, 至於學也. 鈍者至之難, 敏者至之易, 質美者向道, 不美者叛道. 知乎此, 然後能博喩, 謂循循善誘, 不拘一塗也. 周官太宰, 長以貴得民, 師以賢得民. 長者一官之長, 君則一國之君也. 言爲君之道, 皆自務學充之, 三王四代之所以治, 以能作之君, 作之師爾. 周子曰, 師道立則善人多, 善人多則朝廷正而天下治矣.

번역 '지학(至學)'은 배움에 이른다는 뜻이다. 우둔한 자는 도달하기가 어렵고 민첩한 자는 도달하기가 수월하며, 재질이 아름다운 자는 도를 지향하지만 아름답지 못한 자는 도를 위반한다. 이러한 것들을 알고 있은 뒤에야 널리 깨우칠 수 있으니, 차근차근 잘 이끌어서14) 한 가지 방법으로만 얽어매지 않는다. 『주례』「태재(太宰)」편에서는 "수장은 존귀함으로써 백성들을 얻고, 선생은 현명함으로써 백성들을 얻는다."15)라고 했다. '장(長)'은 한 관부의 수장을 뜻하며, '군(君)'은 한 나라의 군주를 뜻한다. 즉 군주가 되는 도는 모두 스스로 학문에 힘써서 가득 채우는데 있으니, 삼왕(三王)16)과 사대(四代)의 군주가 잘 다스릴 수 있었던 까닭은 군주가 될 수 있고 스승이 될 수 있는 방도로 시행했기 때문이다. 주자17)는 "스승의 도리가 확립되면 선한 사람이 많아지고, 선한 사람이 많아지면 조정이 올바르게 되고 천하가 다스려진다."라고 했다.

---

14) 『논어』「자한(子罕)」: 顏淵喟然歎曰, "仰之彌高, 鑽之彌堅. 瞻之在前, 忽焉在後. 夫子循循然善誘人, 博我以文, 約我以禮, 欲罷不能. 既竭吾才, 如有所立卓爾. 雖欲從之, 末由也已."

15) 『주례』「천관(天官)·대재(大宰)」: 以九兩繫邦國之名: 一曰牧, 以地得民; 二曰長, 以貴得民; 三曰師, 以賢得民; 四曰儒, 以道得民; 五曰宗, 以族得民; 六曰主, 以利得民; 七曰吏, 以治得民; 八曰友, 以任得民; 九曰藪, 以富得民.

16) 삼왕(三王)은 하(夏), 은(殷), 주(周) 삼대(三代)의 왕을 뜻한다. 『춘추곡량전』「은공(隱公) 8年」편에는 "盟詛不及三王."이라는 기록이 있고, 이에 대한 범녕(範寧)의 주에서는 '삼왕'을 하나라의 우(禹), 은나라의 탕(湯), 주나라의 무왕(武王)을 지칭한다고 풀이했다. 그리고 『맹자』「고자하(告子下)」편에는 "五覇者, 三王之罪人也."이라는 기록이 있고, 이에 대한 조기(趙岐)의 주에서는 '삼왕'을 범녕의 주장과 달리, 주나라의 무왕 대신 문왕(文王)을 지칭한다고 풀이했다.

17) 주돈이(周敦頤, A.D.1017~A.D.1073): =염계선생(濂溪先生)·주자(周子)·주렴계(周濂溪)·주무숙(周茂叔). 북송(北宋) 때의 학자이다. 북송오자(北宋五子) 및 송조육현(宋朝六賢) 중 한 사람으로 손꼽힌다. 초명(初名)은 돈실(惇實)이었지만, 영종(英宗)에 대한 피휘 때문에, 돈이(敦頤)로 개명하였다. 자(字)는 무숙(茂叔)이다. 염계서당(濂溪書堂)에서 강학을 하였기 때문에, '염계선생(濂溪先生)'이라고도 부른다. 저서로는 『태극도설(太極圖說)』·『통서(通書)』 등이 있다.

大全 張子曰: 知學者至于學之難易, 及知其資質之美惡, 故能教人.

번역 장자가 말하길, 학생들이 학문에 도달하는 수준 차이를 알고 그들의 자질 차이를 알고 있기 때문에, 남을 가르칠 수 있다.

大全 長樂陳氏曰: 學有精粗, 故其至有難易. 質有美惡, 則其喩有淺深. 知美而喩之, 則有以長人之善, 知惡而喩之, 則有以救人之失.

번역 장락진씨가 말하길, 학문에는 정밀한 것도 있고 덜 정밀한 것도 있기 때문에, 도달할 때에도 어렵고 쉬운 차이가 생긴다. 재질에는 아름답고 추한 차이가 있으니, 깨닫는 것에 있어서도 얕고 깊은 차이가 있다. 재질의 아름다움을 알고 깨우쳐준다면 그 사람의 좋은 점을 길러줄 수 있고, 재질의 추함을 알고 깨우쳐준다면 그 사람의 잘못을 구원할 수 있다.

大全 朱子曰: 能爲師以敎人, 則能爲君以治人. 擇師不可不愼, 言能爲君者其人難得, 故不可不擇.

번역 주자가 말하길, 스승이 되어 남을 가르칠 수 있다면 군주가 되어 남을 다스릴 수 있다. 스승을 택함에 신중을 기하지 않을 수 없다는 말은 군주의 재목이 될 수 있는 자는 구하기 어렵기 때문에 신중히 고르지 않을 수 없다는 뜻이다.

大全 延平周氏曰: 知其至學之難易者, 言其才, 而知其美惡者, 言其性. 知其才知其性, 然後能不以一類喩之, 不以一類喩之, 然後能爲師. 蓋師者有爲長之道, 長者有爲君之道.

번역 연평주씨가 말하길, 학문에 도달할 때의 어렵고 쉬운 차이를 안다는 말은 배우는 자의 자질에 대한 내용이며, 아름답고 추함을 안다는 말은 배우는 자의 본성에 대한 내용이다. 자질을 알고 본성을 안 뒤에야 한 가지 부류로만 깨우치지 않을 수 있고, 한 가지 부류로만 깨우치지 않을 수 있은 뒤에야 스승이 될 수 있다. 무릇 스승이 된다는 것에는 수장이 된다는 도리가 포함되어 있고, 수장이 된다는 것에는 군주가 된다는 도리가 포함되어 있다.

鄭注 美惡, 說之是非也. 長, 達官之長. 弟子學於師, 學爲君. 師善則善. 四代: 虞·夏·殷·周.

번역 아름다움과 추함은 말의 옳고 그름을 뜻한다. '장(長)'자는 달관(達官)[18]들의 수장을 뜻한다. 제자들이 스승에게서 학문을 배우는 것은 군주가 되기 위한 도리를 배우는 것이다. 스승이 선하다면 선하게 된다. '사대(四代)'는 우(虞)·하(夏)·은(殷)·주(周) 등의 왕조를 뜻한다.

釋文 惡, 烏路反, 又如字.

번역 '惡'자는 '烏(오)'자와 '路(로)'자의 반절음이며, 또한 글자대로 읽기도 한다.

孔疏 ●"君子"至"謂乎". ○正義曰: 此一節明爲師法. 君子, 謂師也. 敎人至極之美, 可以爲君長之事.

번역 ●經文: "君子"~"謂乎". ○이곳 문단은 스승이 되는 법도를 나타내고 있다. '군자(君子)'는 스승을 뜻한다. 남을 가르치는 자는 지극히 아름다운 자질을 갖췄으므로 군주나 수장에게 해당하는 일들을 시행할 수 있다.

孔疏 ●"君子知至學之難易"者, 三王·四代所以敬師, 隨器與之, 是至學之易; 隨失而救之, 是至學之難.

---

18) 달관(達官)은 지위가 높고 군주로부터 직접 명령을 받는 대신(大臣)들을 뜻한다.

번역 ●經文: "君子知至學之難易". ○삼왕(三王)과 사대(四代) 때에는 스승을 공경하였으니, 각자의 도량에 따라서 학문을 부여하는 것은 학문에 도달하는 쉬운 방법이며, 잘못에 따라서 구원하는 것은 학문에 도달하는 어려운 방법이다.

孔疏 ●"而知其美惡"者, 罕譬而喩, 言約而達, 是爲美. 反此則爲惡也.

번역 ●經文: "而知其美惡". ○비유를 적게 하고도 깨우쳐주고 말을 간략히 하지만 의미가 드러나니, 이것이 아름다움이 된다. 이와 반대로 한다면 추함이 된다.

孔疏 ●"然後能博喩"者, 博喩, 廣曉也. 若知四事爲主, 觸類長之, 後乃得爲廣有曉解也.

번역 ●經文: "然後能博喩". ○'박유(博喩)'는 널리 깨우쳐준다는 뜻이다. 만약 이러한 네 가지가 주인점이 된다는 사실을 알아서, 그 부류에 따라 확장을 하면, 그런 뒤에는 널리 깨우쳐 줄 수 있다.

孔疏 ●"能博喩然後能爲師"者, 前能廣解, 後乃可爲人作師也.

번역 ●經文: "能博喩然後能爲師". ○먼저 널리 이해를 시킬 수 있은 뒤에야 곧 남의 스승이 될 수 있다.

孔疏 ●"能爲師然後能爲長"者, 爲師是學優, 學優宜仕, 故能爲一官之長也.

번역 ●經文: "能爲師然後能爲長". ○스승이 될 수 있는 자는 학문이 두터운 자이고, 학문이 두터운 자는 벼슬살이를 할 수 있기 때문에, 한 관부의 수장이 될 수 있다.

孔疏 ●"能爲長然後能爲君"者, 旣能治一官之長有功, 能爲一國之君也.

번역 ●經文: "能爲長然後能爲君". ○이미 한 관부를 다스릴 수 있는 수장이 되어 공덕을 쌓는다면, 한 나라의 군주가 될 수 있다.

孔疏 ●"故師也者, 所以學爲君也", 宵雅肄三, 官其始也. 師旣有君德, 則弟子就師可學爲君之德, 故前云: "君子如欲化民成俗, 其必由學乎!" 卽是學能爲君也.

번역 ●經文: "故師也者, 所以學爲君也". ○『시』「소아(小雅)」세 편의 시를 익히는 것은 시작 단계에서 관리에 대한 도리를 가르치는 것이다. 스승에게는 이미 군주의 덕이 있기 때문에, 제자가 스승에게 나아가면 군주가 되는 덕목을 배울 수 있다. 그렇기 때문에 앞에서는 "군자가 만약 백성들을 교화하고 풍속을 완성하기를 원한다면, 반드시 학문을 통해야만 이룩할 수 있을 것이다."[19]라고 한 것이니, 바로 학문을 통해 군주가 될 수 있다는 뜻을 나타낸다.

孔疏 ●"是故擇師不可不愼也"者, 師善, 則能敎弟子, 弟子則能爲君, 故弟子必宜愼擇其師, 不可取惡師也.

번역 ●經文: "是故擇師不可不愼也". ○스승이 선하다면 제자들을 잘 가르칠 수 있고, 이러한 제자라면 군주가 될 수 있다. 그렇기 때문에 제자는 반드시 신중하게 스승을 선택해야 하며 나쁜 스승을 택해서는 안 된다.

孔疏 ●"記曰: 三王·四代唯其師"者, 引舊記結此擇師之重也. 三王, 謂夏·殷·周, 四代, 則加虞也. 言三王·四代雖皆聖人, 而無不擇師爲愼, 故云 "唯其師". 庾云: "擧四代以兼包三王, 所以重言者證前云'擇師不可不愼', 卽

---

19) 『예기』「학기」【444b】: 君子如欲化民成俗, 其必由學乎.

此‘唯其師’之謂也.”

번역 ●經文: “記曰: 三王・四代唯其師”. ○고대의 『기』를 인용하여 스승을 선택하는 일이 중요하다는 내용을 결론 맺은 것이다. ‘삼왕(三王)’은 하(夏)・은(殷)・주(周) 때의 제왕을 뜻한다. ‘사대(四代)’는 삼왕에서 우(虞) 왕조를 추가한 것이다. 즉 삼왕과 사대 때의 군주는 비록 모두 성인이지만, 스승을 택할 때 신중을 기하지 않은 자가 없었다. 그렇기 때문에 “오직 그 스승을 섬기는데 신중히 했다.”라고 말한 것이다. 유울은 “사대 때를 거론하여 삼왕까지도 포함한 것인데, 중복되게 말한 것은 앞에서 ‘스승을 택할 때에는 신중을 기하지 않을 수가 없다.’는 말을 증명하기 위한 것이니, 곧 ‘오직 그 스승을 섬기는데 신중히 했다.’라는 말을 가리킨다.”라고 했다.

訓纂 吳幼淸曰: 知其難易美惡, 故能隨其淺深高下而喩之, 不局於一途, 所謂博喩也. 教人能各得其宜, 則治人亦各得其宜, 小而一官之長, 大而一國之君, 皆能爲之也.

번역 오유청이 말하길, 어렵고 쉬움 및 아름답고 추함을 알고 있기 때문에, 이해의 정도와 자질의 차이에 따라 깨우쳐 주고, 한 가지 방법에만 제한되지 않으니, 이것을 “널리 깨우친다[博喩].”라고 부른다. 남을 가르칠 때 각각 그 합당함을 얻게끔 할 수 있다면, 남을 다스릴 때에도 각각 그 합당함을 얻게끔 할 수 있는데, 작은 경우에는 한 관부의 수장이 되고 큰 경우에는 한 나라의 군주가 되니, 이 모두에 대해서 시행할 수 있다.

集解 顧氏炎武曰: 三代之時, 凡民之俊秀, 皆入大學, 而教之以治國平天下之事. 孔子之於弟子也, 四代之禮樂以教顔淵, 五至三無以告子夏, 而又曰 “雍也可使南面”, 然則內而聖, 外而王, 無異道矣. 其繫易也, 以九二“見龍在田, 利見大人”爲君德, 故曰“師也者, 所以學爲君也.”

번역 고염무가 말하길, 삼대(三代) 때에는 백성들 중 뛰어난 자들은 모두 대학(大學)에 입학하였고, 그들에게는 나라를 다스리고 천하를 평화롭게 하는 일들을 가르쳤다. 공자는 제자들에 대해서, 사대(四代) 때의 예악으로 안연(顔淵)을 가르쳤고, 오지(五至)[20]와 삼무(三無)[21]를 자하(子夏)에게 알려주었으며,[22] 또 "중궁(仲弓)은 군주를 시킬 만하다."[23]라고 했다. 그렇다면 내적으로 성인이 되고 외적으로 왕이 되는 것에는 다른 도리가 없다. 『역』에 있어서도 구이(九二)의 효사(爻辭)에서 "드러난 용이 밭에 있어서 대인을 봄이 이롭다."는 것을 군주의 덕으로 여겼기 때문에,[24] "스승이 된 자들은 군주가 될 자들을 가르치는 것이다."라고 말한 것이다.

集解 愚謂: 至學之難易, 謂學者入道之深淺次第. 美惡, 謂人之材質不同: 無失者爲美, 有失者爲惡也. 博喩, 謂因學者之材質而告之, 而廣博譬喩, 不拘一途也. 長, 謂鄕大夫·州長·黨正之屬, 周禮所謂"使民興賢, 出使長之", 是也. 長與君, 皆有敎民之責, 故能爲師然後能爲長能爲君也. 能爲師者難其人,

故擇之不可不愼也. 夏·商·周爲三王, 并虞爲四代. 唯其師者, 唯以擇師爲
重也.

번역 내가 생각하기에, 학문에 도달함에 있어서 어렵고 쉽다는 말은
학생이 도로 들어감에 있어서 깊이에 따른 차이가 있다는 뜻이다. 아름다
움과 추함은 사람의 재질이 같지 않다는 뜻이다. 잘못이 없는 자는 아름
다움이 되고 잘못이 있는 자는 추함이 된다. '박유(博喩)'는 학생들의 재
질에 따라 알려주고 널리 비유를 들어서, 한 가지 방법에만 얽매이지 않
는다는 뜻이다. '장(長)'자는 향대부(鄕大夫)·주장(州長)·당정(黨正) 등의
관리를 뜻하니, 『주례』에서 "백성들로 하여금 현명한 자를 천거하도록
하여, 그를 출사시켜 백성들을 인솔하도록 한다."[25]라고 한 말에 해당한
다. 수장과 군자는 모두 백성들을 교화할 책무가 있다. 그렇기 때문에 스
승이 될 수 있은 뒤에야 수장이 될 수 있고 또 군주가 될 수 있다. 스승이
될 수 있는 자는 그 사람을 얻기가 매우 어렵기 때문에, 선택을 할 때 신
중하게 하지 않을 수 없다. 하(夏)·은(商)·주(周)의 제왕이 '삼왕(三王)'
이 되고, 우(虞) 왕조를 합하면 '사대(四代)'가 된다. '유기사(唯其師)'라는
말은 오직 스승을 선택하는 일을 중시했다는 뜻이다.

---

25) 『주례』「지관(地官)·향대부(鄕大夫)」: 此謂使民興賢, 出使長之; 使民興能, 入
使治之.

• 제13절 •

스승에 대한 예우

【452a】

凡學之道, 嚴師爲難. 師嚴然後道尊, 道尊然後民知敬學. 是故君之所不臣於其臣者二: 當其爲尸, 則弗臣也; 當其爲師, 則弗臣也. 大學之禮, 雖詔於天子無北面, 所以尊師也.

직역 凡히 學의 道는 師를 嚴함이 難이 爲한다. 師가 嚴한 然後에 道가 尊하며, 道가 尊한 然後에 民이 學을 敬함을 知한다. 是故로 君이 그 臣에서 不臣하는 所의 者는 二하니, 그 尸를 爲함을 當하면, 臣을 弗하고; 그 師를 爲함을 當하면, 臣을 弗한다. 大學의 禮에서, 雖히 天子에게 詔하더라도 北面이 無함은 師를 尊하는 所以이다.

의역 무릇 학문의 도에 있어서는 스승을 존엄하게 여기는 것이 가장 어려운 일이다. 스승이 존엄하게 된 이후에야 도가 존엄하게 되고, 도가 존엄하게 된 이후에야 백성들이 학문을 공경해야 할 줄 안다. 이러한 까닭으로 군자가 자신의 신하들 중 신하로 여기지 않는 대상은 두 종류가 있다. 첫 번째는 군주의 제사에서 시동이 된 자에게는 신하로 대하지 않는다. 두 번째는 군주의 스승이 된 자에게는 신하로 대하지 않는다. 대학(大學)에서 시행되는 의례에서도 비록 경사(經師)들이 천자에게 아뢰는 일이 있지만, 일반 신하들처럼 북면(北面)을 함이 없는 것은 스승을 존엄하게 대하기 때문이다.

集說 嚴師, 如孝經嚴父之義, 謂尊禮嚴重之也. 無北面, 不處之以臣位也.

번역 '엄사(嚴師)'는 『효경』에서 "부친을 존엄하게 여긴다."[1]는 뜻과

---

1) 『효경』「성치장(聖治章)」: 人之行莫大於孝, 孝莫大於嚴父.

같으니, 예법에 따라 존숭하며 존엄하게 대하여 공경한다는 의미이다. 북
면(北面)함이 없다는 말은 신하의 지위로 처신하지 않는다는 뜻이다.

集說 石梁王氏曰: 詔於天子無北面, 註引武王踐祚, 出大戴禮.

번역 석량왕씨가 말하길, 천자에게 아뢰며 북면함이 없다는 말에 대
해서, 정현의 주에서는 무왕(武王)이 동쪽 계단을 밟았던 일을 인용했는
데, 이것은『대대례기(大戴禮記)』의 기록에 따른 것이다.

大全 嚴陵方氏曰: 嚴, 卽尊也. 嚴師, 卽雖詔於天子, 無北面, 是矣. 以一
人之貴, 而師匹夫之賤, 以四海之富, 而師環堵之貧, 此嚴師所以爲難也. 嚴
師者, 人嚴之也. 人嚴其師, 則師道嚴矣. 師所以傳道, 故師嚴然後道尊. 學所
以爲道, 故道尊然後民知敬學. 以神言之, 故爲尸則弗臣. 以道言之, 故爲師
則弗臣.

번역 엄릉방씨가 말하길, '엄(嚴)'자는 "존숭한다[尊]."는 뜻이다. 스승
을 존숭한다는 말은 "비록 천자에게 아뢰는 일이 있더라도, 북면(北面)함
이 없다."는 뜻에 해당한다. 존귀한 한 사람을 통해서 미천한 일반인들을
통솔하고, 천하에서 가장 부유한 자로 천하의 가난한 자들을 통솔하니,
이것이 스승을 존숭하는 것이 어려운 이유이다. 스승을 존숭한다는 것은
남이 그를 존숭하는 것이다. 남이 그 스승을 존숭하면 스승의 도리가 존
엄하게 된다. 스승은 도를 전수하기 때문에 스승이 존엄하게 된 이후에야
도가 존엄하게 된다. 학문은 도를 시행하는 것이기 때문에 도가 존엄하게
된 이후에야 백성들이 학문을 공경해야할 줄 안다. 신에 기준을 두고 말
했기 때문에 시동이 된 자에게는 신하로 대하지 않는다. 도를 기준으로
말했기 때문에 스승이 된 자에게는 신하로 대하지 않는다.

大全 慶源輔氏曰: 凡學之道, 則非獨君也. 嚴師爲難, 蓋言盡嚴師之道爲
難爾. 能盡嚴師之道, 則師始嚴. 師所以傳道, 師嚴則道自尊. 道未嘗不尊, 因

其尊而尊之, 則係乎人之嚴師也.

[번역] 경원보씨가 말하길, 무릇 학문의 도는 군주 홀로 할 수 있는 것이 아니다. 스승을 존엄하게 여기는 것이 어렵다는 말은 스승을 존엄하게 대하는 도를 다한다는 것이 어렵다는 뜻일 따름이다. 스승을 존엄하게 대하는 도를 다할 수 있다면 스승은 비로소 존엄하게 된다. 스승은 도를 전수하는 자이니, 스승이 존엄하게 된다면 도도 저절로 존엄하게 된다. 도는 일찍이 존엄하지 않은 적이 없는데, 존엄함에 따라서 존엄하게 대하는 것은 사람들이 스승을 존엄하게 대하는 것에 관계된다.

[鄭注] 嚴, 尊敬也. 尸, 主也, 爲祭主也. 尊師重道焉, 不使處臣位也. 武王踐阼, 召師尙父而問焉, 曰: "昔黃帝·顓頊之道存乎意, 亦忽不可得見與?" 師尙父曰: "在丹書. 王欲聞之, 則齊矣." 王齊三日, 端冕, 師尙父亦端冕, 奉書而入, 負屛而立. 王下堂南面而立. 師尙父曰: "先王之道不北面." 王行西·折而南, 東面而立, 師尙父西面道書之言.

[번역] '엄(嚴)'자는 존경한다는 뜻이다. '시(尸)'자는 주(主)자의 뜻이니 제주가 된다는 의미이다. 스승을 존경하고 도를 중시하여 신하의 지위에 있게끔 하지 않는다. 무왕(武王)은 동쪽 계단을 밟고 서서, 사상보(師尙父: =呂相)를 불러서 묻기를 "예전 황제(黃帝)[2]와 전욱(顓頊)[3]의 도는 항

---

2) 황제(黃帝)는 헌원씨(軒轅氏), 유웅씨(有熊氏)이라고도 부른다. 전설시대에 존재했다고 전해지는 고대 제왕(帝王)이다. 소전(少典)의 아들이고, 성(姓)은 공손(公孫)이다. 헌원(軒轅)이라는 땅의 구릉 지역에 거주하였기 때문에, 그를 '헌원씨'라고도 부르는 것이다. 또한 '황제'는 희수(姬水) 지역에도 거주를 하였기 때문에, 이 지역의 이름을 따서 성(姓)을 희(姬)로 고치기도 하였다. 그리고 수도를 유웅(有熊) 땅에 마련하였기 때문에, 그를 '유웅씨'라고도 부르는 것이다. 한편 오행(五行) 관념에 따라서, 그는 토덕(土德)을 바탕으로 제왕이 되었다고 여겼는데, 흙[土]이 상징하는 색깔은 황(黃)이므로, 그를 '황제'라고 부르는 것이다. 『역』「계사하(繫辭下)」편에는 "神農氏沒, 黃帝·堯·舜氏作, 通其變, 使民不倦."이라는 기록이 있는데, 이에 대한 공영달(孔穎達)의 소(疏)에서는 "黃帝, 有熊氏少典之子, 姬姓也."라고 풀이했다. 한편 '황제'는 오제(五帝) 중 하나를 뜻한다. 오행(五行)으로 구분했을 때 토(土)를 주관하

상 생각을 하고 있는데, 그것이 또한 묘연하니 살펴볼 수 없는가?"라고
하자, 서상보는 "『단서(丹書)』4)에 있습니다. 왕께서 듣고자 하신다면, 재
계를 하십시오."라고 했다. 무왕은 3일 동안 재계를 하고, 단면(端冕)을
착용했으며, 사상보 또한 단면5)을 착용하고 책을 받들고서 들어왔고, 병
풍을 등지고 섰다. 무왕은 당하(堂下)로 내려가서 남면을 하고 섰다. 사상
보는 "선왕의 도는 북면을 하지 않습니다."라고 했다. 그러자 무왕은 서
쪽으로 이동하고 방향을 틀어서 남쪽으로 갔고, 동쪽을 바라보며 섰으며,

며, 계절로 따지면 중앙 계절을 주관하고, 방위로 따지면 중앙을 주관하는
신(神)이다. 『여씨춘추(呂氏春秋)』「계하기(季夏紀)」편에는 "其帝黃帝, 其神
后土."라는 기록이 있고, 이에 대한 고유(高誘)의 주에서는 "黃帝, 少典之子,
以土德王天下, 號軒轅氏, 死託祀爲中央之帝."라고 풀이했다.

3) 전욱(顓頊)은 고양씨(高陽氏)라고도 부른다. '전욱'은 고대 오제(五帝) 중 하
나이다. 『산해경(山海經)』「해내경(海內經)」편에는 "黃帝妻雷祖, 生昌意, 昌意
降處若水, 生韓流. 韓流, …… 取淖子曰阿女, 生帝顓頊."이라는 기록이 있다.
즉 황제(黃帝)의 처인 뇌조(雷祖)가 창의(昌意)를 낳았는데, 창의가 약수(若
水)에 강림하여 거처하다가, 한류(韓流)를 낳았다. 다시 한류는 아녀(阿女)를
부인으로 맞이하여 '전욱'을 낳았다. 또한 『회남자(淮南子)』「천문훈(天文訓)」
편에는 "北方, 水也, 其帝顓頊, 其佐玄冥, 執權而治冬."이라는 기록이 있다.
즉 북방(北方)은 오행(五行)으로 배열하면 수(水)에 속하는데, 이곳의 상제
(上帝)는 '전욱'이고, 상제를 보좌하는 신(神)은 현명(玄冥)이다. 이들은 겨울
을 다스린다. 또한 '전욱'과 관련하여 『수경주(水經注)』「호자하(瓠子河)」편에
는 "河水舊東決, 逕濮陽城東北, 故衛也, 帝顓頊之墟. 昔顓頊自窮桑徙此, 號曰
商丘, 或謂之帝丘."라는 기록이 있다. 즉 황하의 물길은 옛날에 동쪽으로 흘
러서, 복양성(濮陽城)의 동북쪽을 경유하였는데, 이곳은 옛 위(衛) 지역으로,
'전욱'이 거처하던 터이며, 예전에 '전욱'이 궁상(窮桑) 땅으로부터 이곳으로
옮겨왔기 때문에, 이곳을 상구(商丘) 또는 제구(帝丘)라고도 부른다.

4) 『단서(丹書)』는 전설 속에 나오는 서적으로, 문왕(文王) 때 붉은 색의 봉황이
입에 물고 날아와서 건네준 상서로운 서적을 뜻한다.

5) 단면(端冕)은 검은색의 옷과 면류관을 뜻한다. 즉 현면(玄冕)을 의미한다.
'단(端)'자는 검은색의 옷을 뜻하는데, 면복(冕服)에 대해서, '단'자로 지칭하
는 것은 면복 자체가 정폭(正幅)으로 제작되기 때문에, '단'자를 붙여서 부르
는 것이다. 『예기』「악기(樂記)」편에서는 "吾端冕而聽古樂, 則唯恐臥; 聽鄭衛
之音, 則不知倦."이라는 기록이 있는데, 이에 대한 정현의 주에서는 "端, 玄
衣也."라고 풀이했고, 공영달(孔穎達)의 소(疏)에서는 "云'端, 玄衣也'者, 謂玄
冕也. 凡冕服, 皆其制正幅, 袂二尺二寸, 袪尺二寸, 故稱端也."라고 풀이했다.

사상보는 서쪽을 바라보며 책에 있는 내용을 조술했다.

釋文 顓音專. 頊, 許玉反. 與音餘. 齊, 側皆反, 下同. 奉, 芳勇反. 折, 之設反.

번역 '顓'자의 음은 '專(전)'이다. '頊'자는 '許(허)'자와 '玉(옥)'자의 반절음이다. '與'자의 음은 '餘(여)'이다. '齊'자는 '側(측)'자와 '皆(개)'자의 반절음이며, 아래문장에 나오는 글자도 그 음이 이와 같다. '奉'자는 '芳(방)'자와 '勇(용)'자의 반절음이다. '折'자는 '之(지)'자와 '設(설)'자의 반절음이다.

孔疏 ●"凡學"至"師也". ○正義曰: 此一節論師德至善, 雖天子以下, 必須尊師.

번역 ●經文: "凡學"~"師也". ○이곳 문단은 스승의 덕은 지극히 선하므로, 비록 천자라 하더라도 천자로부터 그 이하의 모든 계층은 반드시 스승을 존숭해야 한다는 사실을 논의하고 있다.

孔疏 ●"是故君之所不臣於其臣者二"者, 二, 謂當其爲尸及師, 則不臣也. 此文義在於師, 幷言尸者, 欲見尊師與尸同.

번역 ●經文: "是故君之所不臣於其臣者二". ○'이(二)'라는 말은 시동이 된 자와 스승이 된 자를 뜻하니, 이 둘에 대해서는 신하로 여기지 못한다는 의미이다. 이 문장의 뜻은 스승에 대한 내용에 집중되어 있는데, 아울러 시동에 대한 내용도 언급한 것은 스승을 존숭하는 것은 시동을 존숭하는 것과 동일하다는 뜻을 나타내기 위해서이다.

孔疏 ●"當其爲尸, 則弗臣也"者, 若不當其時, 則臣之. 按鉤命決云: "暫所不臣者五, 謂師也, 三老也, 五更也, 祭尸也, 大將軍也." 此五者, 天子諸侯同之. 此唯云尸與師者, 此經本意據尊師爲重, 與尸相似, 故特言之, 所以唯擧此二者, 餘不言也. 又按鉤命決云: "天子常所不臣者三, 唯二王之後・妻之父母・夷狄之君. 不臣二王之後者, 爲觀其法度, 故尊其子孫也. 不臣妻之父母者, 親與其妻共事先祖, 欲其歡心. 不臣夷狄之君者, 此政敎所不加, 謙不臣也. 諸侯無此禮."

번역 ●經文: "當其爲尸, 則弗臣也". ○만약 시동이나 스승이 된 시기가 아니라면 신하로 대한다. 『구명결(鉤命決)』을 살펴보면, "잠시 신하로 대하지 않는 경우는 다섯 가지가 있다. 스승으로 섬기는 경우이며, 삼로(三老)로 섬기는 경우이고, 오경(五更)으로 섬기는 경우이며,6) 제사에서 시동이 된 경우이며, 대장군(大將軍)으로 삼는 경우이다."라고 했다. 이러한 다섯 가지 경우에 대해서는 천자와 제후가 동일하게 따른다. 이곳에서는 단지 시동이 된 경우와 스승이 된 경우만을 언급했는데, 이곳 경문의 본래 뜻은 스승을 존숭하는 것이 중대하다는 사실을 제시한 것인데, 이것은 시동을 섬기는 것과 유사하기 때문에 특별히 시동 또한 언급한 것이다. 그래서 단지 두 가지 경우만 제시하고 나머지 경우는 언급하지 않았다. 또 『구명결』을 살펴보면, "천자는 항상 신하로 대하지 않은 경우가 세 가지가 있다. 이전 두 왕조의 후손, 처의 부모, 오랑캐의 군주이다. 두

---

6) 삼로오경(三老五更)은 삼로(三老)와 오경(五更)을 뜻한다. 이들은 국가의 요직에 있다가 나이가 들어 퇴직한 자들이다. 정현은 '삼로'와 '오경'은 3명과 5명이 아닌 각각 1명씩이라고 풀이했다. 그리고 1명씩인데도 '삼(三)'자와 '오(五)'자를 붙여서 부르는 이유에 대해서, '삼진(三辰)'과 '오성(五星)'에서 명칭을 빌려왔기 때문이라고 해석하였고, 또한 '삼덕(三德)'과 '오사(五事)'를 알고 있는 자들이기 때문에, 이러한 명칭이 붙었다고 풀이하기도 한다. 『예기』「문왕세자」편에는 "適東序, 釋奠於先老, 遂設三老, 五更, 群老之席位焉."이란 기록이 있는데, 이에 대한 정현의 주에서는 "三老五更各一人也, 皆年老更事致仕者也. 天子以父兄養之, 示天下之孝悌也. 名以三五者, 取象三辰五星, 天所因以照明天下者."라고 풀이했고, 또한 『예기』「악기(樂記)」편에는 "食三老五更於大學."이란 기록이 있는데, 이에 대한 정현의 주에서는 "三老五更, 互言之耳, 皆老人更知三德五事者也."라고 풀이했다. 그리고 참고적으로 공영달(孔穎達)의 소(疏)에서는 "三德謂正直, 剛, 柔. 五事謂貌, 言, 視, 聽, 思也."라고 해석하여, '삼덕'은 정직(正直), 강직함[剛], 부드러움[柔]이라고 풀이했고, 오사(五事)는 '올바른 용모[貌]', '올바른 말[言]', '올바르게 봄[視]', '올바르게 들음[聽]', '올바르게 생각함[思]'이라고 풀이했다.

왕조의 후손을 신하로 삼지 않는 것은 이전 왕조의 법도를 살펴보기 때문에 그 자손들을 존숭하는 것이다. 처의 부모를 신하로 삼지 않는 것은 본인과 그의 처는 함께 선조에 대한 제사를 지내게 되므로, 그 마음을 기쁘게 만들고자 해서이다. 오랑캐의 군주를 신하로 삼지 않는 것은 천자가 시행하는 정책과 교화가 미치지 않으므로, 겸손히 자신을 낮춰서 신하로 삼지 않는 것이다. 제후에게는 이러한 예법이 없다."라고 했다.

孔疏 ●"大學之禮, 雖詔於天子, 無北面, 所以尊師也"者, 此證尊師之義也. 此人旣重, 故更言大學也. 詔, 告也. 雖天子至尊, 當告授之時, 天子不使師北面, 所以尊師故也.

번역 ●經文: "大學之禮, 雖詔於天子, 無北面, 所以尊師也". ○이 문장은 스승을 존숭하는 뜻을 증명한 것이다. 이러한 자들은 이미 중시되고 있기 때문에 재차 대학(大學)에 대해서 말한 것이다. '조(詔)'자는 "아뢴다[告]."는 뜻이다. 비록 천자는 지극히 존귀한 존재이지만, 이러한 경사(經師)들이 아뢰는 말을 받아들일 때에는 천자는 경사들로 하여금 북면(北面)을 하도록 세우지 않으니, 경사들을 존숭하기 때문이다.

孔疏 ◎注"尊師"至"之言". ○正義曰: "武主踐阼"以下, 皆大戴禮·武王踐阼篇也. 云"黃帝·顓頊之道存乎意, 亦忽不可得見與"者, 武王言黃帝·顓頊之道恒在於意, 言意恒念之, 但其道超忽已遠, 亦恍惚不可得見與. 與, 語辭. 今檢大戴禮唯云"帝顓頊之道", 無"黃"字, 或鄭見古本不與今同, 或後人足"黃"字耳. 云"丹書"者, 師說云: "赤雀所銜丹書也." 云"端冕"者, 謂袞冕也. 其衣正幅與玄端同, 故云"端冕". 故皇氏云"武王端冕", 謂袞冕也. 樂記"魏文侯端冕", 謂玄冕也. 云"師尙父亦端冕"者, 按大戴禮無此文, 鄭所加也. 云"西折而南, 東面"者, 按大戴禮唯云"折而東面", 此"西折而南", "南"字亦鄭所加. 云"師尙父西面道書之言"者, 皇氏云: "王在賓位, 師尙父主位, 故西面." 王庭之位, 若尋常師徒之敎, 則師東面, 弟子西面, 與此異也. 其"丹書"之言, 按大戴禮云: "其書之言曰: 敬勝怠者强, 怠勝敬者亡." 瑞書云: "敬勝怠者吉, 怠勝敬者滅, 義勝欲者從, 欲勝義者凶." 與瑞書同矣. "凡事不强則枉, 不敬則不正. 枉者滅廢, 敬者萬世. 以仁得之, 以仁守之, 其量百世. 以仁得之, 以不仁守之, 其量十世. 以不仁得之, 以不仁守之, 必傾其世. 王聞書之言, 惕然若懼, 退而爲戒, 書於席之四端爲銘", 及几·鑑·盂·盤·楹·杖·帶·屨·劍·矛爲銘, 銘皆各有語, 在大戴禮也.

번역 ◎鄭注: "尊師"~"之言". ○정현이 "무왕(武王)이 동쪽 계단을 밟았다."라고 한 말로부터 그 이하의 문장은 모두『대대례기(大戴禮記)』「무왕천조(武王踐阼)」편의 문장이다.[7] 그 기록에서는 "예전 황제(黃帝)와 전욱(顓頊)의 도는 항상 생각을 하고 있는데, 그것이 또한 묘연하니 살펴볼 수 없는가?"라고 했는데, 무왕(武王)은 황제와 전욱의 도를 항상 생각하고 있었다는 말이니, 즉 항상 염두에 두고 있다는 뜻이다. 다만 그 도는 매우 요원하여 이미 먼 시대의 것이고 또한 묘연하니 살펴볼 수 없냐고 말한 것이다. '여(與)'자는 어조사이다. 그런데 현재의『대대례기』를 검수해보니, '제전욱지도(帝顓頊之道)'라고 하여 '황(黃)'자가 없다. 아마도 정현은 고문(古文)의 판본을 살펴보아서 현존하는 판본과 기록이 같지 않았던 것이거나 혹은 후대인이 '황(黃)'자를 첨가한 것일 따름이다. '단서(丹書)'라고 했는데, 경사들의 주장으로는 "붉은 봉황이 물고 온『단서』이다."라고 했다. '단면(端冕)'이라고 했는데, 이것은 곤면(袞冕)[8]을 뜻한다.

---

7)『대대례기(大戴禮記)』「무왕천조(武王踐阼)」: 武王踐阼三日, 召士大夫而問焉, 曰: "惡有藏之約·行之行, 萬世可以爲子孫常者乎?" 諸大夫對曰: "未得聞也!" 然後召師尙父而問焉, 曰: "昔黃帝顓頊之道存乎? 意亦忽不可得見與?" 師尙父曰: "在丹書, 王欲聞之, 則齊矣!" 王齊三日, 端冕, 師尙父奉書而入, 負屛而立, 王下堂, 南面而立, 師尙父曰: "先王之道不北面!" 王行折而東面. 師尙父西面道書之言曰: "敬勝怠者吉, 怠勝敬者滅, 義勝欲者從, 欲勝義者凶, 凡事, 不强則枉, 弗敬則不正, 枉者滅廢, 敬者萬世. 藏之約·行之行·可以爲子孫常者, 此言之謂也! 且臣聞之, 以仁得之, 以仁守之, 其量百世; 以不仁得之, 以仁守之, 其量十世; 以不仁得之, 以不仁守之, 必及其世." 王聞書之言, 惕若恐懼, 退而爲戒書, 於席之四端爲銘焉, 於機爲銘焉, 於鑑爲銘焉, 於盥盤爲銘焉, 於楹爲銘焉, 於杖爲銘焉, 於帶爲銘焉, 於履屨爲銘焉, 於觴豆爲銘焉, 於戶爲銘焉, 於牖爲銘焉, 於劍爲銘焉, 於弓爲銘焉, 於矛爲銘焉.

8) 곤면(袞冕)은 곤룡포와 면류관을 뜻한다. 천자의 제사복장으로, 비교적 중요

그 옷은 정폭(正幅)으로 제작하여 현단(玄端)과 동일하기 때문에, '단면(端冕)'이라고 부르는 것이다. 그래서 황간은 "무왕이 단면을 착용했다."는 말은 곤면을 착용했다는 뜻이라고 했다. 『예기』「악기(樂記)」편에서는 "위문후(魏文侯)가 단면을 착용했다."라고 했는데,9) 이때의 '단면(端冕)'은 현면(玄冕)10)을 뜻한다. 그 기록에서는 "사상보(師尙父) 또한 단면을 착용했다."라고 했는데, 『대대례기』를 살펴보니 이러한 기록이 없으므로 정현이 첨가한 것이다. 그 기록에서는 "서쪽으로 가다가 방향을 틀어서 남쪽으로 가서 동쪽을 바라보았다."라고 했는데, 『대대례기』를 살펴보면, 오직 "방향을 틀어서 동쪽을 바라보았다."라고 했다. 이곳에서는 "서쪽으로 가다가 방향을 틀어서 남쪽으로 갔다."라고 했는데, 이때의 '남(南)'자 또한 정현이 첨가한 것이다. 그 기록에서는 "사상보가 서쪽을 바라보며 책에 있는 내용을 조술했다."라고 했는데, 황간은 "천자가 빈객의 자리에 있고, 사상보가 주인의 자리에 있었기 때문에 서쪽을 바라본 것이다."라고 했다. 천자의 조정에서 자리를 정할 때, 만약 일상적으로 스승이 가르치는 경우라면, 스승은 동쪽을 바라보게 되고 제자는 서쪽을 바라보게 되니, 이러한 경우와는 달라진다. '단서(丹書)'의 말이라고 했는데, 『대대례기』를 살펴보면 "그 책의 기록에서 말하길, '공경함이 나태함을 이기는 자

한 제사 때 입는다. 윗옷과 아랫도리에 새겨진 무늬 등은 9가지이다. 『주례』「춘관(春官)·사복(司服)」편에는 "享先王則袞冕."이라는 기록이 있다. 이에 대한 정현의 주에서는 "冕服九章, 登龍於山, 登火於宗彝, 尊其神明也. 九章, 初一曰龍, 次二曰山, 次三曰華蟲, 次四曰火, 次五曰宗彝, 皆畫以爲繢. 次六曰藻, 次七曰粉米, 次八曰黼, 次九曰黻, 皆希以爲繡. 則袞之衣五章, 裳四章, 凡九也."라고 풀이했다. 즉 '곤면'의 윗옷에는 용(龍), 산(山), 화충(華蟲), 화(火), 종이(宗彝) 등 5가지 무늬를 그려놓고, 아랫도리에는 조(藻), 분미(粉米), 보(黼), 불(黻) 등 4가지를 수놓았다.

9) 『예기』「악기(樂記)」【477d~478a】: 魏文侯問於子夏曰, "吾端冕而聽古樂, 則唯恐臥. 聽鄭衛之音, 則不知倦. 敢問古樂之如彼何也? 新樂之如此何也?"

10) 현면(玄冕)은 현의(玄衣)와 면류관을 뜻한다. 천자 및 제후의 제사복장으로, 비교적 중요성이 덜한 제사 때 입는다. '현의' 중 상의에는 무늬가 들어가지 않고, 하의에만 불(黻)을 수놓는다. 『주례』「춘관(春官)·사복(司服)」편에는 "祭群小祀則玄冕."이라는 기록이 있고, 이에 대한 정현의 주에서는 "玄者, 衣無文, 裳刺黻而已, 是以謂玄焉."이라고 풀이했다.

는 강해지고, 나태함이 공경함을 이기는 자는 망한다.'"라고 되어 있다. 『서서(瑞書)』에서는 "공경함이 나태함을 이기는 자는 길하게 되고, 나태함이 공경함을 이기는 자는 멸하게 되며, 의로움이 욕망을 이기는 자는 따르게 되고, 욕망이 의로움을 이기는 자는 흉하게 된다."라고 하여, 『단서』의 내용과 동일하다. 그리고 "무릇 사안에 있어서 굳세지 못하면 굽어지고, 공경하지 못하면 바르지 못하다. 굽은 것은 멸하고 폐지되며, 공경함은 영원히 변하지 않는다. 인(仁)에 따라 얻고 인(仁)에 따라 지키면, 100세대 동안 변하지 않음을 헤아릴 수 있다. 인(仁)에 따라 얻었지만 인(仁)으로 지키지 못한다면, 10세대 동안 변하지 않음을 헤아릴 수 있다. 불인함에 따라 얻고 불인함에 따라 지킨다면, 반드시 그 세대에 기울게 된다. 천자가 책의 내용을 듣고는 매우 두려워하였으며, 물러나서 주의지침으로 삼았고, 자리의 네 끝단에 지침으로 기록을 했다."라고 했는데, 안석[几]・거울[鑑]・주발[盂]・쟁반[盤]・기둥[楹]・지팡이[杖]・허리띠[帶]・신발[履]・검(劍)・창[矛]에도 각각 그 글귀를 새겼으며, 새긴 글귀들에는 각각 이러한 기록들이 있었으니, 이 내용은 『대대례기』에 수록되어 있다.

集解 輔氏廣曰: 嚴師爲難, 言盡嚴師之道爲難, 非心悅誠服, 致敬盡禮, 如七十子之於孔子不可也. 師所以傳道, 師嚴然後道尊, 道未嘗不尊也, 因其尊而尊之, 則在乎人之嚴師也. 師嚴道尊, 然後民皆興起於學.

번역 보광이 말하길, 스승을 존엄하게 여기는 것이 어렵다는 말은 스승을 존엄하게 대하는 도를 다한다는 것이 어렵다는 뜻이니, 마음으로 기뻐하며 성심을 다해 복종하고, 공경을 다하고 예법을 다하는 일들은 공자의 칠십여 명의 제자들과 같지 않다면 불가능하다.[11] 스승은 도를 전수하는 자이니, 스승이 존엄하게 된 뒤에야 도도 존엄하게 되는데, 도는 일찍이 존엄하지 않은 적이 없지만, 존엄함에 따라서 존엄하게 대하는 것은

---

11) 『맹자』「공손추상(公孫丑上)」: 以力服人者, 非心服也, 力不贍也, 以德服人者, 中心悅而誠服也, 如七十子之服孔子也.

사람들이 스승을 존엄하게 대하는 것에 달려 있다. 스승이 존엄하게 되고
도가 존엄하게 된 뒤에야 백성들이 모두 학문을 흥기시키게 된다.

그림 13-1 ▣ 경(卿)과 대부(大夫)의 현면(玄冕)

※ **출처:** 『삼례도집주(三禮圖集注)』1권

• 제14절 •

질문과 대답

【452b~c】

善學者, 師逸而功倍, 又從而庸之; 不善學者, 師勤而功半, 又從而怨之. 善問者如攻堅木, 先其易者, 後其節目, 及其久也, 相說以解; 不善問者反此. 善待問者如撞鐘, 叩之以小者則小鳴, 叩之以大者則大鳴, 待其從容, 然後盡其聲; 不善答問者反此. 此皆進學之道也.

직역 學을 善하는 者는 師도 逸하고 功도 倍하며, 又히 從하여 庸하고; 學을 不善하는 者는 師도 勤하고 功도 半하며, 又히 從하여 怨한다. 問을 善하는 者는 堅木을 攻함과 如하니, 그 易한 者를 先하고, 그 節目을 後하여, 그 久에 及함에, 相說하여 解하고; 問을 不善하는 者는 此를 反한다. 問에 待를 善하는 者는 鐘을 撞함과 如하니, 叩하길 小者로써 하면 小鳴하고, 叩하길 大者로써 하면 大鳴하며, 그 從容을 待한 然後에 그 聲을 盡하고; 問에 答을 不善하는 者는 此를 反한다. 此는 皆히 學에 進하는 道이다.

의역 배우기를 잘하는 학생에 대해서는 스승도 가르치기 편하고 그 결과도 배가 되며, 또 학생은 그에 따라 스승의 은혜에 감격한다. 반면 배우기를 잘하지 못하는 학생은 스승도 가르치기 어렵고 그 결과도 절반에 이르며, 또 학생도 그에 따라 스승을 원망하게 된다. 질문을 잘하는 학생은 단단한 나무를 베는 것과 같으니, 쉬운 부분을 먼저 자르고, 단단한 옹이는 뒤에 자르게 되는데, 공부에 있어서도 이처럼 하면, 쉬운 것부터 배워나가서 그 기간이 오래되면, 그 동안 배운 것이 서로 풀이를 해주어 해답을 찾게 된다. 반면 질문을 잘하지 못하는 학생은 이와 반대로 시행한다. 또 질문에 대답을 잘하는 스승은 마치 종을 치는 것과 같으니, 작은 것으로 종을 치면 작은 소리를 내고, 큰 것으로 종을 치면 큰 소리를 내어, 급박하지 않게 차분하게 종을 친 뒤에야 종도 그 나름의 소리를 모두 내게 된다. 반면 질문에 대답을 잘하지 못하는 스승은 이와 반대로 시행한다. 이러한 것들은 모두 학문에 나아가는 도에 해당한다.

集說 庸, 功也, 感師之有功於己也. 相說以解, 舊讀說爲悅, 今從朱子說讀如字.

번역 ‘용(庸)’자는 공덕을 뜻하니, 스승이 자신에게 공덕을 베풀어준 것에 감격한다는 뜻이다. ‘상설이해(相說以解)’에 대해서, 옛 해석에서는 ‘설(說)’자를 ‘열(悅)’자로 풀이했는데, 현재는 주자의 주장에 따라서 글자대로 읽는다.

集說 疏曰: 從讀爲舂者, 舂, 謂擊也, 以爲聲之形容. 言鍾之爲體, 必待其擊, 每一舂而爲一容, 然後盡其聲. 善答者, 亦待其一問, 然後一答, 乃盡說義理也.

번역 공영달의 소(疏)에서 말하길, ‘종(從)’자는 ‘용(舂)’자로 풀이하니, ‘용(舂)’자는 “치다[擊].”는 뜻으로, 소리를 형용하는 것이다. 즉 종은 본체가 되는데 반드시 치기를 기다려야 하니, 매번 한 차례 치면 한 차례 소리를 내니, 그런 뒤에야 그 소리를 다 내게 된다. 대답을 잘하는 자 또한 한 가지 질문을 기다린 뒤에야 한 가지 대답을 해주니, 이처럼 하면 그 의리를 모두 설명하게 된다.

集說 愚謂: 從容, 言優游不迫之意. 不急疾擊之, 則鍾聲之小大長短得以自盡, 故以爲善答之喩.

번역 내가 생각하기에, ‘종용(從容)’은 여유롭고 급박하지 않다는 뜻이다. 급박하고 빠르게 치지 않는다면, 종의 소리에 있어서 크고 작음 길고 짧음이 알맞게 되어 모두 나타나게 된다. 그렇기 때문에 대답을 잘하는 자의 비유로 삼은 것이다.

集說 朱子曰: 說字人以爲悅, 恐只是說字. 先其易者, 難處且放下, 少間見多了, 自然相證而解, 解物爲解, 自解釋爲解, 恐是相證而曉解也.

번역 주자가 말하길, '설(說)'자에 대해서 사람들은 '열(悅)'자로 여기는데, 아마도 이 글자는 본래의 '설(說)'자에 해당하는 것 같다. 쉬운 것을 먼저 한다는 말은 어려운 것을 잠시 그대로 남겨놓고, 그 사이에 여러 가지 것들을 보게 되면 저절로 서로 증명이 되어 그 해답이 나오게 되는데, 사물을 이해하는 것도 해답이 되며, 스스로 해석하는 것도 해답이 되니, 아마도 서로 증명하여 해답을 깨우친다는 의미인 것 같다.

大全 延平周氏曰: 善問者, 知先後之序, 善待問者, 小以成小, 大以成大.

번역 연평주씨가 말하길, 질문을 잘하는 학생은 선후의 순서를 알고, 대답을 잘하는 스승은 작은 것에는 작은 것을 이루어주고 큰 것에는 큰 것을 이루어준다.

大全 馬氏曰: 切問而近思, 所謂善問也. 於吾言無所不說, 所謂相說以解者也.

번역 마씨가 말하길, "간절하게 묻고 가까이 현실에서 생각한다."[1]는 것이 이른바 "질문을 잘한다."는 뜻이다. "내 말에 대해서 기뻐하지 않는 것이 없다."[2]는 말은 이른바 "서로 기뻐하며 해답을 찾는다."는 뜻이다.

鄭注 從, 隨也. 庸, 功也. 功之, 受其道, 有功於己. 言先易後難, 以漸入. 從, 讀如"富父舂戈"之舂. 舂容, 謂重撞擊也, 始者一聲而已. 學者既開其端意,

---

1) 『논어』「자장(子張)」: 子夏曰, "博學而篤志, 切問而近思, 仁在其中矣."
2) 『논어』「선진(先進)」: 子曰, "回也非助我者也, 於吾言無所不說."

進而復問, 乃極說之, 如撞鐘之成聲矣. 從, 或爲松. 此皆善問善答也.

[번역] '종(從)'자는 "따른다[隨]."는 뜻이다. '용(庸)'자는 공덕을 뜻한다. 공으로 여겨서 그 도리를 받아들이니, 자신에게도 공덕이 생기는 것이다. 나무를 자르는 것과 같다는 말은 쉬운 것을 먼저하고 어려운 것을 뒤에 하여, 점점 그 도리로 들어간다는 뜻이다. '대기종용(待其從容)'에서의 '종(從)'자는 "부보(富父)가 창으로 쳤다."3)라고 했을 때의 '용(舂)'자와 같다. '용용(舂容)'은 강하게 종을 친다는 뜻이니, 처음 칠 때에는 한 소리만 날 따름이다. 학생에게는 이미 그 단서의 뜻을 열어주었으니, 학생들이 더욱 정진하여 재차 질문을 한다면 자세히 설명을 해주는 것으로, 마치 종을 쳐서 소리를 내는 것과 같다. '종(從)'자를 다른 판본에서는 '송(松)'자로 기록하기도 한다. 이러한 것들은 모두 질문을 잘하고 대답을 잘하는 일들 에 해당한다.

[釋文] 說音悅. 撞, 丈江反. 叩音口. 從, 依注讀爲舂, 式容反. 父音甫. 重, 直用反. 復, 扶又反.

[번역] '說'자의 음은 '悅(열)'이다. '撞'자는 '丈(장)'자와 '江(강)'자의 반 절음이다. '叩'자의 음은 '口(구)'이다. '從'자는 정현의 주에 따르면 '舂'자 로 해석하니, 그 음은 '式(식)'자와 '容(용)'자의 반절음이다. '父'자의 음은 '甫(보)'이다. '重'자는 '直(직)'자와 '用(용)'자의 반절음이다. '復'자는 '扶 (부)'자와 '又(우)'자의 반절음이다.

[孔疏] ●"善學"至"道也". ○正義曰: 此一節明善學及善問, 幷善答不善答 之事.

[번역] ●經文: "善學"~"道也". ○이곳 문단은 잘 배우고 잘 질문하며,

---

3) 『춘추좌씨전』「문공(文公) 11년」: 冬十月甲午, 敗狄于鹹, 獲長狄僑如. 富父終 甥舂其喉以戈, 殺之.

잘 대답하고 잘 대답하지 못하는 사안을 논의하고 있다.

孔疏 ●"善學者師逸而功倍"者, 受者聰明易入, 是爲學之善, 故師體逸豫, 而弟子所解又倍於他人也.

번역 ●經文: "善學者師逸而功倍". ○수업을 받는 자가 총명하면 쉽게 받아들이니, 이러한 자는 배우기를 잘하는 자이다. 그렇기 때문에 스승도 편안하고 제자가 이해하는 것 또한 다른 사람들에 비해 배가 된다.

孔疏 ●"又從而庸之"者, 庸亦功也. 所得旣倍於他人, 故恒言我師特加功於我者, 是"從而功之"也.

번역 ●經文: "又從而庸之". ○'용(庸)'자는 또한 공덕을 뜻한다. 터득한 것이 이미 남보다 배가 되었기 때문에, 스승이 자신에게 공덕을 특별히 더 베풀어주었다는 말을 항상 하게 된다. 이것이 "그에 따라 공덕으로 여긴다."는 뜻이다.

孔疏 ●"不善學者師勤而功半"者, 此明劣者也. 己旣闇鈍, 故師體勤苦, 而功裁半於他人也.

번역 ●經文: "不善學者師勤而功半". ○이것은 우매한 자에 대해서 나타내고 있다. 자신이 이미 우매한 상태이기 때문에, 스승도 고되게 되고 그 결과도 남들에 비해 절반이 된다.

孔疏 ●"又從而怨之"者, 己旣闇鈍, 而不自責己不明, 乃反怨於師, 獨不盡意於我也.

번역 ●經文: "又從而怨之". ○자신이 이미 우매한데도 스스로 자신의 총명하지 못함을 자책하지 않고 반대로 스승에 대해 원망을 하니, 유독 자신에 대해서 진실된 뜻을 다하지 못했기 때문이다.

孔疏 ●“善問者如攻堅木, 先其易者, 後其節目”者, 此明能問者. 問, 謂論難也. 攻, 治也. 言善問之人, 如匠善攻治堅木, 先斫治其濡易之處, 然後斫其節目. 其所問師之時, 亦先問其易, 後問其難也.

번역 ●經文: “善問者如攻堅木, 先其易者, 後其節目”. ○이 또한 질문을 잘하는 자에 대해서 나타내고 있다. ‘문(問)’이라는 말은 어려운 것에 대해서 논변하여 묻는다는 뜻이다. ‘공(攻)’자는 “다스린다[治].”는 뜻이다. 즉 질문을 잘하는 사람은 장인이 견고한 나무를 잘 자르는 것과 같아서, 먼저 연약한 부분을 자르고 그 이후에 단단한 옹이를 자르는 것과 같다는 뜻이다. 즉 스승에게 질문을 할 때에도 먼저 쉬운 것을 질문하고 그 이후에 어려운 것을 질문한다는 의미이다.

孔疏 ●“及其久也, 相說以解”者, 言問者順理, 答者分明, 故及其經久, 師徒共相愛說, 以解義理.

번역 ●經文: “及其久也, 相說以解”. ○순리에 따라 질문을 하여 대답하는 것도 분명해진다. 그렇기 때문에 이러한 과정이 오래되면 스승과 학생들은 모두 서로 기뻐하게 되어, 그 의리에 대해서 이해하게 된다.

孔疏 ●“不善問者反此”者, 若闇劣不解問之人, 則與能問者意反也. 謂先問其難, 心且不解, 則答問之人, 不相喜說, 義又不通也, 故云“反此”矣.

번역 ●經文: “不善問者反此”. ○만약 우매하여 해답을 내리지 못하는 것으로 질문을 하는 자라면, 질문을 잘하는 자의 의중과 상반된다는 뜻이다. 즉 먼저 어려운 것을 질문한다는 뜻이니, 마음이 또한 그것에 대해 해답을 내리지 못하면 질문에 대해 답변하는 자도 서로 기뻐하지 않고 의미 또한 소통되지 않기 때문에, “이와 반대로 한다.”라고 말한 것이다.

孔疏 ●“善待問者如撞鐘, 叩之以小者則小鳴, 叩之以大者則大鳴”者, 嚮明問, 此明答也. 以爲設喩譬, 善能答問難者, 如鐘之應撞, 撞小則小鳴應之, 撞大則大鳴應之. 能答問者, 亦隨彼所問事之大小而答之.

번역 ●經文: "善待問者如撞鐘, 叩之以小者則小鳴, 叩之以大者則大 鳴". ○이전에는 질문에 대해 나타냈고 이곳에서는 답변에 대해 나타냈 다. 비유를 들어서 어려운 질문에 대해 답변을 잘하는 자는 마치 종을 치 는 것과 같으니, 작게 치면 작은 소리로 응대하고 크게 치면 큰 소리로 응대한다. 질문에 답변을 잘하는 자 또한 상대가 질문한 일의 수준에 따 라서 답변을 한다.

孔疏 ●"待其從容, 然後盡其聲"者, 又以鐘爲喩也.

번역 ●經文: "待其從容, 然後盡其聲". ○이 또한 종을 통해 비유를 한 것이다.

孔疏 ●"不善答問者反此"者, 謂不善答他所問, 則反此. 上來之事, 或問 小而答大, 或問大而答小, 或暫問而說盡, 此皆無益於所問, 故云"不善答問 者反此".

번역 ●經文: "不善答問者反此". ○상대방이 물어본 것에 대해 답변을 잘하지 못하는 자라면 이와 반대로 한다는 뜻이다. 이전의 일들에 있어서 간혹 작은 일에 대해 질문을 했는데 큰 것으로 답변을 해주고, 혹은 큰 것에 대해 질문을 했는데 작은 것으로 답변을 해주며, 혹은 사소한 것을 잠시 질문했는데 모든 것을 말해주는 등 이러한 것들은 모두 질문한 것 에 대해 이로움이 없는 것이다. 그렇기 때문에 "질문에 답변을 잘하지 못 하는 자는 이와 반대로 한다."라고 말한 것이다.

孔疏 ●"此皆進學之道也"者, 言上善問善答, 此皆進益學者之道也.

번역 ●經文: "此皆進學之道也". ○앞에서 말한 질문을 잘하고 답변을 잘하는 것은 모두 학문에 나아가고 보탬이 되는 도리라는 뜻이다.

孔疏 ◎注"從謂"至"之春". ○正義曰: 春, 謂擊也. 以爲聲之從容, 言鐘之爲體, 以待其擊. 每一春而爲一容, 然後盡其聲. 言善答者, 亦待其一問然後一答, 乃後盡說義理也. 按左傳文十一年冬, 叔孫得臣敗狄於鹹, 獲長狄僑如, 富父終甥以戈椿長狄喉而殺之, 是也.

번역 ◎鄭注: "從謂"~"之春". ○'용(春)'자는 "치다[擊]."는 뜻이니, 이 것을 소리에 대한 형용의 말로 여긴 것이다. 즉 종은 본체가 되어 치기를 기다린다. 매번 한 차례 치면 한 차례 소리를 내니, 이처럼 된 이후에야 그 소리를 모두 다 내게 된다. 즉 답변을 잘하는 자 또한 한 가지 질문을 기다린 뒤에야 한 가지 대답을 해주니, 이처럼 한 이후에야 그 의리에 대 해서 모두 설명하게 된다. 『좌전』문공(文公) 11년 겨울 기록을 살펴보면, 숙손득신(叔孫得臣)이 함(鹹) 땅에서 오랑캐를 패배시켰고, 장적(長狄)의 군주인 교여(僑如)를 포획하였는데, 부보종생(富父終甥)이 창으로 장적의 군주를 쳐서 죽였다고 했다.

訓纂 方性夫曰: 節則木理之剛者, 說卦所謂"堅多節", 是矣. 目, 則木理之精者, 弓人所謂"斲目必荼", 是矣.

번역 방성부가 말하길, '절(節)'이라는 것은 나무의 결 중 단단한 부분 이니, 『역』「설괘전(說卦傳)」에서 "단단한 마디가 많음이 된다."4)라고 한 말이 바로 이러한 뜻을 나타낸다. '목(目)'은 나무의 결이 뭉쳐진 곳이니, 『주례』「궁인(弓人)」편에서 "나무의 눈을 뚫을 때에는 반드시 천천히 한 다."5)라고 한 말이 바로 이러한 뜻을 나타낸다.

---

4) 『역』「설괘전(說卦傳)」: 艮爲山, 爲徑路, 爲小石, 爲門闕, 爲果蓏, 爲閽寺, 爲指, 爲狗, 爲鼠, 爲黔喙之屬, 其於木也爲堅多節.
5) 『주례』「동관고공기(冬官考工記)·궁인(弓人)」: 斲目不荼, 則及其大脩也, 筋代之受病.

訓纂　朱子曰: 從容, 謂聲之餘韻從容而將盡者也.

번역　주자가 말하길, '종용(從容)'은 소리의 여운이 여유롭게 퍼져서 그 소리를 다하게 된다는 뜻이다.

訓纂　集韻: 從容, 久意.

번역　『집운』6)에서 말하길, '종용(從容)'은 오래도록 생각한다는 뜻이다.

集解　今按: 說當從輔氏讀爲脫. 從容, 當讀如中庸"從容中道", 從, 七容反.

번역　현재 살펴보니, '설(說)'자는 마땅히 보광의 주장에 따라 '탈(脫)' 자로 해석해야 한다. '종용(從容)'은 마땅히 『중용』에서 "차분하고 여유 있게 하여 도에 맞다."7)라고 했을 때의 '종용(從容)'으로 해석해야 하니, '從'자는 '七(칠)'자와 '容(용)'자의 반절음이다.

集解　朱子曰: 註說非是. 從容, 正謂聲之餘韻從容而將盡者也. 言必盡答所問然後止也.

번역　주자가 말하길, 정현의 주장은 잘못되었다. '종용(從容)'은 소리 의 여음이 조용히 퍼져서 다하게 된다는 뜻이다. 즉 질문에 대해 반드시 답변을 다한 뒤에야 그친다는 의미이다.

集解　輔氏廣曰: 治木者, 柔者既去, 然後堅者可脫而解矣, 故曰"相說以解". 音悅恐非, 悅則以學者言矣. 以後譬觀之, 不然. 撞鐘, 以莛擊之, 則其聲小, 以楗擊之, 則其聲大. 聲之大小雖不同, 然必待叩者之從容, 然後盡其聲,

---

6)　『집운(集韻)』은 송(宋)나라 때의 정탁(丁度, A.D.990~A.D.1053) 등이 칙명 (勅命)을 받아서 편찬한 음운학 서적이다.

7)　『중용』「20장」: 誠者, 天之道也. 誠之者, 人之道也. 誠者, 不勉而中, 不思而得, 從容中道, 聖人也. 誠之者, 擇善而固執之者也.

若亞撞之, 未有能盡其聲者也.

번역 보광이 말하길, 나무를 다듬을 때에는 연약한 부분을 먼저 제거한 뒤에 단단한 부분 중 떼어낼 수 있는 부분은 분리한다. 그렇기 때문에 "서로 덜어내어 해답을 찾는다."라고 말한 것이다. 따라서 '說'자의 음을 '悅(열)'자로 읽는 것은 아마도 잘못된 주장 같다. 기뻐한다는 것은 학생을 기준으로 말한 것이다. 그러나 그 뒤에 비유를 든 것으로 살펴보면 그렇지 않다. 종을 칠 때 방망이로 치게 되면 그 소리는 작고, 큰 기둥으로 치게 되면 그 소리는 크다. 소리의 큼과 작음이 비록 다르지만, 반드시 두드리는 자의 행위를 기다린 뒤에야 그 소리를 다 내게 되는데, 만약 급히 친다면 그 소리를 다 낼 수 없다.

集解 愚謂: 功之, 謂歸功於師也. 節目, 木之堅而難攻處. 易說卦曰, "其於木也, 爲堅多節." 說, 當讀爲脫. 相說以解, 謂彼此相離脫而解也. 從容, 義如 "從容中道", "從容以和". 鐘雖叩之而無不鳴, 然必撞之者不急迫, 從容間歇, 而後其餘聲乃盡, 若急迫叩之, 則鐘聲有不能盡者矣. 善待問者, 於學者之問無不答, 若鐘之小叩小鳴, 大叩大鳴, 然必問者不急迫, 從容閒暇, 然後盡發其旨意, 若急迫問之, 則敎者有不盡告者矣. 非其於學者有所靳也, 蓋非從容則無沈潛詳審之意, 而不足以爲領受之地故也.

번역 내가 생각하기에, '공지(功之)'라는 말은 스승에게 공을 되돌린다는 뜻이다. '절목(節目)'은 나무 중 단단한 부분으로 자르기 어려운 곳이다. 『역』「설괘전」에서는 "나무에 있어서는 단단한 마디가 많음이 된다."라고 했다. '說'자는 마땅히 '탈(脫)'자로 해석해야 한다. '상탈이해(相說以解)'라는 말은 이것과 저것을 서로 분리시켜서 해석을 한다는 뜻이다. '종용(從容)'이라는 말은 그 뜻이 "차분하고 여유 있게 하여 도에 맞다."라는 말과 "차분하고 여유 있게 조화를 이룬다."[8]라고 했을 때의 '종용(從容)'과 같다. 종은 비록 두들기면 소리를 내지 않은 적이 없지만, 반드시 두

---

8) 『서』「주서(周書) · 군진(君陳)」: 寬而有制, <u>從容以和</u>.

드리는 자가 급박하게 치지 않고 여유롭고 사이를 두어 주기적으로 친이후에야 그 여운이 모두 다 나게 되니, 만약 급박하게 친다면 종의 소리에 다 내지 못하는 점이 있게 된다. 질문에 대해 대답을 잘하는 자는 학생들의 질문에 대해서 답변을 못하는 일이 없으니, 마치 종에 대해 작게치면 작은 소리를 내고 크게 치면 큰 소리를 내는 일과 같은데, 반드시질문하는 것이 급박하지 않고 여유롭고 간격을 두어서 해야만 그 뜻을모두 나타낼 수 있다. 만약 급박하게 질문을 한다면, 가르치는 자도 모두말해주지 못하는 점이 있게 된다. 이것은 학생에 대해서 인색한 점이 있어서가 아니니, 차분하지 않다면 생각에 잠겨 소상하게 분석하는 것이 없고 가르침을 받아들일 자세도 안 되기 때문이다.

【452d】

記問之學不足以爲人師, 必也其聽語乎! 力不能問, 然後語之. 語之而不知, 雖舍之可也.

직역 記問의 學으로는 人의 師가 爲하기에는 不足하니, 必히 그 語를 聽함이다! 力으로 問을 不能한 然後에 語한다. 語하되 不知하면, 雖히 舍라도 可하다.

의역 단순히 옛 기록만 암송하고 기억하는 것으로는 남의 스승이 되기에 부족하니, 반드시 학생들이 질문하는 말뜻을 알아들어야 한다. 학생들의 수준으로 더 이상 질문을 할 수 없게 된 뒤에야 알려준다. 알려주되 그가 알아듣지 못한다면, 비록 알려주지 않더라도 괜찮다.

集說 記問, 謂記誦古書以待學者之問也. 以此爲學, 無得於心, 而所知有限, 故不足以爲人師. 聽語, 聽學者所問之語也. 不能問則告之, 不知而舍之, 以其終不可入德也. 不以三隅反則不復, 亦此意.

번역 '기문(記問)'은 옛 서적을 기억하고 암송했던 것으로 학생들의 질문에 대답한다는 뜻이다. 이것을 배움으로 삼는다면 마음에 얻는 것이 없고 아는 것도 한계가 있게 된다. 그렇기 때문에 남의 스승이 되기에는 부족하다. '청어(聽語)'는 학생들이 질문하는 말을 알아듣는다는 뜻이다. 질문을 더 이상 하지 못한다면 알려주되, 알아듣지 못하면 그만두니, 그는 끝내 덕으로 들어갈 수 없기 때문이다. "나머지 세 귀퉁이에 대해서 반추하지 못한다면, 다시 알려주지 않는다."[9]라는 말 또한 이러한 의미이다.

大全 李氏曰: 君子之敎人, 或聽之或語之或舍之, 其欲成之一也.

번역 이씨[10]가 말하길, 군자가 남을 가르칠 때, 어떤 경우에는 듣고 또 어떤 경우에는 말해주며 또 어떤 경우에는 그만두는데, 그를 완성시키고자 하는 입장에서는 동일하다.

大全 慶源輔氏曰: 記問之學, 據己所有以告人, 聽語者, 因人之所疑以啓發之.

번역 경원보씨가 말하길, 암송하고 기억하는 것으로 질문에 답변해주는 학문은 자신이 알고 있는 것에 기준을 두어 상대에게 알려주는 것이고, 남의 말을 알아듣는 것은 상대방이 의문스러워하는 것에 따라서 그 단서를 열어주어 찾도록 하는 것이다.

鄭注 記問, 謂豫誦雜難·雜說, 至講時爲學者論之. 此或時師不心解, 或學者所未能問. 必待其問乃說之. 舍之須後.

번역 '기문(記問)'은 각종 논변과 각종 학설을 미리 암송하여, 강의할 시기가 되면 학생들에게 논변해주는 것을 뜻한다. 이처럼 하게 되면 간혹

---

9) 『논어』「술이(述而)」 : 子曰, "不憤不啓, 不悱不發. 擧一隅, <u>不以三隅反, 則不復也.</u>"

10) 이씨(李氏, ?~?) : 자세한 이력이 남아 있지 않다.

스승도 마음으로 이해를 못할 때가 있고, 또는 학생들도 질문을 하지 못할 때가 있다. 반드시 질문을 할 때까지 기다린 뒤에야 대답을 해준다. 대답을 그만두고 차후를 기다려야 한다.

釋文 難, 乃旦反. 語, 魚據反, 下同. 舍音捨, 又如字, 下注同.

번역 '難'자는 '乃(내)'자와 '旦(단)'자의 반절음이다. '語'자는 '魚(어)'자와 '據(거)'자의 반절음이며, 아래문장에 나오는 글자도 그 음이 이와 같다. '舍'자의 음은 '捨(사)'이며, 또한 글자대로 읽기도 하고, 아래 정현의 주에 나오는 글자도 그 음이 이와 같다.

孔疏 ●"記問之"至"舍之可也". ○正義曰: 此一節論教者不可爲記問之學. 又教人之時, 不善教學者, 謂心未解其義, 而但逆記他人雜問, 而謂之解. 至臨時爲人解說, 則先述其所記而示人, 以其不解, 無益學者, 故云"不足以爲人師".

번역 ●經文: "記問之"~"舍之可也". ○이곳 문단은 가르치는 자는 단순히 기문(記問)의 학문을 해서는 안 된다는 사실을 논의하고 있다. 또 남을 가르칠 때 학생들을 잘 가르치지 못하는 자는 마음으로 그 의미를 풀이하지 못하고, 단순히 남이 말해둔 잡된 논의만을 기억하고 그것을 풀이라고 말한다. 따라서 강의에 임해서 상대를 위해 의미를 해설하게 된다면, 먼저 자신이 미리 기억해두었던 것만 조술하여 상대에게 보여주니, 그것은 풀이가 아니며 학생에게도 무익하기 때문에, "남의 스승이 되기에 부족하다."라고 말한 것이다.

孔疏 ●"必也其聽語乎"者, 聽語, 謂聽其問者之語. 既不可記問, 遂說教人之時, 必待學者之問, 聽受其所問之語, 然後依問爲說之也.

번역 ●經文: "必也其聽語乎". ○'청어(聽語)'는 질문한 자의 말을 들

는다는 뜻이다. 이미 단순히 기억해서 조술하는 것은 불가하다고 했으니, 남을 가르치고 설명을 해줄 때에는 반드시 학생이 질문하기를 기다린 뒤에, 질문한 말의 의미를 받아들이고 그 이후에 질문한 내용에 따라서 설명을 해준다.

孔疏 ●"力不能問, 然後語之"者, 若受業者才力苟不能見問, 待憤憤悱悱之間, 則師然後乃示語之矣.

번역 ●經文: "力不能問, 然後語之". ○만약 수업을 받는 자의 재능과 수준이 질문을 하기에 역부족이라면, 스스로 고심하고 노력하는 시간을 기다려야 하니, 스승은 그런 뒤에 곧 단서를 보여주어 말을 해준다.

孔疏 ●"語之而不知, 雖舍之可也"者, 弟子旣不能問, 因而語之, 語之不能知, 且舍住, 待後別更語之可也.

번역 ●經文: "語之而不知, 雖舍之可也". ○제자들이 이미 질문을 할 수 없는 상태이니, 그에 따라 말을 해주는데, 말을 해주어도 알아들을 수 없다면 또한 잠시 멈추니, 그 이후를 기다렸다가 재차 말을 해주는 것이 옳다.

集解 朱子曰: 記問之學, 無得於心, 而所知有限, 故不足以爲人師.

번역 주자가 말하길, 단순히 외우고 암송한 것으로 답변해주는 학문으로는 마음에 얻는 것이 없고 아는 것에도 제한이 있기 때문에, 남의 스승이 되기에 부족하다.

集解 愚謂: 聽語, 謂聽學者之問, 而因而語之, 所謂"小叩小鳴, 大叩大鳴", 是也. 此唯學有心得, 而義理充足者, 然後能之, 然敎者之語, 雖因乎學者之問, 而亦有不待其問而語之者. 蓋其心有憤悱, 而力不能問, 然後語以發之. 語之而不知, 則又當舍之, 以俟其後也. 論語“不憤不啓, 不悱不發, 擧一隅, 不以 三隅反, 則不復也”, 卽此義也.

번역 내가 생각하기에, '청어(聽語)'는 학생들이 질문하는 것을 듣고 그 말에 따라서 대답을 해준다는 뜻이니, 이른바 "종은 작게 치면 작게 울리고, 크게 치면 크게 울린다."는 뜻이다. 이처럼 오직 배움에 있어서 마음으로 터득한 것이 있고, 의리에 대해서도 충분히 안 뒤에야 할 수 있다. 그런데 가르치는 자의 말은 비록 학생들이 질문한 것에 따라서 하지만, 또한 학생들이 질문을 할 때까지 기다리지 않고 말해주는 경우도 있다. 학생들이 마음으로 간절히 노력하는데 질문을 하기에는 역부족이라면, 말을 해주어 발전을 시켜준다. 말을 해주었는데도 알아듣지 못하면, 또한 마땅히 멈춰서 훗날을 기다려야 한다. 『논어』에서 "간절히 노력하지 않으면 열어주지 않고, 절실하게 애태워하지 않으면 말해주지 않으니, 한 귀퉁이를 들었는데, 나머지 세 귀퉁이에 대해서 반추하지 못한다면, 다시 알려주지 않는다."라고 한 말은 바로 이러한 뜻을 나타낸다.

• 제 15절 •

배움의 요령

【453a】

良冶之子, 必學爲裘; 良弓之子, 必學爲箕. 始駕馬者反之, 車在馬前. 君子察於此三者, 可以有志於學矣.

직역 良冶의 子는 必히 裘를 爲함을 學하고; 良弓의 子는 必히 箕를 爲함을 學한다. 始히 馬에 駕하는 者는 反하여, 車가 馬前에 在한다. 君子가 此三者에서 察하면, 可히 學에 志함이 有하다.

의역 대장간 일을 잘하는 집의 자제들은 대장간 일보다 먼저 반드시 갓옷 만드는 일을 배운다. 활을 잘 만드는 집의 자제들은 활 만드는 일보다 먼저 반드시 키 만드는 일을 배운다. 처음 말에 멍에를 메게 할 때에는 그 말을 수레의 뒤로 돌려서 수레가 말 앞에 오도록 하여 따라오도록 만든다. 군자는 이러한 세 가지 것들을 살펴야만 학문에 뜻이 있다고 할 수 있다.

集說 疏曰: 善冶之家, 其子弟見其父兄陶鑄金鐵, 使之柔合以補治破器, 故此子弟能學爲袍裘, 補續獸皮, 片片相合, 以至完全也. 箕, 柳箕也. 善爲弓之家, 使幹角橈屈, 調和成弓, 故其子弟亦觀其父兄世業, 學取柳條和軟橈之成箕也. 馬子始學駕車之時, 大馬駕在車前, 將馬子繫隨車後而行, 故云反之. 所以然者, 此駒未曾駕車, 若忽駕之必驚奔. 今以大馬牽車於前, 而繫駒於後, 使日日見車之行, 慣習而後駕之, 不復驚矣. 言學者亦須先敎小事如操縵之屬, 然後乃示其業, 則易成也.

번역 공영달의 소(疏)에서 말하길, 대장간 일을 잘하는 집안에서, 그 자제들은 부친과 형이 금이나 철을 주조하여 깨진 그릇 등을 수리하는 것을 보았기 때문에, 그 자제들은 솜옷이나 가죽옷 만드는 일을 배울 수 있어서, 짐승의 가죽을 꿰매어 조각들을 합쳐 완성품을 만들게 된다. '기(箕)'자는 버드나무로 만든 키이다. 활을 잘 만드는 집안에서는 등뼈나 뿔을 굽혀 휘어지게 하여 활을 만들게 된다. 그렇기 때문에 그 자제들은 또한 그들의 부친과 형이 대대로 이어온 가업을 살펴보고, 버드나무 가지들을 가져다가 부드럽게 휘어서 키 만드는 것을 배운다. 말의 새끼가 처음으로 수레에 멍에를 메는 것을 배울 때, 큰 말에는 멍에를 메어 수레 앞에 두고 말의 새끼는 수레에 연결하여 뒤에서 따라오게 한다. 그렇기 때문에 "반대로 돌려놓는다."라고 말한 것이다. 이처럼 하는 이유는 망아지는 일찍이 수레에 멍에를 메어 본 적이 없어서, 만약 갑작스럽게 멍에를 메게 하면 반드시 놀라서 달아나기 때문이다. 현재 큰 말이 수레를 끌도록 앞에 두고, 망아지를 연결하여 그 뒤에 있게 한 것은 수레가 움직이는 것을 매일 보도록 하여, 습관을 들인 이후에 멍에를 메게 해서 재차 놀라는 일이 없게끔 하기 위해서이다. 이것은 학생들에게는 또한 우선적으로 금슬(琴瑟) 등의 악기가 익숙하도록 손으로 놀리는 일 등을 가르쳐야 하고, 그런 뒤에 그가 익혀야 할 과업을 제시한다면 쉽게 완성할 수 있다는 뜻이다.

集說 應氏曰: 冶鑛難精, 而裘軟易紉; 弓勁難調, 而箕曲易製; 車重難駕, 而馬反則易馴. 皆自易而至於難, 自粗而至於精, 習之有漸而不可驟進, 學之以類而不可泛求, 是之謂有志矣.

번역 응씨가 말하길, 쇳돌을 단련하는 일은 정밀히 하기가 어렵지만 부드러운 가죽은 연결하기는 쉽다. 활은 견고하여 휘기가 어렵지만 키를 굽어지게 만드는 일은 하기가 쉽다. 수레는 무거워서 멍에를 메는 것은 어렵지만 말을 반대로 돌려서 뒤에 둔다면 길들이기가 쉽다. 이 모두는 쉬운 것으로부터 시작하여 어려운 것에 이르는 것이며, 거친 것으로부터 시작하여 정밀한 것에 이르는 것으로, 학습을 함에 있어서도 점진적으로 해야 하며 갑작스럽게 나아갈 수 없으니, 배움에 있어서는 비슷한 부류를 통해서 차근하게 익혀야 하며, 갑작스럽게 광범위한 것들을 구해서는 안되니, 이것을 뜻이 있다고 말한다.

大全 慶源輔氏曰: 良冶之子, 必學爲裘. 良弓之子, 必學爲箕. 至於馬之子, 則不能然也. 雖然苟有以調習之, 則亦無不能也. 此見人獸之異. 君子而能察, 夫弓冶之賤, 必學爲箕裘之業, 馬之子異於人矣, 而有以調習之, 亦皆安於牽駕之事, 則可以有志於學矣. 蓋學乃君子當爲之事也. 可以勉之之辭.

번역 경원보씨가 말하길, 대장간 일을 잘하는 집의 자제들은 반드시 갓옷 만드는 일을 먼저 배운다. 활을 잘 만드는 집의 자제들은 반드시 키 만드는 일을 먼저 배운다. 말의 새끼에 대해서는 이처럼 할 수 없다. 비록 그렇다고 하더라도 순종하도록 길들임이 있다면 또한 하지 못할 것이 없다. 이것은 사람과 짐승의 차이를 나타낸다. 군자는 잘 살펴야 하니, 활을 만들고 대장장이의 일처럼 미천한 것일지라도 반드시 키나 갓옷 만드는 일을 먼저 배우고, 말의 새끼는 사람과 다르지만 순종하도록 길들여서 또한 모두 멍에 메는 일을 안정되게 할 수 있으니, 군자가 이러한 것들을 살피면 학문에 뜻을 가질 수 있다. 학문은 군자가 마땅히 시행해야 할 일이다. 따라서 이 말은 노력하도록 하는 말이다.

鄭注 仍見其家鍜補穿鑿之器也. 補器者, 其金柔乃合, 有似於爲裘. 仍見其家橈角幹也. 橈角幹者, 其材宜調, 調乃三體相勝, 有似於爲楊柳之箕. 以言仍見則貫, 卽事易也. 仍讀先王之道, 則爲來事不惑.

번역 대장장이의 집 자제들은 그 집안에서 금속을 주조하여 구멍이 뚫린 기구를 수리하는 것을 살펴본다. '보기(補器)'라는 것은 금속을 부드럽게 만들어서 합쳐지도록 하는 것인데, 갓옷 만드는 일과 유사한 점이 있다. 활을 만드는 집의 자제들은 그 집안에서 뿔과 뼈를 굽히는 일을 살펴본다. 뿔과 뼈를 굽히는 것은 그 재료를 부드럽게 만들어야 하는데, 부드럽게 만든다는 것은 세 가지 재료가 서로 힘을 지지하도록 만드는 것으로, 버드나무로 키를 만드는 일과 유사한 점이 있다. 말에 대한 비유를 통해서, 먼저 살펴보면 그 일을 알게 되어, 그런 뒤에 그 사안을 접하면 쉽게 한다는 뜻을 나타낸 것이다. 학문에 뜻을 둔 뒤에 선왕의 도리가 적힌 서적을 읽는다면 앞으로 다가올 일들에 대해서 의혹되지 않는다.

釋文 冶音也. 錮音固. 穿, 字又作穿, 音川. 鑿, 在洛反. 箕音基, 注同. 橈, 而小反, 下同, 曲屈也, 一音乃孝反. 榦, 古旦反. 勝音升, 任也, 一本作稱, 尺證反. 始駕者, 一本作"始駕馬者". 貫, 古患反, 習也.

번역 '冶'자의 음은 '也(야)'이다. '錮'자의 음은 '固(고)'이다. '穿'자는 그 글자를 또한 '穿'자로도 기록하는데, 그 음은 '川(천)'이다. '鑿'자는 '在(재)'자와 '洛(낙)'자의 반절음이다. '箕'자의 음은 '基(기)'이며, 정현의 주에 나오는 글자도 그 음이 이와 같다. '橈'자는 '而(이)'자와 '小(소)'자의 반절음이며, 아래문장에 나오는 글자도 그 음이 이와 같고, 굽힌다는 뜻이며, 다른 음은 '乃(내)'자와 '孝(효)'자의 반절음이다. '榦'자는 '古(고)'자와 '旦(단)'자의 반절음이다. '勝'자의 음은 '升(승)'으로, 견딘다는 뜻이며, 다른 판본에서는 '稱'자로도 기록하는데, 그 음은 '尺(척)'자와 '證(증)'자의 반절음이다. '始駕者'라는 기록을 다른 판본에서는 '始駕馬者'라고 기록하기도 한다. '貫'자는 '古(고)'자와 '患(환)'자의 반절음으로, 익힌다는 뜻이다.

孔疏 ●"良冶"至"於學矣". ○正義曰: 此一節論學者數見數習, 其學則善, 故三譬之. 此爲第一譬. 良, 善也. 冶, 謂鑄冶也. 裘, 謂衣裘也. 言積世[1]善冶

---

1) '적세(積世)'에 대하여. '적세'는 본래 '적언(積言)'으로 기록되어 있었는데, 완원(阮元)의 『교감기(校勘記)』에서는 "혜동(惠棟)의 『교송본(校宋本)』에는 '적언'을 '적세'라고 기록했고, 위씨(衛氏)의 『집설(集說)』에도 동일하게 기록되어 있다. 따라서 이곳 판본에는 잘못 기록된 것이며, 『민본(閩本)』·『감본(監本)』에도 동일하게 잘못 기록되어 있다. 『모본(毛本)』에는 '세(世)'자가 '습(習)'자로 잘못 기록되어 있다."라고 했다.

之家, 其子弟見其父兄世業鉤鑄金鐵, 使之柔合, 以補治破器, 皆令全好, 故
其子弟仍能學爲袍裘, 補續獸皮, 片片相合, 以至完全也.

번역 ●經文: "良冶"~"於學矣". ○이곳 문단은 학자는 자주 살펴보고
자주 익혀야만 그가 배운 것도 좋게 된다는 사실을 논의하고 있다. 그래
서 세 가지 사안을 통해서 비유한 것이다. 이것은 첫 번째 비유에 해당한
다. '양(良)'자는 "잘한다[善]."는 뜻이다. '야(冶)'자는 쇠를 불려서 주조한
다는 뜻이다. '구(裘)'는 갓옷을 뜻한다. 즉 대대로 대장장이 일을 잘하는
집안의 경우, 그 자제들은 그들의 부친과 형이 대대로 이어온 가업에 따
라 금과 쇠를 주조하여, 부드럽게 하여 합쳐서 깨진 기물을 수리하여 온
전하게 만드는 것을 보았기 때문에, 그 자제들은 갓옷 연결하는 일을 배
울 수 있어서, 짐승의 가죽을 연결하여 조각들을 합해 온전하게 만들게
된다는 뜻이다.

孔疏 ●"良弓之子, 必學爲箕"者, 此第二譬, 亦世業者. 箕, 柳箕也. 言善
爲弓之家, 使幹角撓屈調和成其弓, 故其子弟亦覩其父兄世業, 仍學取柳和
軟撓之成箕也.

번역 ●經文: "良弓之子, 必學爲箕". ○이것은 두 번째 비유이니, 또한
대대로 가업을 이어온 경우이다. '기(箕)'는 버드나무로 만든 키이다. 즉
활을 잘 만드는 집안에서는 뼈와 뿔을 굽혀서 매끄럽게 하여 활을 만들
게 된다. 그렇기 때문에 그 집안의 자제들 또한 그들의 부친과 형이 대대
로 이어온 가업을 살펴보고, 버드나무를 가져다가 부드럽게 휘어서 키 만
드는 것을 배우게 된다는 뜻이다.

孔疏 ●"始駕馬者反之, 車在馬前"者, 此第三譬, 明新習者也. 始駕者, 謂
馬子始學駕車之時. 反之者, 駕馬之法, 大馬本駕在車前, 今將馬子繫隨車後
而行, 故云"反之, 車在馬前", 所以然者, 此駒旣未曾駕車, 若忽駕之, 必當驚
奔, 今以大馬牽車於前, 而繫駒於後, 使此駒日日見車之行, 其駒慣習而後駕

之, 不復驚也. 言學者亦須先敎小事操縵之屬, 然後乃示其業, 則道乃易成也.

번역 ●經文: “始駕馬者反之, 車在馬前”. ○이것은 세 번째 비유에 해당하니, 새로운 것을 익히는 경우에 대해서 나타내고 있다. 처음 멍에를 메게 한다는 말은 말의 새끼가 처음으로 수레의 멍에를 메는 것을 배우는 때를 뜻한다. ‘반지(反之)’라는 말은 말에 멍에를 메게 하는 법도에서는 큰 말은 멍에를 메게 되어 수레의 앞에 있는데, 현재 말의 새끼로 하여금 수레의 뒤에 연결하여 뒤따라가게 한 것이다. 그렇기 때문에 “반대로 하여 수레가 말 앞에 있다.”라고 말한 것이니, 이처럼 하는 이유는 망아지들은 아직 수레에 멍에를 메어 본 적이 없기 때문에, 만약 갑작스럽게 멍에를 메게 한다면, 반드시 놀라서 달아나게 되니, 현재는 큰 말을 수레에 앞에 두어 끌도록 하고, 망아지를 그 뒤에 매달아 따라가도록 하여, 망아지들이 매일 수레가 움직이는 것을 보게 해서, 망아지가 익숙하게 된 이후에 멍에를 메게 하면, 재차 놀라지 않기 때문이다. 이것은 곧 배우는 자에게는 또한 먼저 금슬(琴瑟) 등을 만지작거리며 손에 익숙하게 하는 작은 일들을 익히게 하고, 그런 뒤에야 과업을 보여준다면 도에 대해서 쉽게 이루게 된다는 뜻이다.

孔疏 ●“君子察於此三者, 可以有志於學矣”者, 結上三事. 三事皆須積習, 非一日所成, 君子察此三事之由, 則可有志於學矣.

번역 ●經文: “君子察於此三者, 可以有志於學矣”. ○앞서 말한 세 가지 사안에 대해서 결론을 맺은 말이다. 세 가지 사안들은 모두 차츰차츰 익혀가야만 하며 하루아침에 이룰 수 있는 것이 아니니, 군자가 이러한 세 가지 사안이 완성되는 과정을 살펴본다면 학문에 대해서 뜻을 둘 수 있다.

集解 愚謂: 良冶之子之能爲裘也, 良弓之子之能爲箕也, 馬之能駕車也, 此三者, 非皆生而能之, 由於見聞習熟而馴而致之也. 然則君子之於道, 苟時習而不已, 豈有不能至之理哉? 故察於此而可以有志於學矣.

번역 　내가 생각하기에, 대장장이 일을 잘하는 집안의 자식은 갓옷 만드는 일을 잘할 수 있고, 활을 잘 만드는 집안의 자식은 키 만드는 일을 잘 할 수 있으며, 말은 수레의 멍에를 멜 수 있는데, 이러한 세 가지 일들은 모두 태어나면서부터 잘할 수 있는 것이 아니며, 보고 듣고 익숙하게 단련하고 길들인 것으로부터 이루어진 것이다. 그렇다면 군자는 도에 대해서, 진실로 수시로 익히기를 그치지 않으면 어떻게 이루지 못할 이치가 있겠는가? 그렇기 때문에 이것을 살피면 학문에 뜻을 둘 수 있다.

그림 15-1 ▣ 기(箕)

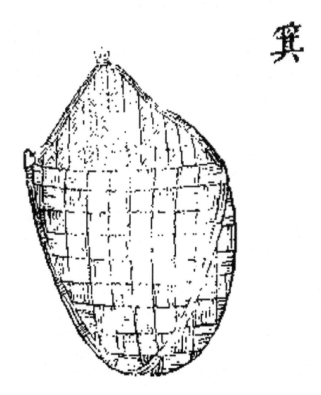

※ **출처:**『삼재도회(三才圖會)』「기용(器用)」 11권

【453c】

古之學者, 比物醜類. 鼓無當於五聲, 五聲弗得不和; 水無當於五色, 五色弗得不章; 學無當於五官, 五官弗得不治; 師無當於五服, 五服弗得不親.

직역 古의 學者는 物에 比하고 類에 醜했다. 鼓는 五聲에 當이 無하나, 五聲은 弗得하면 不和하고; 水는 五色에 當이 無하나, 五色은 弗得하면 不章하며; 學은 五官에 當이; 無하나, 五官은 弗得하면 不治하고; 師는 五服에 當이 無하나, 五服은 弗得하면 不親한다.

의역 고대의 학생들은 사물을 견주고 같은 부류에 견주어서 이치를 이해했다. 예를 들어 북소리는 오성(五聲)에 해당하지 않지만, 오성은 북소리가 없으면 조화를 이루지 못한다. 물은 오색(五色)에 해당하지 않지만, 오색은 물의 무색을 얻지 못하면 선명하게 드러나지 못한다. 배움은 신체의 오관(五官)에 해당하지 않지만, 오관은 배움을 얻지 못하면 다스릴 수 없다. 스승은 오복(五服)에 해당하는 친족이 아니지만, 오복의 친족은 스승을 얻지 못하면 서로 친근하게 될 수 없다.

集說 比物醜類, 謂以同類之事相比方也. 當, 猶主也. 鼓聲不宮不商, 於五聲本無所主, 然而五聲不得鼓, 則無諧和之節; 水無色, 不在五色之列, 而績畫者不得水, 則不章明. 五官, 身口耳目心之所職, 卽洪範之五事也. 學於吾身五者之官, 本無所當, 而五官不得學則不能治. 師於弟子不當五服之一, 而弟子若無師之敎誨, 則五服之屬不相和親.

번역 '비물추류(比物醜類)'는 같은 부류의 사안을 통해서 서로 비교한다는 뜻이다. '당(當)'자는 "주관하다[主]."는 뜻이다. 북의 소리는 궁(宮)음도 아니고 상(商)음도 아니어서, 오성(五聲)2)에 있어서 본래부터 주관

---

2) 오성(五聲)은 오음(五音)이라고도 하며, 일반적으로 궁(宮), 상(商), 각(角), 치(徵), 우(羽) 다섯 가지 음을 뜻한다. 당(唐)나라 이후에는 또한 합(合), 사(四), 을(乙), 척(尺), 공(工)으로 부르기도 했다. 『맹자』「이루상(離婁上)」편에

하는 음이 없다. 그러나 오성은 북을 얻지 못하면 조화를 이루게 하는 절
도가 없게 된다. 물은 색이 없어서 오색(五色)3)의 대열에 끼지 못하지만,
수를 놓거나 그림을 그릴 때 물을 얻지 못하면 색감이 선명하게 드러나
지 않는다. '오관(五官)'은 몸·입·귀·눈·마음이 담당하는 것으로, 『서』
「홍범(洪範)」편에서 말한 오사(五事)4)에 해당한다. 배움은 자신의 신체
에 있는 다섯 가지 관부에 있어서 본래 담당하고 있는 것이 없지만, 다섯
관부는 배움을 얻지 못한다면 다스릴 수 없다. 스승은 제자에 대해서 오
복(五服)5) 중 하나의 관계에 속하는 자가 아니지만, 제자에게 만약 스승
의 가르침이 없었다면 오복에 속한 친족들은 서로 화목하고 친근하게 될
수 없다.

集說 陳氏曰: 類者, 物之所同, 醜之爲言衆也. 理有所不顯, 則比物以明之;
物有所不一, 則醜類以盡之. 然後因理以明道, 而善乎學矣. 總而論之, 鼓非與

는 "不以六律, 不能正五音."이라는 기록이 있는데, 이에 대한 조기(趙岐)의
주에서는 "五音, 宮商角徵羽"라고 풀이하였다.

3) 오색(五色)은 청색[靑], 적색[赤], 백색[白], 흑색[黑], 황색[黃]을 뜻한다. 고대
에는 이 다섯 가지 색깔을 순일한 색깔로 여겨서, 정색(正色)으로 규정하였
고, 그 이외의 색깔들은 간색(間色)으로 분류하였다.

4) 오사(五事)는 본래 모(貌), 언(言), 시(視), 청(聽), 사(思)를 뜻한다. 즉 언행,
보고 듣는 것, 사려함을 가리킨다. 또 단순히 이러한 행위만을 뜻하는 것이
아니라 수신(修身)이라는 측면에서 각각의 항목에 규범이 첨가된다. 즉 '오
사'가 실질적으로 가리키는 것은 행동을 공손하게 하고, 말은 순리에 따라
하며, 보는 것은 밝게 하고, 듣는 것은 밝게 하며, 생각은 깊게 하는 것이다.
『서』「주서(周書)·홍범(洪範)」편에는 "五事, 一曰貌, 二曰言, 三曰視, 四曰聽,
五曰思. 貌曰恭, 言曰從, 視曰明, 聽曰聰, 思曰睿."라는 기록이 있다.

5) 오복(五服)은 죽은 자와 친하고 소원한 관계에 따라 입게 되는 다섯 가지 상
복(喪服)을 뜻한다. 참최복(斬衰服), 자최복(齊衰服), 대공복(大功服), 소공복
(小功服), 시마복(緦麻服)을 가리킨다. 『예기』「학기(學記)」편에는 "師無當於
五服, 五服弗得不親."이라는 기록이 있는데, 이에 대한 공영달(孔穎達)의 소
(疏)에서는 "五服, 斬衰也, 齊衰也, 大功也, 小功也, 緦麻也."라고 풀이했다.
또한 '오복'에 있어서는 죽은 자와 가까운 관계일수록 중대한 상복을 입고,
복상(服喪) 기간도 늘어난다. 위의 '오복' 중 참최복이 가장 중대한 상복에
속하며, 그 다음은 자최복이고, 대공복, 소공복, 시마복 순으로 내려간다.

乎五聲, 而五聲待之而和; 水非與乎五色, 而五色待之而章; 學非與乎五官, 而
五官待之而治; 師非與乎五服, 而五服待之而親. 是五聲·五色·五官·五服
雖不同, 而同於有之以爲利; 鼓也·水也·學也·師也雖不一, 而一於無之以爲
用. 然則古之學者比物醜類, 而精微之意有寓於是, 非窮理之至者, 孰能與此?

번역 진씨가 말하길, '유(類)'는 사물의 동일한 점이다. '추(醜)'자는 무
리[衆]라는 뜻이다. 이치에 드러나지 않는 점이 있다면 다른 사물에 견주
어서 드러내고, 사물에 동일하지 않은 점이 있다면 부류를 많이 하여 다
드러낸다. 그런 뒤에야 이치에 따라서 도를 밝히고 학업에 잘할 수 있다.
총괄적으로 논의를 해보면, 북은 오성(五聲)에 관여되지 않지만, 오성은
북소리에 따라서 조화를 이루게 된다. 물은 오색(五色)에 관여되지 않지
만, 오색은 물에 따라서 드러나게 된다. 배움은 오관(五官)에 관여되지 않
지만, 오관은 배움에 따라서 다스려지게 된다. 스승은 오복(五服)에 관여
되지 않지만, 오복의 친족은 스승에 따라서 친근하게 된다. 따라서 오성·
오색·오관·오복은 비록 동일하지 않지만, 그것을 갖추는 것을 이로움으로
삼는다는 측면에서는 동일하며, 북·물·배움·스승은 비록 한 가지가 아니
지만, 그것을 드러내지 않는 것을 쓸모로 여긴다는 측면에서는 동일하다.
그렇다면 고대의 학생들은 동일한 점을 비교하고 그 예시를 많이 하였고,
정밀하고 은미한 뜻은 여기에 깃들어 있었으니, 이치를 지극히 탐구하는
것이 아니라면 누가 이처럼 할 수 있겠는가?

大全 金華應氏曰: 聲以鼓而震, 色以水而發, 身以學而治, 族以師而親, 皆
若緩而甚急, 若不相關而不可廢也.

번역 금화응씨가 말하길, 소리는 북을 통해서 울리게 되고, 색은 물을
통해서 나타나게 되며, 몸은 배움을 통해서 다스려지고, 친족은 스승을
통해서 친근하게 되니, 이 모두에 있어서는 다소 관계가 느슨한 것 같지
만 매우 긴밀하고, 서로 관련이 없는 것 같지만 하나라도 폐지할 수 없는
것이다.

鄭注 以此相況而爲之. 醜猶比也. 醜或爲計6). 當猶主也. 五服, 斬衰至緦麻之親.

번역 이러한 것으로 대비를 하고 시행한다. '추(醜)'자는 "비교하다[比]."는 뜻이다. '추(醜)'자를 다른 판본에서는 '계(計)'자로 기록하기도 한다. '당(當)'자는 "주관하다[主].'는 뜻이다. '오복(五服)'은 참최복(斬衰服)으로부터 시마복(緦麻服)에 이르기까지, 상복관계에 있는 친족을 뜻한다.

釋文 當, 丁浪反, 主也, 下及注皆同. 治, 直吏反.

번역 '當'자는 '丁(정)'자와 '浪(랑)'자의 반절음이며, 주관한다는 뜻이고, 아래문장 및 정현의 주에 나오는 글자도 그 음이 모두 이와 같다. '治'자는 '直(직)'자와 '吏(리)'자의 반절음이다.

孔疏 ●"古之"至"不親". ○正義曰: 此一節論弟子當親師之事, 各依文解之.

번역 ●經文: "古之"~"不親". ○이곳 문단은 제자들은 마땅히 스승을 친근하게 대해야 하는 사안을 논의하고 있으니, 각각의 문장에 따라서 풀이하겠다.

孔疏 ●"比物醜類"者, 旣明學者仍見舊事, 又須以時事相比方也. 物, 事也. 言古之學者, 比方其事以醜類, 謂以同類之事相比方, 則事學乃易成. 旣云古學如斯, 則今學豈不然?

번역 ●經文: "比物醜類". ○이미 학문에 밝은 자들은 곧 옛 일들을 살

---

6) '위계(爲計)'에 대하여. '위(爲)'자 뒤에는 본래 '지(之)'자가 기록되어 있었는데, 완원(阮元)의 『교감기(校勘記)』에서는 "혜동(惠棟)의 『교송본(校宋本)』에는 '지'자가 없고, 『악본(岳本)』·『가정본(嘉靖本)』 및 위씨(衛氏)의 『집설(集說)』에도 동일하게 기록되어 있다. 이곳 판본에는 잘못하여 들어간 것이며, 『민본(閩本)』·『감본(監本)』·『모본(毛本)』에도 동일하게 잘못 기록되었다."라고 했다.

펴보고 또 당시의 사안에 따라서 서로 비교를 한다는 뜻이다. '물(物)'자
는 사안[事]을 뜻한다. 즉 고대의 학생들은 그 사안을 비교하여 비슷한
부류와 견주어본다는 뜻으로, 동류의 사안을 통해 서로 비교해보면 그 사
안에 대한 배움을 쉽게 이루게 된다는 뜻이다. 이미 고대의 학생들이 이
처럼 한다고 말했는데 오늘날의 학생들은 어찌 이처럼 하지 않는가?

孔疏 ●"鼓無當於五聲, 五聲弗得不和"者. ○此經論師道之要, 以餘事譬
之. 此以下四章, 皆上比物醜類也. 鼓, 革也. 當, 主也. 五聲: 宮・商・角・
徵・羽. 言鼓之爲聲, 不宮不商, 故言"無當於五聲", 而宮商等之五聲不得鼓,
則無諧和之節, 故云"弗得不和"也. 所以五聲必鼓者, 爲俱是聲類也. 若奏五
聲, 必求鼓以和之而已, 卽是比類也.

번역 ●經文: "鼓無當於五聲, 五聲弗得不和"者. ○이곳 경문은 스승의
도리에 대한 요점을 논의하며, 다른 사안을 통해서 비유를 한 것이다. 이
곳 구문부터 아래의 네 문장은 모두 앞서 말한 사안을 비교하여 동류에
견주어본다는 뜻이다. '고(鼓)'는 가죽으로 만든 북을 뜻한다. '당(當)'자는
"주관한다[主]."는 뜻이다. 오성(五聲)은 궁(宮)・상(商)・각(角)・치(徵)・
우(羽)이다. 즉 북이 소리를 내는 것은 궁음도 아니고 상음도 아니라는
뜻이다. 그래서 "오성에 대해 주관함이 없다."라고 말한 것이다. 그러나
궁음이나 상음 등의 오성은 북소리를 얻지 못하면 조화를 이루게 하는
절도가 없게 된다. 그렇기 때문에 "얻지 못하면 조화를 이루지 못한다."
라고 말한 것이다. 오성에 반드시 북소리가 있어야 하는 것은 곧 소리의
부류를 모두 갖추는 것이다. 만약 오성을 연주하게 된다면 반드시 북을
통해서 조화를 이루어야 할 따름이니, 곧 그 부류에 비교한 것이다.

孔疏 ●"水無當於五色, 五色弗得不章"者, "水"謂淸水也. 五色: 靑・赤・
黃・白・黑. 章, 明也. 言淸水無色, 不在五色之限, 無主靑黃, 而五色畫繢者,
不得水則不分明, 故云"弗得不章"也. 五色是其水之出也, 故五色須水, 亦其
類也.

번역 ●經文: "水無當於五色, 五色弗得不章". ○'수(水)'자는 맑은 물을 뜻한다. '오색(五色)'은 청색·적색·황색·백색·흑색을 뜻한다. '장(章)'자는 "밝게 드러난다[明]."는 뜻이다. 즉 맑은 물은 무색이므로 오색의 테두리에는 포함되지 않아서, 청색이나 황색 등을 주관함이 없다. 그러나 오색을 통해서 그림을 그리거나 수를 놓을 때 물을 얻지 못한다면, 색이 분명하게 구분되어 드러나지 않는다. 그렇기 때문에 "얻지 못하면 드러나지 못한다."라고 말한 것이다. 오색은 물에서 도출된 것이기 때문에 오색이 물을 필요로 하는 것 또한 그 부류가 된다.

孔疏 ●"學無當於五官, 五官弗得不治"者, 本學先王之道也. 五官: 金·木·水·火·土之官也. 夫學爲官之理, 本求博聞强識, 非主於一官, 而五官不得學, 則不能治, 故云"弗得不治"也. 故化民成俗, 必由學乎! 能爲師, 然後能爲君長, 故"官"是學之類也.

번역 ●經文: "學無當於五官, 五官弗得不治". ○선왕의 도리를 배우는 데 근본을 둔다. 오관(五官)은 금(金)·목(木)·수(水)·화(火)·토(土)에 따른 관부를 뜻한다. 무릇 학문은 관부를 다스리는 이치인데, 본래 널리 듣고 잘 기억해야 하는 것으로, 한 관부에 대해서만 주관하는 것이 아니고, 다섯 관부는 학문을 얻지 못하면 다스릴 수 없다. 그렇기 때문에 "얻지 못하면 다스리지 못한다."라고 말한 것이다. 그래서 백성들을 교화하고 풍속을 완성하는 것은 반드시 학문을 통해 이루어진다고 한 것이며, 스승이 될 수 있은 뒤에야 군주 및 수장이 될 수 있다고 한 것이다. 그러므로 관부에 대한 일도 학문의 부류가 된다.

孔疏 ●"師無當於五服, 五服弗得不親"者, 師, 敎之師也. 五服: 斬衰也, 齊衰也, 大功也, 小功也, 緦麻也. 師於弟子, 不當五服之一也, 而弟子之家, 若無師敎誨, 則五服之情, 不相和親也, 故云"弗得不親", 是師情有在三年之義, 故亦與親爲類.

번역　●經文: "師無當於五服, 五服弗得不親". ○'사(師)'는 가르치는 스승을 뜻한다. '오복(五服)'은 참최복(斬衰服)7)을 입는 친족, 자최복(齊衰服)8)을 입는 친족, 대공복(大功服)9)을 입는 친족, 소공복(小功服)10)을 입는 친족, 시마복(緦麻服)11)을 입는 친족을 뜻한다. 스승은 제자에 대해서 오복 중 하나에 해당하지 않지만, 제자의 집안에 만약 스승의 가르침이 없었다면, 오복에 속한 친족들에 대한 정도 서로 화목하고 친애하게 될 수 없다. 그렇기 때문에 "얻지 못하면 친하게 될 수 없다."라고 말한 것이

----

7) 참최복(斬衰服)은 상복(喪服) 중 하나로, 오복(五服)에 속한다. 상복 중에서도 가장 수위가 높은 상복이다. 거친 삼베를 사용해서 만들며, 자른 부위를 꿰매지 않기 때문에 참최(斬衰)라고 부른다. 이 복장을 입게 되는 기간은 일반적으로 3년에 해당하며, 죽은 부모를 위해 입거나, 처 또는 첩이 죽은 남편을 위해 입는다.

8) 자최복(齊衰服)은 상복(喪服) 중 하나로, 오복(五服)에 속한다. 거친 삼베를 사용해서 만들며, 자른 부위를 꿰매어 가지런하게 정리하기 때문에, '자최복'이라고 부른다. 이 복장을 입게 되는 기간에도 여러 종류가 있는데, 3년 동안 입는 경우는 죽은 계모(繼母)나 자모(慈母)를 위한 경우이고, 1년 동안 입는 경우는 손자가 죽은 조부모를 위해 입는 경우와 남편이 죽은 아내를 입는 경우 등이다. 그리고 1년 동안 '자최복'을 입는 경우, 그 기간을 자최기(齊衰期)라고도 부른다. 또 5개월 동안 입는 경우는 죽은 증조부나 증조모를 위한 경우이며, 3개월 동안 입는 경우는 죽은 고조부나 고조모를 위한 경우 등이다.

9) 대공복(大功服)은 상복(喪服) 중 하나로, 오복(五服)에 속한다. 조밀한 삼베를 사용해서 만들지만, 소공복(小功服)에 비해서는 삼베의 재질이 거칠기 때문에, '대공복'이라고 부른다. 이 복장을 입게 되는 기간은 상황에 따라 차이가 생기지만, 일반적으로 9개월이다. 당형제(堂兄弟) 및 미혼인 당자매(堂姊妹), 또는 혼인을 한 자매(姊妹) 등을 위해서 입는다.

10) 소공복(小功服)은 상복(喪服) 중 하나로, 오복(五服)에 속한다. 조밀한 삼베를 사용해서 만들며, 대공복(大功服)에 비해서 삼베의 재질이 조밀하기 때문에, '소공복'이라고 부른다. 이 복장을 입게 되는 기간은 상황에 따라 차이가 생기지만, 일반적으로 5개월이 된다. 백숙(伯叔)의 조부모나 당백숙(堂伯叔)의 조부모, 혼인하지 않은 당(堂)의 자매(姊妹), 형제(兄弟)의 처 등을 위해서 입는다.

11) 시마복(緦麻服)은 상복(喪服) 중 하나로, 오복(五服)에 속한다. 가장 조밀한 삼베를 사용해서 만든다. 이 복장을 입게 되는 기간은 상황에 따라서 차이가 있지만, 일반적으로 3개월이 된다. 친족의 백숙부모(伯叔父母)나 친족의 형제(兄弟)들 및 혼인하지 않은 친족의 자매(姊妹) 등을 위해서 입는다.

니, 이것은 스승에 대한 정은 삼년상의 도의에 해당하기 때문에, 이 또한 부친에 대한 경우와 같은 부류로 한다는 사실을 나타낸다.

訓纂 戴岷隱曰: 學何有於五官? 然視聽言貌思非學則不得其正.

번역 대민은이 말하길, 학문이 어떻게 오관(五官)과 관련이 있겠는가? 그러나 보고·듣고·말하고·행동하고·생각하는 것들은 배움이 아니라면, 올바르게 될 수 없다.

集解 朱子曰: 比物醜類, 此句詳文義, 當屬上章, 仍有闕文.

번역 주자가 말하길, '비물추류(比物醜類)'라는 구문의 뜻을 상세히 살펴보니, 이것은 마땅히 앞의 장과 연결이 되므로, 그 사이에 빠진 문장이 있을 것이다.

集解 愚謂: 比物醜類一句, 與下文義不相屬, 朱子以爲有闕文, 是也. 自 "鼓無當於五聲"以下, 則言學當尊師之意, 以上三事引起下一事也. 夫五服之 親, 骨肉也. 然非有師以講明其理, 則或有不知其當親者, 或有知其當親而所 以親之非其道者. 人倫賴師而後明, 此師之所以無當於五服, 而實爲在三之一 者也.

번역 내가 생각하기에, '비물추류(比物醜類)'라는 한 구문은 아래문장의 뜻과 서로 연결되지 않으니, 주자가 빠진 문장이 있다고 여긴 것은 옳은 추측이다. "북소리는 오성(五聲)에 해당함이 없다."라고 한 구문으로부터 그 이하의 내용은 학문을 할 때에는 마땅히 스승을 존숭해야 한다는 뜻을 말하고 있는데, 앞의 세 사안을 통해서 뒤의 한 가지 사안을 이끌어내는 것이다. 무릇 오복(五服)에 속하는 친족은 골육지친이다. 그러나 스승이 그 도리를 설명해주지 않는다면, 간혹 마땅히 친근해야 함을 알지 못하는 경우도 생기고, 또는 마땅히 친근하게 대해야 함은 알지만,

친근하게 대하는 방법이 그 도리에서 어긋나는 경우도 생긴다. 인륜의 도리는 스승의 가르침에 힘입은 뒤에야 밝혀지니, 이것이 스승은 오복의 친족에 해당함이 없지만, 실제로는 삼년상을 치르는 대상 중 하나에 포함되는 이유이다.

그림 15-2 ▣ 참최복(斬衰服)

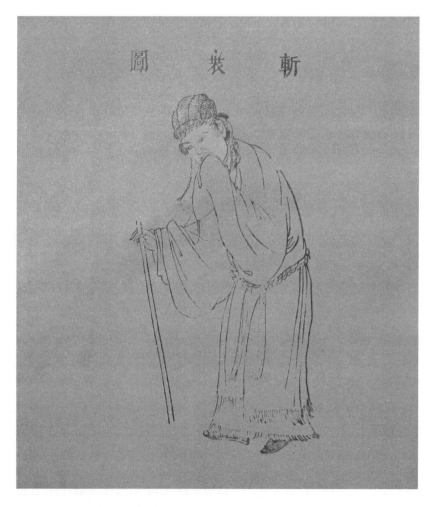

※ 출처: 『삼재도회(三才圖會)』「의복(衣服)」 3권

그림 15-3 ▣ 자최복(齊衰服)

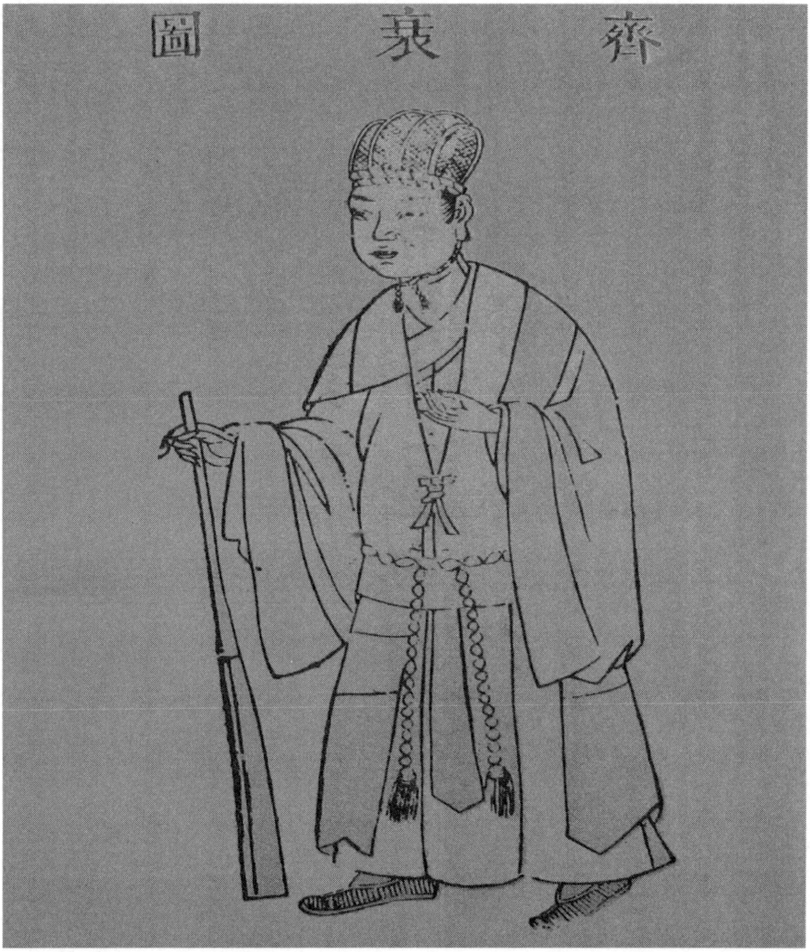

※ **출처:** 『삼재도회(三才圖會)』「의복(衣服)」 3권

그림 15-4 ■ 대공복(大功服)

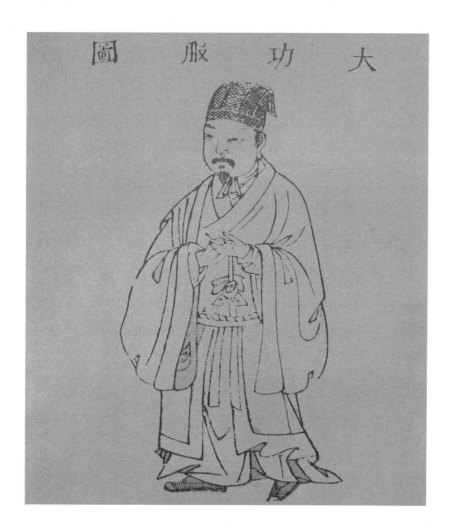

※ 출처: 『삼재도회(三才圖會)』「의복(衣服)」 3권

그림 15-5 ◨ 소공복(小功服)

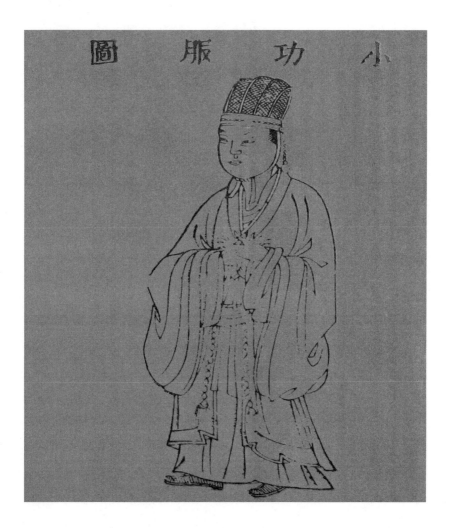

※ **출처**: 『삼재도회(三才圖會)』「의복(衣服)」 3권

그림 15-6 ◙ 시마복(緦麻服)

※ 출처: 『삼재도회(三才圖會)』「의복(衣服)」 3권

• 제16절 •

학문과 근본

【454a~b】

> 君子曰: "大德不官, 大道不器, 大信不約, 大時不齊. 察於此四者, 可以有志於本矣."

직역 君子가 曰, "大德은 不官하며, 大道는 不器하고, 大信은 不約하며, 大時는 不齊한다. 此四者를 察하면, 可히 本에 志를 有한다."

의역 군자가 말하길, "큰 덕은 하나의 직무에만 국한되지 않고, 큰 도리는 하나에만 제한되지 않으며, 큰 신의는 굳이 기약을 하지 않고, 자연의 시간은 하나로 통일시킬 수 없다. 이러한 네 가지 것들을 살핀다면, 근본에 뜻을 둘 수 있다."라고 했다.

集說 大德 · 大道 · 大信, 皆指聖人而言. 大時, 天時也. 不官, 不拘一職之任也. 不器, 無施而不可也. 不約, 不在期約之末也. 元化周流, 一氣屈伸, 不可以截然分限求之, 故方榮之時而有枯者焉, 寂之時而有勇者焉. 惟其不齊, 是以不可窮. 凡此四者, 皆以本原盛大而體無不具, 故變通不拘而用無不周也. 君子察於此, 可以有志於學而洪其本矣.

번역 큰 덕, 큰 도리, 큰 신의는 모두 성인을 가리켜서 한 말이다. '대시(大時)'는 자연의 시간을 뜻한다. '불관(不官)'은 한 가지 직무의 임무에만 얽매이지 않는다는 뜻이다. '불기(不器)'는 베풀지 못하는 것이 없다는 뜻이다. '불약(不約)'은 정해진 기한과 약속에 속박되지 않는다는 뜻이다. 크게 조화롭고 두루 흘러서 하나의 기운이 굽히고 펴는 것은 분명하게 구분 지을 수 없다. 그렇기 때문에 영화롭게 될 시기인데도 쇠하는 것이 있고, 고요해질 시기인데도 무성하게 되는 것이 있다. 하나로 가 지런히 할 수 없기 때문에 다할 수 없는 것이다. 무릇 이러한 네 가지 것 들은 모두 본래의 근원이 성대하고 본체에 구비하지 않은 것이 없기 때 문에, 변화하고 두루 통하여 구애되지 않고, 쓰임에도 두루 하지 않는 것 이 없다. 군자가 이러한 것들을 살핀다면 학문에 뜻을 두어서 근본을 넓 힐 수 있다.

大全 臨川吳氏曰: 小德亦有可取, 如官之各有所職. 德之大者, 無所不宜, 非如一官之但專一職而已, 故曰不官. 小道亦有可觀, 如器之各有所用. 道之 大者, 無所不可, 非如一器之但適一用而已, 故曰不器. 人之有信, 許諾盟誓 事, 事必須要約, 此信之小者爾. 聖賢心德相孚相契, 是謂大信, 何以要約爲 哉? 天之有時, 春夏秋冬, 歲歲齊同, 此時之小者爾. 古今氣運, 或治或亂, 是 謂大時, 豈可齊同測哉? 然則不官者, 官之本, 不器者, 器之本, 不約者, 約之 本, 不齊者, 齊之本. 君子察此, 則可以有志於本矣.

번역 임천오씨가 말하길, 작은 덕 또한 취할 것이 있으니, 예를 들어 관직에 몸담고 있는 관리들은 각자 직무로 맡고 있는 것이 있다. 덕 중에 서도 큰 것은 마땅하지 않은 것이 없으니, 하나의 관리가 단지 하나의 직 무만 전적으로 담당함과는 같지 않을 따름이다. 그렇기 때문에 "관리로 국한되지 않는다."라고 말한 것이다. 작은 도 또한 살펴볼 것이 있으니, 예를 들어 기물들은 각각 쓰이는 곳이 있다. 도 중의 큰 것은 쓰지 못할 곳이 없으니, 하나의 기물이 단지 하나의 쓰임에만 적합한 것과는 같지 않을 따름이다. 그렇기 때문에 "기물로 국한되지 않는다."라고 말한 것이 다. 사람에게 신의가 있어서 허락을 하고 맹세를 하는 일들이 있는데, 그 사안에서는 반드시 약속을 요구하게 되니, 이것은 신의 중에서도 작은 것 일 뿐이다. 성현의 마음과 덕은 서로 믿고 서로 부합되니, 이것을 큰 신 의라고 부르는데 어떻게 약속으로 행하겠는가? 자연에는 각 계절이 있어 서 봄·여름·가을·겨울 등은 해마다 동일하니, 이것은 시간 중에서도 작은 것일 뿐이다. 고금을 통해 하나의 기운이 운행하여, 어떤 경우에는 다스려지고 또 어떤 경우에는 혼란스럽게 되는데, 이것은 큰 시간이라고 부르니, 어떻게 동일하게 해서 헤아릴 수 있겠는가? 그러므로 관리에 국한되지 않는 것은 관리의 근본이 되고, 기물로 국한되지 않는 것은 기물의 근본이 되며, 약속을 하지 않는 것은 약속의 근본이 되고, 동일하게 하지 않는 것은 동일하게 하는 근본이 된다. 군자가 이것을 살펴본다면 근본에 뜻을 둘 수 있다.

鄭注 謂君也. 謂聖人之道, 不如器施於一物. 謂若"胥命于蒲", 無盟約. 或時以生, 或時以死. 本立而道生. 言以學爲本, 則其德於民無不化, 於俗無不成.

번역 대덕(大德)은 군주에 대한 경우를 뜻한다. 대도(大道)는 성인의 도를 뜻하니, 성인의 도는 기물이 하나의 사안에만 쓰이는 것과는 다르다는 의미이다. 대신(大信)은 마치 "포(蒲) 땅에서 서명(胥命)[1]을 했다."[2] 라는 경우처럼, 맹약을 함이 없음을 뜻한다. 대시(大時)는 어떤 때에는 생겨나게 하고 또 어떤 때에는 죽게 만드는 것을 뜻한다. 근본이 서면 도가 생겨난다.[3] 즉 학문을 근본으로 삼으면 그 덕은 백성들에 대해서 교화를 시키지 못하는 일이 없고, 풍속에 대해서 완성시키지 못하는 경우가 없다는 뜻이다.

釋文 約, 徐於妙反, 沈于略反, 注同. 齊如字.

번역 '約'자의 서음(徐音)은 '於(어)'자와 '妙(묘)'자의 반절음이며, 심음(沈音)은 '于(우)'자와 '略(략)'자의 반절음이고, 정현의 주에 나오는 글자도 그 음이 이와 같다. '齊'자는 글자대로 읽는다.

---

1) 서명(胥命)은 본래 제후들이 서로 만나보는 경우에, 말로 약속을 하지만 맹세를 하지는 않는 것을 뜻한다.
2) 『춘추』「환공(桓公) 3년」: 夏, 齊侯, 衛侯, 胥命于蒲.
3) 『논어』「학이(學而)」: 有子曰, "其爲人也孝弟, 而好犯上者, 鮮矣, 不好犯上, 而好作亂者, 未之有也. 君子務本, 本立而道生. 孝弟也者, 其爲仁之本與!"

孔疏 ●"君子"至"務本". ○正義曰: 此一節論學爲衆事之本.

번역 ●經文: "君子"~"務本". ○이곳 문단은 학문은 모든 일의 근본이 됨을 논의하고 있다.

孔疏 ●"君子曰"者, 記者引君子之言, 故云"君子曰"也. "大德不官"者, 大德, 謂聖人之德也. 官, 謂分職在位者. 聖人在上, 垂拱無爲, 不治一官, 故云"大德不官"也, 不官而爲諸官之本.

번역 ●經文: "君子曰". ○『예기』를 기록한 자가 군자의 말을 인용한 것이다. 그렇기 때문에 "군자가 말했다."라고 말한 것이다. 경문의 "大德不官"에 대하여. '대덕(大德)'은 성인의 덕을 뜻한다. '관(官)'은 직무를 분담하여 해당 지위에 있는 자를 뜻한다. 성인은 위에 있는 자로, 팔짱을 끼고 인위적인 일을 하지 않고, 하나의 관부를 다스리지 않는다. 그렇기 때문에 "대덕은 관부의 직무를 맡지 않는다."라고 말한 것이니, 관부의 직무를 맡지 않고 모든 관부의 근본이 된다.

孔疏 ●"大道不器"者, 大道, 亦謂聖人之道也. 器, 謂物堪用者, 夫器各施其用, 而聖人之道弘大, 無所不施, 故云"不器", 不器而爲諸器之本也. 論語云"君子不器", 又云"孔子博學而無所成名", 是也.

번역 ●經文: "大道不器". ○'대도(大道)' 또한 성인의 도(道)를 뜻한다. '기(器)'자는 해당 사물에 쓰임이 되는 것을 뜻하니, 무릇 기물들은 각각 그 쓰임새가 있고 성인의 도는 매우 커서 베풀어지지 않는 곳이 없다. 그렇기 때문에 "한 가지 쓰임에 국한되지 않는다."라고 말한 것이니, 한 가지 쓰임에 국한되지 않고 모든 기물의 근본이 된다. 『논어』에서는 "군자는 기물로 국한되지 않는다."[4]라고 했고, "공자는 널리 배웠지만 어느 한 가지로 이름을 이룬 것이 없다."[5]라고 했다.

---

4) 『논어』「위정(爲政)」: 子曰, "君子不器."

孔疏 ●“大信不約”者, 大信, 謂聖人之信也. 約, 謂期要也. 大信, 不言而信. 孔子曰: “予欲無言. 天何言哉? 四時行焉.” 不言而信, 是大信也. 大信本不爲細言約誓, 故云“不約”也, 不約而爲諸約之本也. “大時不齊”者, 大時, 謂天時也. 齊, 謂一時同也. 天生殺不共在一時, 猶春夏華卉自生, 薺麥自死, 秋冬草木自死, 而薺麥自生, 故云“不齊”也, 不齊爲諸齊之本也.

번역 ●經文: “大信不約”. ○‘대신(大信)’은 성인의 신의를 뜻한다. ‘약(約)’은 기한을 정하고 약속을 한다는 뜻이다. 큰 신의는 말을 하지 않더라도 믿는다. 공자는 “나는 말을 하지 않으련다. 하늘이 무슨 말을 하던가? 그저 사시가 운행할 따름이다.”6)라고 했다. 따라서 말을 하지 않더라도 믿는 것이 큰 신의에 해당한다. 큰 신의는 본래 자질구레한 말로 맹약을 하고 맹세를 하는 것이 아니다. 그렇기 때문에 “약속을 하지 않는다.”라고 말한 것이니, 약속을 하지 않아서 모든 약속의 근본이 된다. 경문의 “大時不齊”에 대하여. ‘대시(大時)’는 자연의 시간을 뜻한다. ‘제(齊)’자는 한 시기에 동일하게 된다는 뜻이다. 하늘은 낳게 하고 죽이게 하는 작용을 한 시기에 일률적으로 진행하지 않으니, 마치 봄과 여름에는 꽃과 풀이 저절로 생겨나지만 냉이나 보리는 저절로 죽으며, 가을과 겨울에는 초목이 저절로 죽지만 냉이와 보리는 저절로 생겨나는 것과 같다. 그렇기 때문에 “동일하지 않다.”라고 말한 것이니, 동일하지 않음은 모든 동일함의 근본이 된다.

孔疏 ●“察於此四者, 可以有志於本矣”者, 結之也. 若能察此在上四者之事, 則人當志學爲本也. 庾云: “四者, 謂不官爲群官之本, 不器爲群器之本, 不約爲群約之本, 不齊爲群齊之本. 言四者莫不有本, 人亦以學爲本也.”

---

5) 『논어』「자한(子罕)」: 達巷黨人曰, “大哉孔子! 博學而無所成名.” 子聞之, 謂門弟子曰, “吾何執? 執御乎? 執射乎? 吾執御矣.”
6) 『논어』「양화(陽貨)」: 子曰, “予欲無言.” 子貢曰, “子如不言, 則小子何述焉?” 子曰, “天何言哉? 四時行焉, 百物生焉, 天何言哉?”

번역 ●經文: "察於此四者, 可以有志於本矣". ○결론을 맺은 말이다. 만약 앞서 말한 네 가지 사안에 대해서 살펴본다면, 사람은 마땅히 학문에 뜻을 두는 것을 근본으로 삼게 된다. 유울은 "네 가지는 관리로 국한되지 않는 것이 모든 관리의 근본이 되고, 기물로 국한되지 않는 것이 모든 기물의 근본이 되며, 약속을 맺지 않는 것이 모든 약속의 근본이 되고, 동일하게 하지 않는 것이 모든 동일함의 근본이 되는 것을 뜻한다. 이 네 가지에는 근본이 있지 않은 것이 없으니, 사람은 또한 학문을 근본으로 삼게 된다."라고 했다.

孔疏 ◎注"謂若"至"盟約". ○正義曰: 按桓公三年夏, 齊侯·衛侯胥命于蒲. 左氏云: "不盟也." 杜云: "不歃血也." 按彼直以言語相告命, 非大信之事, 引之者, 取其不盟之一邊, 而與此不約相當, 故引證.

번역 ◎鄭注: "謂若"~"盟約". ○환공(桓公) 3년 여름 기록을 살펴보면, 제(齊)나라 후작과 위(衛)나라 후작은 포(蒲) 땅에서 서명(胥命)을 했다. 『좌전』에서는 "맹세를 하지 않았다."라고 했고, 두예[7]는 "삽혈(歃血)[8]을 하지 않았다."라고 했다. 살펴보니, 그 기록에서는 단지 말을 통해 서로에게 알렸다고 했으므로, 큰 신의에 해당하는 일이 아니다. 그런데도 이 문장을 인용한 것은 맹세를 하지 않았던 한 측면에서 그 의미를 취한 것으로, 이것이 여기에서 약속을 하지 않는다고 한 말에 해당하기 때문에, 인용하여 증명을 한 것이다.

---

7) 두예(杜預, A.D.222~A.D.284): =두원개(杜元凱). 서진(西晉) 때의 유학자이다. 경조(京兆) 두릉(杜陵) 출신이다. 자(字)는 원개(元凱)이다. 『춘추경전집해(春秋經典集解)』를 저술하였는데, 이 책은 현존하는 『춘추(春秋)』의 주석서 중 가장 오래된 것이며, 『십삼경주소(十三經注疏)』의 『춘추좌씨전정의(春秋左氏傳正義)』에도 채택되어 수록되었다.

8) 삽혈(歃血)은 고대에 회맹을 하여 맹약을 맺을 때 하는 일종의 의식이다. 먼저 맹약에 대한 기록을 읽은 뒤에, 참가한 자들은 희생물의 피를 조금씩 나눠마셔서, 이것을 통해 자신의 진실된 뜻을 나타냈다. 일설에는 희생물의 피를 입가에 바르는 것이라고 주장한다.

訓纂 王氏懋竑曰: 大信不約, 謂大信不在於期約. 朱子謂"天地四時, 不言而信". 大時不齊, 謂如春夏秋冬, 各有其時, 而界限分別, 未必齊同. 大德·大官·大信, 其本也, 而末無不合, 故曰有志於本.

번역 왕무횡이 말하길, "큰 신의는 약속을 하지 않는다."는 말은 큰 신의는 정해진 기한 및 약속에 놓여있지 않다는 뜻이다. 주자는 "천지의 사계절에 대해서는 말을 하지 않아도 믿는다."라고 했다. "큰 시간은 동일하지 않다."는 말은 예를 들어 봄·여름·가을·겨울과 같은 경우 각각 해당하는 시기가 있고 그 경계가 구별되므로 동일하게 할 수 없다는 뜻이다. 대덕(大德)·대관(大官)·대신(大信)은 근본에 해당하지만, 그 말단에서는 합치되지 않는 것이 없다. 그렇기 때문에 "근본에 뜻을 둔다."라고 말한 것이다.

集解 朱子曰: 大德不官, 言大德者不但能專一官之事, 如荀子所謂"精於道者兼物物"也. 大信不約, 謂如天地四時, 不言而信者也.

번역 주자가 말하길, '대덕불관(大德不官)'은 큰 덕을 갖춘 자는 단지 하나의 관직에 대한 일에만 전적으로 능하지 않다는 뜻이니, 마치 『순자』에서 "도를 정밀히 아는 자는 모든 사물들을 겸한다."9)라고 한 말과 같다. '대신불약(大信不約)'은 천지의 사계절과 같아서, 말을 하지 않더라도 믿는 것을 뜻한다.

集解 愚謂: 德以人之所得而言, 道則指其自然之本體也. 大德不官, 言聖人之德盛大, 不但偏治一官之事也. 大道不器, 言大道之體, 不偏主一器, 易所謂"形而上者謂之道, 形而下者謂之器"也. 大信不約, 謂至誠感物, 不待有所要約, 而人無不信之, 若所謂"誓告不及五帝, 盟會不及三王"也. 大時不齊, 謂天之四時, 寒暑錯行, 未嘗齊一, 而卒未嘗有所違也. 此引君子之言, 本主於大

---

9) 『순자(荀子)』「해폐(解蔽)」: 曰, 精於道者也. 精於物者也. 精於物者以物物, <u>精於道者兼物物</u>. 故君子壹於道, 而以贊稽物.

德不官, 以明學必務本之意, 而兼及於其下三者, 猶上章言"師無當於五服, 五服弗得不親", 而兼及於五色・五聲之屬也. 蓋大德者, 務乎學之本者也; 才效一官者, 專乎學之末者也. 德成而上, 藝成而下; 行成而先, 事成而後. 得其本者, 可以該末; 而逐於末者, 不足以達本. 故君子必有志於學, 而學必有志於本. 大學之道, 使人明德以新民, 而家以之齊, 國以之治, 天下以之平. 此學之所以可貴也. 不然, 而役役於一長一技之末, 雖終其身從事於學, 亦豈足以化民而成俗哉?

번역 내가 생각하기에, '덕(德)'은 사람이 갖추고 있는 것에 기준을 두어 한 말이고, '도(道)'는 자연의 본체를 가리켜서 한 말이다. '대덕불관 (大德不官)'은 성인의 덕은 융성하고 커서 한 관직의 일에만 치우쳐서 다스릴 뿐만이 아니라는 뜻이다. '대도불기(大道不器)'는 큰 도의 본체는 한 가지 기물에만 치우쳐서 주관하지 않는다는 뜻이니, 『역』에서 "형이상의 것을 도(道)라고 부르며, 형이하의 것을 기(器)라고 부른다."[10]라고 한 말과 같다. '대신불약(大信不約)'은 지극한 정성으로 사물을 감동시킬 때에는 약속을 하지 않더라도, 사람들 중 믿지 않는 자가 없다는 뜻으로, 마치 "맹세를 하여 아뢸 때에는 오제(五帝)[11]까지는 아뢰지 않고, 회맹을 맺어

---

10) 『역』「계사상(繫辭上)」: 是故形而上者謂之道, 形而下者謂之器, 化而裁之謂之變, 推而行之謂之通, 舉而錯之天下之民謂之事業.

11) 오제(五帝)는 전설시대에 존재했다고 전해지는 다섯 명의 제왕(帝王)을 뜻한다. 그러나 다섯 명이 누구였는지에 대해서는 이설(異說)이 많다. 첫 번째 주장은 황제(黃帝: =軒轅), 전욱(顓頊: =高陽), 제곡(帝嚳: =高辛), 당요(唐堯), 우순(虞舜)으로 보는 견해이다. 『사기정의(史記正義)』「오제본기(五帝本紀)」편에는 "太史公依世本・大戴禮, 以黃帝・顓頊・帝嚳・唐堯・虞舜爲五帝. 譙周・應劭・宋均皆同."이라는 기록이 있고, 『백호통(白虎通)』「호(號)」편에도 "五帝者, 何謂也? 禮曰, 黃帝・顓頊・帝嚳・帝堯・帝舜也."라는 기록이 있다. 두 번째 주장은 태호(太昊: =伏羲), 염제(炎帝: =神農), 황제(黃帝), 소호(少昊: =摯), 전욱(顓頊)으로 보는 견해이다. 이 주장은 『예기』「월령(月令)」편에 나타난 각 계절별 수호신들의 내용을 종합한 것이다. 세 번째 주장은 소호(少昊), 전욱(顓頊), 고신(高辛), 당요(唐堯), 우순(虞舜)으로 보는 견해이다. 『서서(書序)』에는 "少昊・顓頊・高辛・唐・虞之書, 謂之五典, 言常道也."라는 기록이 있다. 또 『제왕세기(帝王世紀)』에는 "伏羲・神農・黃帝爲三皇, 少昊・高

서 아뢸 때에는 삼왕(三王)까지는 아뢰지 않는다."¹²⁾라고 한 말과 같다.
'대시부제(大時不齊)'는 자연의 사계절 운행은 추위와 더위가 서로 교차
하며 일찍이 하나로 통일된 적이 없고 끝내 위배된 적이 없다는 뜻이다.
여기에서 군자의 말을 인용한 것은 본래 "큰 덕을 갖춘 자는 하나의 관직
에 국한되지 않는다."는 말에 주안점을 두어, 이것을 통해서 학문을 할
때에는 반드시 근본에 힘써야 한다는 뜻을 나타낸 것인데, 이곳에서 그
이하의 세 가지 사안까지도 함께 언급한 것은 앞에서 "스승은 오복(五服)
의 친족에는 해당함이 없지만, 오복의 친족관계는 스승을 얻지 못하면 서
로 친애할 수 없다."라고 말하고, 오색(五色)·오성(五聲) 등의 부류도 함
께 언급한 것과 같다. 무릇 큰 덕을 갖춘 자는 학문의 근본에 힘쓰는 자
이다. 그 재주가 한 관부에 알맞은 자는 학문 중 말단에 해당하는 것에
전념한다. 덕을 이루면 상위가 되고, 기예를 이루면 하위가 되며, 행실을
이루면 앞서고, 사안을 이루면 뒤가 된다.¹³⁾ 근본을 얻은 자는 말단에 해
당하는 것도 갖출 수 있지만, 말단만 쫓는 자는 근본에 도달하기에는 부
족하다. 그렇기 때문에 군자는 반드시 학문에 뜻을 두어야 하고 학문을
함에는 반드시 근본에 뜻을 두어야 한다. 대학(大學)의 도는 사람으로 하
여금 덕을 밝혀서 백성들을 새롭게 하고, 가정은 이를 통해 다스리고, 국
가도 이를 통해 다스리며, 천하도 이를 통해서 평안하게 만든다. 이것이
학문을 존귀하게 여길 수 있는 이유이다. 이처럼 하지 않는다면, 말단에
해당하는 지엽적인 일에만 힘쓰게 되어, 비록 종신토록 학문에 종사하더
라도 또한 어찌 백성들을 교화하고 풍속을 완성시킬 수 있겠는가?

陽·高辛·唐·虞爲五帝."라는 기록이 있다. 네 번째 주장은 복희(伏羲), 신농
(神農), 황제(黃帝), 당요(唐堯), 우순(虞舜)으로 보는 견해이다. 이 주장은 『역』
「계사하(繫辭下)」편의 내용에 근거한 주장이다.
12) 『춘추곡량전』「은공(隱公) 8년」: 秋, 七月, 庚午, 宋公, 齊侯, 衛侯, 盟于瓦屋,
外盟不日, 此其日, 何也. 諸侯之參盟於是始, 故謹而日之也, 誥誓不及五帝. 盟
詛不及三王. 交質子不及二伯.
13) 『예기』「악기(樂記)」【477b~c】: 樂者, 非謂黃鐘大呂弦歌干揚也, …… 是故
德成而上, 藝成而下, 行成而先, 事成而後. 是故先王有上有下有先有後, 然後可
以有制於天下也.

【454c】

三王之祭川也, 皆先河而後海, 或源也, 或委也. 此之謂務本.

직역 三王이 川에 祭함이, 皆히 河를 先하고 海를 後했으니, 或은 源이고, 或은 委라. 此를 本에 務라 謂한다.

의역 삼왕은 하천에 제사를 지낼 때, 모든 경우에 우선적으로 강에 제사를 지내고, 그 이후에 바다에 제사를 지냈으니, 강물은 근원이 되고, 바닷물은 강물이 쌓인 것이기 때문이다. 이러한 것을 근본에 힘쓴다고 말한다.

集說 河爲海之源, 海乃河之委. 承上文志於本而言, 水之爲物, 盈科而後進, 放乎四海, 有本者如是也. 君子之於學, 不成章不達, 故先務本.

번역 강물은 바닷물의 근원이 되니, 바닷물은 곧 강물이 쌓인 것이다. 이것은 앞 문장에서 근본에 뜻을 둔다는 내용과 연결해서 한 말이니, 물이라는 사물은 구덩이에 가득 찬 뒤에 나아가서 사해에 이르니,14) 근본을 둔 것은 이와 같을 따름이다. 군자는 학문에 대해서 문장을 이루지 않으면 통달하지 못한다.15) 그렇기 때문에 우선적으로 근본에 힘쓰는 것이다.

大全 朱子曰: 先河後海者, 以其或是源, 故先之, 或是委, 故後之. 疏有二說, 此說是也.

번역 주자가 말하길, 먼저 강물에 제사를 지내고 이후에 바닷물에 제사를 지내는 것은 근원에 해당하기 때문에 먼저 지내는 것이고, 근원이 쌓여서 이루어진 것이기 때문에 뒤에 지내는 것이다. 공영달의 소(疏)에

---

14) 『맹자』「이루하(離婁下)」: 孟子曰, 原泉混混, 不舍晝夜, 盈科而後進, 放乎四海. 有本者如是, 是之取爾.

15) 『맹자』「진심상(盡心上)」: 觀水有術, 必觀其瀾. 日月有明, 容光必照焉. 流水之爲物也, 不盈科不行, 君子之志於道也, 不成章不達.

서는 두 가지 학설이 기록되어 있는데, 이 학설이 옳다.

大全 永嘉戴氏曰: 河流入海, 三王祭川, 先小後大, 重本也. 學記之論, 由末以造本, 大學之論, 自本以徂末, 其爲敎則一也.

번역 영가대씨가 말하길, 강물은 흘러서 바다로 들어가니, 삼왕이 하천에 제사를 지낼 때 먼저 작은 것에 대해 지내고 이후에 큰 것에 대해 지냈던 것은 근본을 중시하기 때문이다. 「학기」편의 논의는 말단을 통해서 근본을 조술하고, 「대학(大學)」편의 논의는 근본으로부터 말단에 이르지만, 가르침에 있어서는 동일하다.

大全 臨川吳氏曰: 河海, 皆川也. 水之來處曰源, 水之聚處曰委. 夏商周三王之世, 其祭川也, 皆先祭河而後祭海. 蓋以其或爲源, 或爲委故也. 河在海之上流, 爲川之源, 故先之. 海受河之下流, 爲川之委, 故後之. 源, 卽本也. 此又言本之當先, 以申上文大德大道大信大時之意.

번역 임천오씨가 말하길, 강과 바다는 모두 '천(川)'에 해당한다. 물이 나오는 곳을 '원(源)'이라고 부르며, 물이 쌓여서 모이는 곳을 '위(委)'라고 부른다. 하(夏)·은(殷)·주(周) 삼왕의 시대에 하천에 제사를 지낼 때에는 모든 경우에 먼저 강에 제사를 지냈고 그 이후에 바다에 제사를 지냈다. 그 이유는 강물은 근원이 되고 바닷물은 강물이 쌓인 것이 되기 때문이다. 강은 바다보다 상류에서 흐르니 하천의 근원이 된다. 그렇기 때문에 먼저 제사를 지낸다. 바다는 강이 밑으로 흘러 내린 것을 받아들이니 하천 중에서도 물이 쌓인 것이 된다. 그렇기 때문에 뒤에 제사를 지낸다. '원(源)'은 근본에 해당한다. 이 문장은 또한 근본에 대해서 마땅히 먼저 해야 한다는 사실을 말하여, 앞 문장에서 말한 대덕(大德)·대도(大道)·대신(大信)·대시(大時)의 뜻을 거듭 나타내고 있다.

鄭注 源, 泉所出也. 委, 流所聚也. 始出一勺, 卒成不測.

번역 '원(源)'은 샘물이 솟는 곳이다. '위(委)'는 물이 흘러서 쌓인 것이다. 시작에는 하나의 국자에 담을 만큼이지만 끝내는 헤아리지 못할 만큼 이루게 된다.

釋文 原, 本又作源. 委, 於僞反, 注同. 勺, 時酌反.

번역 '原'자는 판본에 따라서 또한 '源'자로도 기록한다. '委'자는 '於(어)'자와 '僞(위)'자의 반절음이며, 정현의 주에 나오는 글자도 그 음이 이와 같다. '勺'자는 '時(시)'자와 '酌(작)'자의 반절음이다.

孔疏 ●"三王之祭川也, 皆先河而後海, 或源也, 或委也"者, 言三王祭百川之時, 皆先祭河而後祭海也. 或先祭其源, 或後祭其委, 河爲海本, 源爲委本, 皆曰川也, 故總云"三王之祭川". 源·委, 謂河海之外, 諸大川也.

번역 ●經文: "三王之祭川也, 皆先河而後海, 或源也, 或委也". ○삼왕이 모든 하천에 제사를 지낼 때, 모든 경우에 가장 먼저 강물에 제사를 지냈고 이후에 바다에 제사를 지냈다는 뜻이다. 어떤 경우에는 먼저 그 근원에 제사를 지내고, 또 어떤 경우에는 그것이 모여 쌓인 것에 대해 뒤에 제사를 지내는데, 강물은 바닷물의 근본이 되고 근원은 쌓이는 물의 근본이 되니, 이 모두에 대해서는 '천(川)'이라고 부른다. 그렇기 때문에 총괄적으로 "삼왕이 하천에 제사를 지낸다."라고 말한 것이다. '원(源)'과 '위(委)'는 강과 바다 이외의 여러 큰 하천을 뜻한다.

孔疏 ●"此之謂務本"者, 先祭本, 是務重其本也. 本小而後至大, 是小爲大本. 先學然後至聖, 是學爲聖本也.

번역 ●經文: "此之謂務本". ○먼저 근본에 대해 제사를 지내는 것은 근본을 중시하는데 힘쓴다는 뜻이다. 근본은 작지만 그 이후에는 큼에 이르게 되니, 작은 것은 큼의 근본이 된다. 먼저 학문에 힘쓴 뒤에 성인에 이르게 되니, 학문은 곧 성인이 되는 근본이다.

孔疏 ◎注“源泉”至“不測”. ○正義曰: 皇氏以爲“河海之外, 源之與委”也, 今依用焉. 或解云: “源則河也, 委則海也.” 申明先河而後海, 義亦通矣. 云“始出一勺, 卒成不測”者, 中庸篇云: “水一勺之多, 及其不測, 鮫龍生焉.” 是其始一勺也, 後至不測也. 猶言學初爲積漸, 後成聖賢也.

번역 ◎鄭注: “源泉”~“不測”. ○황간은 “강과 바다 이외의 물들이 원(源)과 위(委)이다.”라고 했는데, 현재는 그 주장에 따른다. 어떤 자는 “원(源)은 강물에 해당하고, 위(委)는 바닷물에 해당한다.”라고 풀이한다. 즉 이것은 강에 대해 먼저 제사를 지내고, 바다에 대해 뒤에 제사를 지낸다는 뜻을 거듭 밝힌 것이라고 주장하는데, 그 의미 또한 통용된다. 정현이 “시작에는 하나의 국자에 담을 만큼이지만 끝내는 헤아리지 못할 만큼 이루게 된다.”라고 했는데, 『중용』에서는 “물은 한 국자의 물이 많아져서, 헤아릴 수 없는 지경에 이르면, 교룡 등이 생겨난다.”[16]라고 했으니, 이것이 시작에는 하나의 국자에 담을 만큼이지만 끝내는 헤아리지 못할 만큼 이루게 된다는 뜻이다. 즉 학문을 배움에는 최초 점진적으로 쌓아나가서 그 이후에 성현이 될 수 있다는 뜻이다.

集解 愚謂: 疏引皇氏之說云, “河海之外, 源之與委.” 此一說也. 又引或解云, “源則河, 委則海.” 此又一說也. 詳經文之意, 源·委卽指河·海, 非謂河海外別有源·委也. 水之源可以至委, 而委不可以達源, 猶學之本可以兼末, 而末不可以達本. 故三王之祭川, 必先河而後海, 而君子之爲學, 亦必先本而後末也.

번역 내가 생각하기에, 공영달의 소(疏)에서는 황간의 주장을 인용하여, “강물과 바닷물 이외의 물이 원(源)과 위(委)이다.”라고 했는데, 이것

---

16) 『중용』「26장」: 今夫手, <u>一勺之多, 及其不測, 黿鼉鮫龍魚鼈生焉</u>, 貨財殖焉.

이 하나의 주장이다. 또 혹자의 해설을 인용하여, "원(源)은 강물을 뜻하고, 위(委)는 바닷물을 뜻한다."라고 했는데, 이것이 또 다른 주장이다. 경문의 뜻을 상세히 살펴보니, 원(源)과 위(委)는 곧 강물과 바닷물을 가리키는 것이지, 강물과 바닷물 이외에 원(源)과 위(委)라는 것이 별도로 있다는 뜻이 아니다. 물의 근원은 물이 모인 것에 이를 수 있지만 물이 모인 것은 근원에 도달할 수 없으니, 이것은 마치 학문의 근본은 말단까지도 겸할 수 있지만 말단은 근본에 도달할 수 없음과 같다. 그렇기 때문에 삼왕이 하천에 제사를 지낼 때에는 반드시 강물에 대한 제사를 먼저 지내고, 그 이후에 바다에 대해 제사를 지냈으니, 군자가 학문을 함에 있어서도 반드시 근본에 먼저 힘쓰고 말단을 그 이후에 배워야 한다.

學記 人名 및 用語 辭典

◎ 가정본(嘉靖本) : 『가정본(嘉靖本)』에는 간행한 자의 정보가 기록되어 있지 않다. 『십삼경주소(十三經注疏)』의 판본이다. 20권으로 구성되어 있으며, 각 권의 뒤편에는 경문(經文)과 그에 따른 주(注)를 간략히 기록하고 있다. 단옥재(段玉裁)는 이 판본이 가정(嘉靖) 연간에 송본(宋本)을 모방하여 간행된 것이라고 여겼다.

◎ 감본(監本) : 『감본(監本)』은 명(明)나라 국자감(國子監)에서 간행한『십삼경주소(十三經注疏)』의 판본이다.

◎ 개성석경(開成石經) : 『개성석경(開成石經)』은 당(唐)나라 만들어진 석경(石經)을 뜻한다. 돌에 경문(經文)을 새겼기 때문에, '석경'이라고 부른다. 당나라 때 만들어진 '석경'은 대화(大和) 7년(A.D.833)에 만들기 시작하여, 개성(開成) 2년(A.D.837)에 완성되었기 때문에, '개성석경'이라고도 부르는 것이다.

◎ 경원보씨(慶源輔氏, ?~?) : =보광(輔廣)·보한경(輔漢卿). 남송(南宋) 때의 학자이다. 자(字)는 한경(漢卿)이고, 호(號)는 잠암(潛庵)·전이(傳貽)이다. 여조겸(呂祖謙)과 주자(朱子)에게서 학문을 배웠다. 저서로는 『사서찬소(四書纂疏)』, 『육경집해(六經集解)』 등이 있다.

◎ 고문송판(考文宋板) : 『고문송판(考文宋板)』은 일본 학자 산정정(山井鼎)

등이 출간한 『칠경맹자고문보유(七經孟子考文補遺)』에 수록된 『예기정의(禮記正義)』를 뜻한다. 산정정은 『예기정의』를 수록할 때, 송(宋)나라 때의 판본을 저본으로 삼았다.

◎ 고염무(顧炎武, A.D.1613~A.D.1682) : 명말(明末) 때의 학자이다. 자(字)는 영인(寧人)이고, 호(號)는 정림(亭林)이다. 경학과 사학(史學) 분야에 뛰어났다. 『일지록(日知錄)』 등의 저서가 있다.

◎ 곤면(袞冕) : '곤면'은 곤룡포와 면류관을 뜻한다. 천자의 제사복장으로, 비교적 중요한 제사 때 입는다. 윗옷과 아랫도리에 새겨진 무늬 등은 9가지이다. 『주례』「춘관(春官)·사복(司服)」편에는 "享先王則袞冕."이라는 기록이 있다. 이에 대한 정현의 주에서는 "冕服九章, 登龍於山, 登火於宗彝, 尊其神明也. 九章, 初一曰龍, 次二曰山, 次三曰華蟲, 次四曰火, 次五曰宗彝, 皆畫以爲繢. 次六曰藻, 次七曰粉米, 次八曰黼, 次九曰黻, 皆希以爲繡. 則袞之衣五章, 裳四章, 凡九也."라고 풀이했다. 즉 '곤면'의 윗옷에는 용(龍), 산(山), 화충(華蟲), 화(火), 종이(宗彝) 등 5가지 무늬를 그려놓고, 아랫도리에는 조(藻), 분미(粉米), 보(黼), 불(黻) 등 4가지를 수놓았다.

◎ 곽경순(郭景純) : =곽박(郭璞)

◎ 곽박(郭璞, A.D.276~A.D.324) : =곽경순(郭景純). 진(晉)나라 때의 학자이다. 자(字)는 경순(景純)이다. 저서로는 『이아주(爾雅注)』, 『방언주(方言注)』, 『산해경주(山海經注)』 등이 있다.

◎ 교감기(校勘記) : 『교감기(校勘記)』는 완원(阮元)이 학자들을 모아서 편차했던 『십삼경주소교감기(十三經註疏校勘記)』를 뜻한다.

◎ 교기(校記) : 『교기(校記)』는 손이양(孫詒讓)이 지은 『십삼경주소교기(十三經注疏校記)』를 뜻한다.

◎ 교제(郊祭) : '교제'는 '교사(郊祀)'라고도 부른다. 교외(郊外)에서 천지(天地)에 제사를 지냈기 때문에 붙여진 명칭이다. 음양설(陰陽說)이 성행했던 한(漢)나라 때에는 하늘에 대한 제사는 양(陽)의 뜻을 따라 남교(南郊)에서 지냈고, 땅에 대한 제사는 음(陰)의 뜻을 따라 북교(北郊)에서 지냈다. 『한서』「교사지하(郊祀志下)」편에는 "帝王之事莫大乎承天之序, 承天之序莫重於郊祀. …… 祭天於南郊, 就陽之義也. 地於北郊, 卽陰之象也."라는 기록이 있다. 한편 '교사'는 후대에 제사를 범칭하는 용어로도 사용되었다. '교사' 중의 '교(郊)'자는 규모가 큰 제사를

뜻하며, '사(祀)'는 비교적 규모가 작은 제사들을 뜻한다.

◎ 구경(九卿) : '구경'은 천자의 조정에 있었던 9명의 고위 관직자들을 뜻한다. 삼고(三孤)와 육경(六卿)을 합하여 '구경'이라고 부른다. '삼고'는 삼공(三公)을 보좌하며, 정책의 큰 방향을 잡는 자들이었고, 육경은 여섯 관부의 일들을 담당하였던 자들이다. 『주례』「동관고공기(冬官考工記)·장인(匠人)」편에는 "外有九室, 九卿居焉."이라는 기록이 있고, 이에 대한 정현의 주에서는 "六卿三孤爲九卿, 三孤佐三公論道, 六卿治六官之屬."라고 풀이했다. 『주례』의 체제에 따르면, '구경'은 소사(少師), 소부(少傅), 소보(少保), 총재(冢宰), 사도(司徒), 종백(宗伯), 사마(司馬), 사구(司寇), 사공(司空)이 된다.

◎ 구수(九數) : '구수'는 고대의 아홉 가지 계산 방법이다. 방전(方田), 속미(粟米), 차분(差分), 소광(少廣), 상공(商功), 균수(均輸), 방정(方程), 영부족(贏不足), 방요(旁要)를 뜻한다. 『주례』「지관(地官)·보씨(保氏)」편에는 "六曰九數."라는 기록이 있는데, 이에 대한 정현의 주에서는 정중(鄭衆)의 주장을 인용하여, "九數, 方田·粟米·差分·少廣·商功·均輸·方程·贏不足·旁要."라고 풀이했다.

◎ 국자(國子) : '국자'는 천자 및 공(公), 경(卿), 대부(大夫)의 자제들을 말한다. 때론 상황에 따라 천자의 태자(太子) 및 왕자(王子)를 포함시키지 않는 경우도 있다. 『주례』「지관(地官)·사씨(師氏)」편에는 "以三德教國子"라는 기록이 있고, 이에 대한 정현의 주에서 "國子, 公卿大夫之子弟."라고 풀이한 용례와 『한서(漢書)』「예악지(禮樂志)」편에서 "朝夕習業, 以教國子. 國子者, 卿大夫之子弟也."라고 풀이한 용례가 바로 여기에 해당한다. 그러나 이것은 천자에 대한 언급을 가급적 회피했기 때문에, 생략하여 기술하지 않은 것이다. 청대(淸代) 유서년(劉書年)의 『유귀양설경잔고(劉貴陽說經殘稿)』「국자증오(國子證誤)」편에서 "國子者, 王大子, 王子, 諸侯公卿大夫士之子弟, 皆是, 亦曰國子弟."라고 풀이하고 있는 것처럼, '국자'에는 천자의 태자와 왕자들까지도 포함된다.

◎ 금화응씨(金華應氏, ?~?) : =응용(應鏞)·응씨(應氏)·응자화(應子和). 이름은 용(鏞)이다. 자(字)는 자화(子和)이다. 『예기찬의(禮記纂義)』를 지었다.

ㄴ

◎ 남송석경(南宋石經) :『남송석경(南宋石經)』은 송(宋)나라 고종(高宗) 때 돌에 새긴『십삼경주소(十三經注疏)』의 판본이다. 그러나『예기(禮記)』에 대해서는「중용(中庸)」1편만을 기록하고 있다.

◎ 남전여씨(藍田呂氏, A.D.1040~A.D.1092) : =여대림(呂大臨)·여씨(呂氏)·여여숙(呂與叔). 북송(北宋) 때의 학자이다. 이름은 대림(大臨)이고, 자(字)는 여숙(與叔)이며, 호(號)는 남전(藍田)이다. 장재(張載) 및 이정(二程)형제에게서 수학하였다. 저서로는『남전문집(藍田文集)』등이 있다.

◎ 노식(盧植, A.D.159?~A.D.192) : =노씨(盧氏). 후한(後漢) 때의 유학자이다. 자(字)는 자간(子幹)이다. 어려서 마융(馬融)을 스승으로 섬겼다. 영제(靈帝)의 건녕(建寧) 연간(A.D.168~A.D.172)에 박사(博士)가 되었다. 채옹(蔡邕) 등과 함께 동관(東觀)에서 오경(五經)을 교정했다. 후에 동탁(董卓)이 소제(少帝)를 폐위시키자, 은거하며『상서장구(尙書章句)』,『삼례해고(三禮解詁)』를 저술했지만, 남아 있지 않다.

◎ 노씨(盧氏) : =노식(盧植)

ㄷ

◎ 단면(端冕) : '단면'은 검은색의 옷과 면류관을 뜻한다. 즉 현면(玄冕)을 의미한다. '단(端)'자는 검은색의 옷을 뜻하는데, 면복(冕服)에 대해서, '단'자로 지칭하는 것은 면복 자체가 정폭(正幅)으로 제작되기 때문에, '단'자를 붙여서 부르는 것이다.『예기』「악기(樂記)」편에서는 "吾端冕而聽古樂, 則唯恐臥; 聽鄭衛之音, 則不知倦."이라는 기록이 있는데, 이에 대한 정현의 주에서는 "端, 玄衣也."라고 풀이했고, 공영달(孔穎達)의 소(疏)에서는 "云'端, 玄衣也'者, 謂玄冕也. 凡冕服, 皆其制正幅, 袂二尺二寸, 袪尺二寸, 故稱端也."라고 풀이했다.

◎ 단서(丹書) :『단서(丹書)』는 전설 속에 나오는 서적으로, 문왕(文王) 때 붉은 색의 봉황이 입에 물고 날아와서 건네준 상서로운 서적을 뜻한다.

◎ 달관(達官) : '달관'은 지위가 높고 군주로부터 직접 명령을 받는 대신(大臣)들을 뜻한다.

◎ 당우(唐虞) : '당우'는 당요(唐堯)와 우순(虞舜)을 병칭하는 용어이다. 요순(堯舜)시대를 가리키며, 의미상으로는 태평성세(太平盛世)를 뜻한다. 『논어』「태백(泰伯)」편에는 "唐虞之際, 於斯爲盛."이라는 용례가 있다.

◎ 대계(戴溪) : =영가대씨(永嘉戴氏)

◎ 대공복(大功服) : '대공복'은 상복(喪服) 중 하나로, 오복(五服)에 속한다. 조밀한 삼베를 사용해서 만들지만, 소공복(小功服)에 비해서는 삼베의 재질이 거칠기 때문에, '대공복'이라고 부른다. 이 복장을 입게 되는 기간은 상황에 따라 차이가 생기지만, 일반적으로 9개월이다. 당형제(堂兄弟) 및 미혼인 당자매(堂姊妹), 또는 혼인을 한 자매(姊妹) 등을 위해서 입는다.

◎ 대민은(戴岷隱) : =영가대씨(永嘉戴氏)

◎ 대비(大比) : '대비'는 주대(周代) 때 3년마다 향(鄕)과 수(遂)의 관리들이 백성들 중의 인재를 대상으로 시행한 시험이다. 『주례』「지관(地官)·향대부(鄕大夫)」편에는 "三年則大比. 考其德行, 道藝, 而興賢者能者."라는 기록이 있고, 이에 대한 정현의 주에서는 정사농(鄭司農)의 주장을 인용하여, "興賢者謂若今舉孝廉, 興能者謂若今舉茂才."라고 풀이했다.

◎ 대서(大胥) : '대서'는 악관(樂官)에 소속된 하위관리이다. 학사(學士)들의 호적 기록부를 담당하였고, 봄에는 태학(太學)에 들어가서 학사들에게 춤을 가르쳤고, 가을에는 분반을 편성하여, 노래를 가르치는 일 등을 담당했다. 『주례』「춘관(春官)·대서(大胥)」편에는 "大胥, 掌學士之版以待致諸子. 春入學舍采合舞. 秋頒學合聲. 以六樂之會正舞位."라는 기록이 있다.

◎ 대소망(戴少望) : =영가대씨(永嘉戴氏)

◎ 대제(大祭) : '대제'는 큰 제사라는 뜻이며, 천지(天地)에 대한 제사 및 체협(禘祫) 등을 일컫는다. 『주례』「천관(天官)·주정(酒正)」에 "凡祭祀, 以法共五齊三酒, 以實八尊. 大祭三貳, 中祭再貳, 小祭壹貳, 皆有酌數."라는 기록이 있다. 이에 대한 정현의 주에서는 "大祭, 天地. 中祭, 宗廟. 小祭, 五祀."라고 풀이하여, '대제'는 천지에 대한 제사를 뜻한다고 설명한다. 그리고 『주례』「춘관(春官)·천부(天府)」편에는 "凡國之玉鎭大寶器藏焉, 若有大祭大喪, 則出而陳之, 旣事藏之."라는 기록이 있다. 이에 대한 정현의 주에서는 "禘祫及大喪陳之, 以華國也."라고 풀이하여, '대제'를 '체협'으로 설명한다. 그리고 '체(禘)'제사와 '대제'의 직

접적 관계에 대해서는 『이아』「석천(釋天)」편에서 "禘, 大祭也."라고
풀이하고, 이에 대한 곽박(郭璞)의 주에서는 "五年一大祭."라고 풀이
하여, '대제'로써의 '체'제사는 5년마다 지내는 제사로 설명한다.

◎ 대합악(大合樂) : '대합악'은 일반적으로 음악을 합주한다는 합악(合樂)
의 뜻과 같다. 한편 계춘(季春)의 달에 국학(國學)에서 성대하게 시행
한 합주를 뜻하기도 한다. 계춘에는 천자가 직접 주요 신하들을 이끌
고 국학에 와서 합악을 관람하기 때문에, 성대하다는 의미에서 '대
(大)'자가 붙여진 것이다.

◎ 동래여씨(東萊呂氏) : =여조겸(呂祖謙)

◎ 두예(杜預, A.D.222~A.D.284) : =두원개(杜元凱). 서진(西晉) 때의 유학자
이다. 경조(京兆) 두릉(杜陵) 출신이다. 자(字)는 원개(元凱)이다. 『춘추
경전집해(春秋經典集解)』를 저술하였는데, 이 책은 현존하는 『춘추(春
秋)』의 주석서 중 가장 오래된 것이며, 『십삼경주소(十三經注疏)』의 『춘
추좌씨전정의(春秋左氏傳正義)』에도 채택되어 수록되었다.

◎ 두원개(杜元凱) : =두예(杜預)

◎ 마씨(馬氏) : =마희맹(馬晞孟)

◎ 마언순(馬彦醇) : =마희맹(馬晞孟)

◎ 마희맹(馬晞孟, ?~?) : =마씨(馬氏)・마언순(馬彦醇). 자(字)는 언순(彦
醇)이다. 『예기해(禮記解)』를 찬술했다.

◎ 면복(冕服) : '면복'은 대부(大夫) 이상의 계층이 착용하는 예관(禮冠)과
복식을 뜻한다. 무릇 길례(吉禮)를 시행할 때에는 모두 면류관[冕]을
착용하는데, 복장의 경우에는 시행하는 사안에 따라서 달라진다.

◎ 모본(毛本) : 『모본(毛本)』은 명(明)나라 말기 급고각(汲古閣)에서 간행
된 『십삼경주소(十三經注疏)』의 판본이다. 급고각은 모진(毛晉)이 지
은 장서각이었으므로, 이러한 명칭이 생겼다.

◎ 목록(目錄) : 『목록(目錄)』은 정현이 찬술했다고 전해지는 『삼례목록
(三禮目錄)』을 가리킨다. 『십삼경주소(十三經注疏)』에서 인용되고 있
지만, 이 책은 『수서(隋書)』가 편찬될 당시에 이미 일실되어 존재하지
않았다. 『수서』「경적지(經籍志)」편에는 "三禮目錄一卷, 鄭玄撰, 梁有

陶弘景注一卷, 亡."이라는 기록이 있다.

◎ **민본(閩本)** :『민본(閩本)』은 명(明)나라 가정(嘉靖) 연간 때 이원양(李
元陽)이 간행한『십삼경주소(十三經注疏)』판본이다. 한편『칠경맹자
고문보유(七經孟子考文補遺)』에서는 이 판본을『가정본(嘉靖本)』으로
지칭하고 있다.

◎ **민은선생(岷隱先生)** : =영가대씨(永嘉戴氏)

ㅂ

◎ **방각(方慤)** : =엄릉방씨(嚴陵方氏)

◎ **방성부(方性夫)** : =엄릉방씨(嚴陵方氏)

◎ **방씨(方氏)** : =엄릉방씨(嚴陵方氏)

◎ **백호통(白虎通)** :『백호통(白虎通)』은 후한(後漢) 때 편찬된 서적이다.『백
호통의(白虎通義)』라고도 부른다. 후한의 장제(章帝)가 학자들을 불러
모아서, 백호관(白虎觀)에서 토론을 시키고, 각 경전 해석의 차이점을
기록한 서적이다.

◎ **별록(別錄)** :『별록(別錄)』은 후한(後漢) 때 유향(劉向)이 찬(撰)했다고
전해지는 책이다. 현재는 일실되어 존재하지 않으며,『한서(漢書)』「예
문지(藝文志)」편을 통해서 대략적인 내용만을 추측해볼 수 있다.

◎ **보광(輔廣)** : =경원보씨(慶源輔氏)

◎ **보한경(輔漢卿)** : =경원보씨(慶源輔氏)

◎ **복희(伏羲)** : '복희'는 곧 복희씨(宓戲氏)·복희씨(伏羲氏)를 가리킨다.
전설시대에 존재했다고 전해지는 고대 제왕 중 한 명이다. 복(伏)자와
복(宓)자, 그리고 희(羲)자와 희(戲)자는 음이 같아서 통용되었다.『한
서(漢書)』「고금인표(古今人表)」편에는 "太昊帝宓羲氏."라는 기록이 있
는데, 이에 대한 안사고(顔師古)의 주에서는 "宓, 音伏, 字本作戲, 其音
同."이라고 풀이했다.

◎ **비흥(比興)** : '비흥'은 본래『시』의 육의(六義) 중 하나인 비(比)와 흥
(興)을 가리킨다. '비'는 저 사물을 통해 이 사물에 대해 비교를 하는
것이다. '흥'은 먼저 다른 사물을 언급하여, 시로 표현하고자 하는 말
들을 이끌어내는 것이다. 후대에는 시가(詩歌)를 창작하는 용어로도
사용되었다.

◎ 사대(四代) : '사대'는 우(虞), 하(夏), 은(殷), 주(周)의 4대(代) 왕조를 뜻한다. 『예기』「학기(學記)」편에는 "三王四代唯其師."라는 기록이 있는데, 이에 대한 정현의 주에서는 "四代, 虞・夏・殷・周."라고 풀이했다.

◎ 산음육씨(山陰陸氏, A.D.1042~A.D.1102) : =육농사(陸農師)・육전(陸佃). 북송(北宋) 때의 유학자이다. 자(字)는 농사(農師)이며, 호(號)는 도산(陶山)이다. 어려서 집안이 매우 가난했다고 전해지며, 왕안석(王安石)에게 수학하였으나 왕안석의 신법에 대해서는 반대하였다. 저서로는 『비아(埤雅)』, 『춘추후전(春秋後傳)』, 『도산집(陶山集)』 등이 있다.

◎ 삼공(三公) : '삼공'은 중앙정부의 가장 높은 관직자 3명을 합쳐서 부르는 말이다. '삼공'에 속한 관직명에 대해서는 각 시대별로 차이가 있다. 『사기(史記)』「은본기(殷本紀)」편에는 "以西伯昌, 九侯, 鄂侯, 爲三公."이라는 기록이 있다. 즉 은나라 때에는 서백(西伯)인 창(昌), 구후(九侯), 악후(鄂侯)들을 '삼공'으로 삼았다. 또한 주(周)나라 때에는 태사(太師), 태부(太傅), 태보(太保)를 '삼공'으로 삼았다. 『서』「주서(周書)・주관(周官)」편에는 "立太師・太傅・太保, 茲惟三公, 論道經邦, 燮理陰陽."이라는 기록이 있다. 한편 『한서(漢書)』「백관공경표서(百官公卿表序)」에 따르면 사마(司馬), 사도(司徒), 사공(司空)을 '삼공'으로 삼았다는 기록이 있다.

◎ 삼로오경(三老五更) : '삼로오경'은 삼로(三老)와 오경(五更)을 뜻한다. 이들은 국가의 요직에 있다가 나이가 들어 퇴직한 자들이다. 정현은 '삼로'와 '오경'은 3명과 5명이 아닌 각각 1명씩이라고 풀이했다. 그리고 1명씩인데도 '삼(三)'자와 '오(五)'자를 붙여서 부르는 이유에 대해서, '삼진(三辰)'과 '오성(五星)'에서 명칭을 빌려왔기 때문이라고 해석하였고, 또한 '삼덕(三德)'과 '오사(五事)'를 알고 있는 자들이기 때문에, 이러한 명칭이 붙었다고 풀이하기도 한다. 『예기』「문왕세자」편에는 "適東序, 釋奠於先老, 遂設三老, 五更, 群老之席位焉."이란 기록이 있는데, 이에 대한 정현의 주에서는 "三老五更各一人也, 皆年老更事致仕者也. 天子以父兄養之, 示天下之孝悌也. 名以三五者, 取象三辰五星, 天所因以照明天下者."라고 풀이했고, 또한 『예기』「악기(樂記)」편에는 "食三老五更於大學."이란 기록이 있는데, 이에 대한 정현의 주에서는

"三老五更, 互言之耳, 皆老人更知三德五事者也."라고 풀이했다. 그리고 참고적으로 공영달(孔穎達)의 소(疏)에서는 "三德謂正直, 剛, 柔. 五事謂貌, 言, 視, 聽, 思也."라고 해석하여, '삼덕'은 정직(正直), 강직함[剛], 부드러움[柔]이라고 풀이했고, 오사(五事)는 '올바른 용모[貌]', '올바른 말[言]', '올바르게 봄[視]', '올바르게 들음[聽]', '올바르게 생각함[思]'이라고 풀이했다.

◎ 삼무(三無) : '삼무'는 소리가 없는 음악[樂], 본체가 없는 예(禮), 상복(喪服)이 없는 상(喪)을 뜻한다. 이 세 가지는 마음으로만 시행하고, 겉으로 드러나는 형체가 없기 때문에 '삼무'라고 부른다.

◎ 삼왕(三王) : '삼왕'은 하(夏), 은(殷), 주(周) 삼대(三代)의 왕을 뜻한다. 『춘추곡량전』「은공(隱公) 8年」편에는 "盟詛不及三王."이라는 기록이 있고, 이에 대한 범녕(範寧)의 주에서는 '삼왕'을 하나라의 우(禹), 은나라의 탕(湯), 주나라의 무왕(武王)을 지칭한다고 풀이했다. 그리고 『맹자』「고자하(告子下)」편에는 "五覇者, 三王之罪人也."이라는 기록이 있고, 이에 대한 조기(趙岐)의 주에서는 '삼왕'을 범녕의 주장과 달리, 주나라의 무왕 대신 문왕(文王)을 지칭한다고 풀이했다.

◎ 삽혈(歃血) : '삽혈'은 고대에 회맹을 하여 맹약을 맺을 때 하는 일종의 의식이다. 먼저 맹약에 대한 기록을 읽은 뒤에, 참가한 자들은 희생물의 피를 조금씩 나눠마셔서, 이것을 통해 자신의 진실된 뜻을 나타냈다. 일설에는 희생물의 피를 입가에 바르는 것이라고 주장한다.

◎ 상로(上老) : '상로'는 고대에 대부(大夫)의 벼슬을 하다가 노년이 되어 물러난 자를 경칭하는 말이다.

◎ 서로(庶老) : '서로'는 고대에 사(士)의 벼슬을 하다가 노년이 되어 물러난 자를 경칭하는 말이다.

◎ 서명(胥命) : '서명'은 본래 제후들이 서로 만나보는 경우에, 말로 약속을 하지만 맹세를 하지는 않는 것을 뜻한다.

◎ 석경(石經) : 『석경(石經)』은 당(唐)나라 개성(開成) 2년(A.D.714)에 돌에 새긴 『십삼경주소(十三經注疏)』의 판본이다. 당나라 국자학(國子學)의 비석에 새겨졌다는 판본이 바로 이것을 가리킨다.

◎ 석량왕씨(石梁王氏, ?~?) : 자세한 이력이 남아 있지 않다.

◎ 석전(釋奠) : '석전'은 국학(國學)에서 거행되었던 전례(典禮) 중 하나이다. 성찬과 술을 진설하고, 폐백 등을 바쳐서, 선성(先聖)과 선사(先師)

에게 지내는 제사이다.

◎ 석채(釋菜) : '석채'는 국학(國學)에서 거행되었던 전례(典禮) 중 하나이다. 희생물 없이 소채 등으로 간소하게 차려놓고, 선성(先聖)과 선사(先師)에게 지내는 제사이다.

◎ 선사(先師) : '선사'는 전 세대에 태학(太學)에서 교육을 담당하였던 자들로, 도덕(道德)을 갖춘 자들을 뜻한다. 이들이 죽게 되면 뛰어난 자들을 각 학문의 시조로 삼아 제사를 지내게 되므로, 또한 이전 세대에 태학에서 교육을 담당했던 자들을 가리키기도 한다. 『예기』「문왕세자(文王世子)」편에는 "凡學, 春官釋奠于其先師, 秋冬亦如之."라는 기록이 있고, 이에 대한 정현의 주에서는 "周禮曰: '凡有道者有德者, 使敎焉. 死則以爲樂祖, 祭於瞽宗.' 此之謂先師之類也."라고 풀이했다. 즉 『주례』에는 "무릇 도(道)를 가지고 있고 덕(德)을 가지고 있는 자들로 하여금 교육을 담당하게 한다. 그들이 죽게 되면, 그들을 악(樂)의 시조로 삼아서, 고종(瞽宗)에서 제사를 지낸다."라고 하였는데, 이러한 자들이 바로 '선사'들이다.

◎ 선성(先聖) : '선성'은 전 세대에 생존했던 성인(聖人)들을 뜻한다. 주공(周公)이나 공자(孔子)와 같은 인물들이 '선성'에 해당한다. 후대에는 공자를 가리키는 용어로 사용되었다. 『예기』「문왕세자(文王世子)」편에는 "凡始立學者, 必釋奠于先聖先師, 及行事, 必以幣."라는 기록이 있고, 이에 대한 정현의 주에서는 "先聖, 周公若孔子."라고 풀이했다. 한편 손희단(孫希旦)의 『집해(集解)』에서는 "制作禮樂以敎後世者, 先聖也, 若堯・舜・禹・湯・文・武・周公, 是也."라고 풀이했다. 즉 예악(禮樂)을 제작하여, 후세까지도 교육시키도록 만든 자를 '선성(先聖)'이라고 부르니, 요(堯)・순(舜)・우(禹)・탕(湯)・문왕(文王)・무왕(武王)・주공(周公)과 같은 인물들이 바로 여기에 해당한다.

◎ 성동(成童) : '성동'은 아동들 중에서도 나이가 찬 자들을 뜻한다. 8세 이상이 된 아동을 뜻한다고 풀이하기도 하며, 15세 이상이 된 아동을 뜻한다고 풀이하기도 한다. 『춘추곡량전』「소공(召公) 19년」편의 "羈貫成童, 不就師傅, 父之罪也."라는 기록에 대해, 범녕(范甯)의 주에서는 "成童, 八歲以上."이라고 풀이했고, 『예기』「내칙(內則)」편의 "成童, 舞象, 學射御."라는 기록에 대해, 정현의 주에서는 "成童, 十五以上."이라고 풀이했다.

◎ 소공복(小功服) : ‘소공복’은 상복(喪服) 중 하나로, 오복(五服)에 속한다. 조밀한 삼베를 사용해서 만들며, 대공복(大功服)에 비해서 삼베의 재질이 조밀하기 때문에, ‘소공복’이라고 부른다. 이 복장을 입게 되는 기간은 상황에 따라 차이가 생기지만, 일반적으로 5개월이 된다. 백숙(伯叔)의 조부모나 당백숙(堂伯叔)의 조부모, 혼인하지 않은 당(堂)의 자매(姊妹), 형제(兄弟)의 처 등을 위해서 입는다.

◎ 시마복(緦麻服) : ‘시마복’은 상복(喪服) 중 하나로, 오복(五服)에 속한다. 가장 조밀한 삼베를 사용해서 만든다. 이 복장을 입게 되는 기간은 상황에 따라서 차이가 있지만, 일반적으로 3개월이 된다. 친족의 백숙부모(伯叔父母)나 친족의 형제(兄弟)들 및 혼인하지 않은 친족의 자매(姊妹) 등을 위해서 입는다.

◎ 시학(視學) : ‘시학’은 천자가 석전(釋奠) 및 양로(養老) 등의 의례를 위해, 친히 태학(太學)에 왕림하는 것을 말한다. 일반적으로 천자가 ‘시학’을 하는 시기는 중춘(仲春), 계춘(季春), 중추(仲秋)에 해당한다. 중춘 때에는 태학에서 합무(合舞)를 하고, 계춘 때에는 합악(合樂)을 하며, 중추 때에는 합성(合聲)을 하기 때문이다. 『예기』「문왕세자(文王世子)」편에는 “天子視學.”이라는 기록이 있는데, 이에 대한 공영달(孔穎達)의 소(疏)에서는 “天子視學, 必遂養老之法則, 養老既畢, 乃命諸侯群吏令養老之事. 天子視學者, 謂仲春合舞, 季春合樂, 仲秋合聲. 於此之時, 天子親往視學也.”라고 풀이했다.

◎ 심의(深衣) : ‘심의’는 일반적으로 상의와 하의가 서로 연결된 옷을 뜻한다. 제후, 대부(大夫), 사(士)들이 평상시 집안에 거처할 때 착용하던 복장이기도 하며, 서인(庶人)에게는 길복(吉服)에 해당하기도 한다. 순색에 채색을 가미하기도 했다.

ㅇ

◎ 악본(岳本) : 『악본(岳本)』은 송(頌)나라 악가(岳珂)가 간행한 『십삼경주소(十三經注疏)』의 판본이다.

◎ 엄릉방씨(嚴陵方氏, ?~?) : =방각(方慤)·방씨(方氏)·방성부(方性夫). 송대(宋代)의 유학자이다. 이름은 각(慤)이다. 자(字)는 성부(性夫)이다. 『예기집해(禮記集解)』를 지었고, 『예기집설대전(禮記集說大全)』에는

그의 주장이 많이 인용되고 있다.

◎ 여대림(呂大臨) : =남전여씨(藍田呂氏)

◎ 여동래(呂東萊) : =여조겸(呂祖謙)

◎ 여씨(呂氏) : =남전여씨(藍田呂氏)

◎ 여여숙(呂與叔) : =남전여씨(藍田呂氏)

◎ 여조겸(呂祖謙, A.D.1137~A.D.1181) : =동래여씨(東萊呂氏)·여동래(呂東萊). 남송(南宋) 때의 학자이다. 자(字)는 백공(伯恭)이고, 호(號)는 동래(東萊)이다. 주자(朱子)와 함께『근사록(近思錄)』을 편찬하였다.

◎ 연평주씨(延平周氏, ?~?) : =주서(周謂)·주희성(周希聖). 송(宋)나라 때의 유학자이다. 이름은 서(謂)이다. 자(字)는 희성(希聖)이다.『예기설(禮記說)』등의 저서가 있다.

◎ 염계선생(濂溪先生) : =주돈이(周敦頤)

◎ 영가대씨(永嘉戴氏, A.D.1141~A.D.1215) : =대계(戴溪)·대씨(戴氏)·대초망(戴肖望)·대소망(戴少望)·대민은(戴岷隱)·민은선생(岷隱先生). 남송(南宋) 때의 학자이다. 자(字)는 초망(肖望)·소망(少望)이고, 호(號)는 민은(岷隱)이다. 저서로는『춘추강의(春秋講義)』,『예기구의(禮記口義)』등이 있다.

◎ 오복(五服) : '오복'은 죽은 자와 친하고 소원한 관계에 따라 입게 되는 다섯 가지 상복(喪服)을 뜻한다. 참최복(斬衰服), 자최복(齊衰服), 대공복(大功服), 소공복(小功服), 시마복(緦麻服)을 가리킨다.『예기』「학기(學記)」편에는 "師無當於五服, 五服弗得不親."이라는 기록이 있는데, 이에 대한 공영달(孔穎達)의 소(疏)에서는 "五服, 斬衰也, 齊衰也, 大功也, 小功也, 緦麻也."라고 풀이했다. 또한 '오복'에 있어서는 죽은 자와 가까운 관계일수록 중대한 상복을 입고, 복상(服喪) 기간도 늘어난다. 위의 '오복' 중 참최복이 가장 중대한 상복에 속하며, 그 다음은 자최복이고, 대공복, 소공복, 시마복 순으로 내려간다.

◎ 오사(五事) : '오사'는 본래 모(貌), 언(言), 시(視), 청(聽), 사(思)를 뜻한다. 즉 언행, 보고 듣는 것, 사려함을 가리킨다. 또 단순히 이러한 행위만을 뜻하는 것이 아니라 수신(修身)이라는 측면에서 각각의 항목에 규범이 첨가된다. 즉 '오사'가 실질적으로 가리키는 것은 행동을 공손하게 하고, 말은 순리에 따라 하며, 보는 것은 밝게 하고, 듣는 것은 밝게 하며, 생각은 깊게 하는 것이다.『서』「주서(周書)·홍범(洪範)」편에

는 "五事, 一曰貌, 二曰言, 三曰視, 四曰聽, 五曰思. 貌曰恭, 言曰從, 視曰明, 聽曰聰, 思曰睿."라는 기록이 있다.

◎ 오상(五常) : '오상'은 인(仁), 의(義), 예(禮), 지(智), 신(信) 등의 다섯 가지 덕목을 뜻한다. 항상된 도리로써 어느 시대이건 변함없이 시행할 만한 것들이므로, '상(常)'자를 붙여서 '오상'이라고 부르는 것이다. 당(唐)나라 유종원(柳宗元)의 「시령논하(時令論下)」에는 "聖人之爲敎, 立中道以示于後, 曰仁·曰義·曰禮·曰智·曰信, 謂之五常, 言可以常行之也."라는 기록이 있다.

◎ 오색(五色) : '오색'은 청색[靑], 적색[赤], 백색[白], 흑색[黑], 황색[黃]을 뜻한다. 고대에는 이 다섯 가지 색깔을 순일한 색깔로 여겨서, 정색(正色)으로 규정하였고, 그 이외의 색깔들은 간색(間色)으로 분류하였다.

◎ 오성(五聲) : '오성'은 오음(五音)이라고도 하며, 일반적으로 궁(宮), 상(商), 각(角), 치(徵), 우(羽) 다섯 가지 음을 뜻한다. 당(唐)나라 이후에는 또한 합(合), 사(四), 을(乙), 척(尺), 공(工)으로 부르기도 했다. 『맹자』 「이루상(離婁上)」편에는 "不以六律, 不能正五音."이라는 기록이 있는데, 이에 대한 조기(趙岐)의 주에서는 "五音, 宮商角徵羽"라고 풀이하였다.

◎ 오유청(吳幼淸) : =오징(吳澄)

◎ 오제(五帝) : '오제'는 전설시대에 존재했다고 전해지는 다섯 명의 제왕(帝王)을 뜻한다. 그러나 다섯 명이 누구였는지에 대해서는 이설(異說)이 많다. 첫 번째 주장은 황제(黃帝: =軒轅), 전욱(顓頊: =高陽), 제곡(帝嚳: =高辛), 당요(唐堯), 우순(虞舜)으로 보는 견해이다. 『사기정의(史記正義)』 「오제본기(五帝本紀)」편에는 "太史公依世本·大戴禮, 以黃帝·顓頊·帝嚳·唐堯·虞舜爲五帝. 譙周·應劭·宋均皆同."이라는 기록이 있고, 『백호통(白虎通)』 「호(號)」편에도 "五帝者, 何謂也? 禮曰, 黃帝·顓頊·帝嚳·帝堯·帝舜也."라는 기록이 있다. 두 번째 주장은 태호(太昊: =伏羲), 염제(炎帝: =神農), 황제(黃帝), 소호(少昊: =摯), 전욱(顓頊)으로 보는 견해이다. 이 주장은 『예기』 「월령(月令)」편에 나타난 각 계절별 수호신들의 내용을 종합한 것이다. 세 번째 주장은 소호(少昊), 전욱(顓頊), 고신(高辛), 당요(唐堯), 우순(虞舜)으로 보는 견해이다. 『서서(書序)』에는 "少昊·顓頊·高辛·唐·虞之書, 謂之五典, 言常道也."라는 기록이 있다. 또 『제왕세기(帝王世紀)』에는 "伏羲·神農

· 黃帝爲三皇, 少昊 · 高陽 · 高辛 · 唐 · 虞爲五帝."라는 기록이 있다. 네
번째 주장은 복희(伏羲), 신농(神農), 황제(黃帝), 당요(唐堯), 우순(虞
舜)으로 보는 견해이다. 이 주장은『역』「계사하(繫辭下)」편의 내용에
근거한 주장이다.

◎ 오지(五至) : '오지'는 뜻[志] · 시(詩) · 예(禮) · 악(樂) · 슬픔[哀]이 두루
이루어진 최상의 경지를 뜻한다.

◎ 오징(吳澄, A.D.1249~A.D.1333) : =임천오씨(臨川吳氏) · 오유청(吳幼淸).
송원대(宋元代)의 유학자이다. 이름은 징(澄)이다. 자(字)는 유청(幼
淸)이다. 저서로『예기해(禮記解)』가 있다.

◎ 왕념손(王念孫, A.D.1744~A.D.1832) : 청(淸)나라 때의 학자이다. 자(字)
는 회조(懷租)이고, 호(號)는 석구(石臞)이다. 부친은 왕안국(王安國)
이고, 아들은 왕인지(王引之)이다. 대진(戴震)에게 학문을 배웠다. 저
서로는『독서잡지(讀書雜志)』등이 있다.

◎ 왕무횡(王楙竑, A.D.1668~A.D.1741) : 청(淸) 나라 때의 경학자이다. 자
(字)는 여중(予中) · 여중(與中)이며, 호(號)는 백전(白田)이다.

◎ 왕인지(王引之, A.D.1766~A.D.1834) : 청(淸)나라 때의 훈고학자이다. 자
(字)는 백신(伯申)이고, 호(號)는 만경(曼卿)이며, 시호(謚號)는 문간
(文簡)이다. 왕념손(王念孫)의 아들이다. 대진(戴震), 단옥재(段玉裁),
부친과 함께 대단이왕(戴段二王)이라고 일컬어졌다.『경전석사(經傳
釋詞)』,『경의술문(經義述聞)』등의 저술이 있다.

◎ 웅씨(熊氏) : =웅안생(熊安生)

◎ 웅안생(熊安生, ?~A.D.578) : =웅씨(熊氏). 북조(北朝) 때의 경학자이다.
자(字)는 식지(植之)이다.『주례(周禮)』,『예기(禮記)』,『효경(孝經)』
등 많은 전적에 의소(義疏)를 남겼지만, 모두 산일되어 남아 있지 않
다. 현재 마국한(馬國翰)의『옥함산방집일서(玉函山房輯佚書)』에『예
기웅씨의소(禮記熊氏義疏)』4권이 남아 있다.

◎ 유맹야(劉孟冶) : =유씨(劉氏)

◎ 유사(有司) : '유사'는 관리를 뜻하는 용어이다. '사(司)'자는 담당한다는
뜻이다. 관리들은 각자 담당하고 있는 업무가 있었으므로, 관리를 '유
사'라고 불렀던 것이다. 일반적으로 하위관료들을 지칭하여, 실무자를
뜻하는 용어로 많이 사용된다. 그러나 때로는 고위관료까지도 지칭하
는 용어로 사용되기도 한다.

◎ 유씨(劉氏, ?~?) : =유맹야(劉孟冶). 자세한 이력이 남아 있지 않다.

◎ 유씨(庾氏) : =유울(庾蔚)

◎ 유울(庾蔚, ?~?) : =유씨(庾氏). 남조(南朝) 때 송(宋)나라 학자이다. 저
서로는 『예기약해(禮記略解)』, 『예론초(禮論鈔)』, 『상복(喪服)』, 『상복
세요(喪服世要)』, 『상복요기주(喪服要記注)』 등을 남겼다.

◎ 육농사(陸農師) : =산음육씨(山陰陸氏)

◎ 육덕명(陸德明, A.D.550~A.D.630) : =육원랑(陸元朗). 당대(唐代)의 경학
자이다. 이름은 원랑(元朗)이고, 자(字)는 덕명(德明)이다. 훈고학에 뛰
어났으며, 『경전석문(經典釋文)』 등을 남겼다.

◎ 육서(六書) : '육서'는 한자의 구성과 형성에 대한 여섯 가지 이론으로,
상형(象形), 지사(指事: =處事), 회의(會意), 형성(形聲: =諧聲), 전주
(轉注), 가차(假借)를 뜻한다. 『주례』「지관(地官)·보씨(保氏)」편에는
"五曰六書."라는 기록이 있는데, 이에 대한 정현의 주에서는 정사농
(鄭司農)의 주장을 인용하여, "六書, 象形·會意·轉注·處事·假借·
諧聲也."라고 풀이했다.

◎ 육예(六藝) : '육예'는 기본적으로 갖춰야 하는 여섯 가지 과목을 뜻한
다. 여섯 가지 과목은 예(禮), 음악[樂], 활쏘기[射], 수레몰기[御], 글쓰
기[書], 셈하기[數]이며, 구체적으로 말하자면 오례(五禮), 육악(六樂),
오사(五射), 오어(五馭: =五御), 육서(六書), 구수(九數)를 가리킨다.

◎ 육원랑(陸元朗) : =육덕명(陸德明)

◎ 육전(陸佃) : =산음육씨(山陰陸氏)

◎ 육향(六鄕) : '육향'은 주(周)나라 때 원교(遠郊)에 설치된 여섯 개의 향
(鄕)을 뜻한다. 주나라의 제도에서는 국성(國城)과 가까이 있는 교외
(郊外)를 근교(近郊)라고 불렀고, 근교 밖을 원교(遠郊)라고 불렀다.
그리고 원교 안에는 6개의 향(鄕)을 설치했고, 원교 밖에는 6개의 수
(遂)를 설치했다.

◎ 응씨(應氏) : =금화응씨(金華應氏)

◎ 응용(應鏞) : =금화응씨(金華應氏)

◎ 응자화(應子和) : =금화응씨(金華應氏)

◎ 이씨(李氏, ?~?) : 자세한 이력이 남아 있지 않다.

◎ 임천오씨(臨川吳氏) : =오징(吳澄)

ㅊ

◎ 자최복(齊衰服) : '자최복'은 상복(喪服) 중 하나로, 오복(五服)에 속한다. 거친 삼베를 사용해서 만들며, 자른 부위를 꿰매어 가지런하게 정리하기 때문에, '자최복'이라고 부른다. 이 복장을 입게 되는 기간에도 여러 종류가 있는데, 3년 동안 입는 경우는 죽은 계모(繼母)나 자모(慈母)를 위한 경우이고, 1년 동안 입는 경우는 손자가 죽은 조부모를 위해 입는 경우와 남편이 죽은 아내를 입는 경우 등이다. 그리고 1년 동안 '자최복'을 입는 경우, 그 기간을 자최기(齊衰期)라고도 부른다. 또 5개월 동안 입는 경우는 죽은 증조부나 증조모를 위한 경우이며, 3개월 동안 입는 경우는 죽은 고조부나 고조모를 위한 경우 등이다.

◎ 장락진씨(長樂陳氏) : =진상도(陳祥道)

◎ 장자(張子) : =장재(張載)

◎ 장재(張載, A.D.1020~A.D.1077) : =장자(張子)·장횡거(張橫渠). 북송(北宋) 때의 유학자이다. 북송오자(北宋五子) 중 한 사람으로 칭해진다. 자(字)는 자후(子厚)이다. 횡거진(橫渠鎭) 출신으로, 이곳에서 장기간 강학을 했기 때문에 횡거선생(橫渠先生)으로 일컬어지기도 한다.

◎ 장횡거(張橫渠) : =장재(張載)

◎ 전욱(顓頊) : '전욱'은 고양씨(高陽氏)라고도 부른다. '전욱'은 고대 오제(五帝) 중 하나이다. 『산해경(山海經)』「해내경(海內經)」편에는 "黃帝妻雷祖, 生昌意, 昌意降處若水, 生韓流. 韓流, …… 取淖子曰阿女, 生帝顓頊."이라는 기록이 있다. 즉 황제(黃帝)의 처인 뇌조(雷祖)가 창의(昌意)를 낳았는데, 창의가 약수(若水)에 강림하여 거처하다가, 한류(韓流)를 낳았다. 다시 한류는 아녀(阿女)를 부인으로 맞이하여 '전욱'을 낳았다. 또한 『회남자(淮南子)』「천문훈(天文訓)」편에는 "北方, 水也, 其帝顓頊, 其佐玄冥, 執權而治冬."이라는 기록이 있다. 즉 북방(北方)은 오행(五行)으로 배열하면 수(水)에 속하는데, 이곳의 상제(上帝)는 '전욱'이고, 상제를 보좌하는 신(神)은 현명(玄冥)이다. 이들은 겨울을 다스린다. 또한 '전욱'과 관련하여 『수경주(水經注)』「호자하(瓠子河)」편에는 "河水舊東決, 逕濮陽城東北, 故衛也, 帝顓頊之墟. 昔顓頊自窮桑徙此, 號曰商丘, 或謂之帝丘."라는 기록이 있다. 즉 황하의 물길은 옛날에 동쪽으로 흘러서, 복양성(濮陽城)의 동북쪽을 경유하였는데,

이곳은 옛 위(衛) 지역으로, '전욱'이 거처하던 터이며, 예전에 '전욱'이 궁상(窮桑) 땅으로부터 이곳으로 옮겨왔기 때문에, 이곳을 상구(商丘) 또는 제구(帝丘)라고도 부른다.

◎ 정강성(**鄭康成**) : =정현(鄭玄)

◎ 정씨(**鄭氏**) : =정현(鄭玄)

◎ 정의(**正義**) : 『정의(正義)』는 『예기정의(禮記正義)』 또는 『예기주소(禮記注疏)』를 뜻한다. 당(唐)나라 때에는 태종(太宗)이 공영달(孔穎達) 등을 시켜서 『오경정의(五經正義)』를 편찬하였는데, 이때 『예기정의』에는 정현(鄭玄)의 주(注)와 공영달의 소(疏)가 수록되었다. 송대(宋代)에는 『오경정의』와 다른 경전(經典)에 대한 주석서를 포함한 『십삼경주소(十三經注疏)』가 편찬되어, 『예기주소』라는 명칭이 되었다.

◎ 정현(**鄭玄**, A.D.127~A.D.200) : =정강성(鄭康成)·정씨(鄭氏). 한대(漢代)의 유학자이다. 자(字)는 강성(康成)이다. 『주역(周易)』, 『상서(尙書)』, 『모시(毛詩)』, 『주례(周禮)』, 『의례(儀禮)』, 『예기(禮記)』, 『논어(論語)』, 『효경(孝經)』 등에 주석을 하였다.

◎ 조량주(**趙良澍**, ?~?) : 청(淸)나라 때의 학자이다. 저서로는 『독예기(讀禮記)』가 있다.

◎ 조복(**朝服**) : '조복'은 군주와 신하가 조회를 열 때 착용하는 복장을 뜻한다. 중요한 의식을 치를 때 착용하는 예복(禮服)을 가리키기도 한다.

◎ 주돈이(**周敦頤**, A.D.1017~A.D.1073) : =염계선생(濂溪先生)·주자(周子)·주렴계(周濂溪)·주무숙(周茂叔). 북송(北宋) 때의 학자이다. 북송오자(北宋五子) 및 송조육현(宋朝六賢) 중 한 사람으로 손꼽힌다. 초명(初名)은 돈실(惇實)이었지만, 영종(英宗)에 대한 피휘 때문에, 돈이(敦頤)로 개명하였다. 자(字)는 무숙(茂叔)이다. 염계서당(濂溪書堂)에서 강학을 하였기 때문에, '염계선생(濂溪先生)'이라고도 부른다. 저서로는 『태극도설(太極圖說)』·『통서(通書)』 등이 있다.

◎ 주렴계(**周濂溪**) : =주돈이(周敦頤)

◎ 주무숙(**周茂叔**) : =주돈이(周敦頤)

◎ 주서(**周諝**) : =연평주씨(延平周氏)

◎ 주자(**周子**) : =주돈이(周敦頤)

◎ 주희성(**周希聖**) : =연평주씨(延平周氏)

◎ 준선(**俊選**) : '준선'은 준사(俊士)와 선사(選士)를 합쳐 부르는 말이다.

향학(鄕學)의 사(士)들 중에서 덕행과 재예(才藝)가 뛰어난 사를 수사 (秀士)라고 불렀고, 수사들 중에서도 뛰어난 사람은 사도(司徒)에게 천거되는데, 그 사람을 선사(選士)라고 불렀다. 준사(俊士)는 선사(選 士)들 중에서도 덕행과 재주가 뛰어나서, 국학(國學)에 입학하였던 자 들을 뜻한다.

◎ 진가대(陳可大) : =진호(陳澔)

◎ 진상도(陳祥道, A.D.1159~A.D.1223) : =장락진씨(長樂陳氏)·진씨(陳氏) ·진용지(陳用之). 북송대(北宋代)의 유학자이다. 자(字)는 용지(用之) 이다. 장락(長樂) 지역 출신으로, 1067년에 과거에 급제하여 태상박사 (太常博士) 등을 지냈다. 왕안석(王安石)의 제자로, 그의 학문을 전파 하는데 공헌하였다. 저서에는『예서(禮書)』,『논어전해(論語全解)』등 이 있다.

◎ 진씨(陳氏) : =진상도(陳祥道)

◎ 진용지(陳用之) : =진상도(陳祥道)

◎ 진호(陳澔, A.D.1260~A.D.1341) : =진가대(陳可大). 남송(南宋) 말기 원 (元)나라 초기 때의 학자이다. 자(字)는 가대(可大)이다. 사람들에게 경귀선생(經歸先生)으로 칭송을 받았다. 저서로는『예기집설(禮記集 說)』등이 있다.

◎ 집운(集韻) :『집운(集韻)』은 송(宋)나라 때의 정탁(丁度, A.D.990~ A.D.1053) 등이 칙명(勅命)을 받아서 편찬한 음운학 서적이다.

ㅊ

◎ 참최복(斬衰服) : '참최복'은 상복(喪服) 중 하나로, 오복(五服)에 속한다. 상복 중에서도 가장 수위가 높은 상복이다. 거친 삼베를 사용해서 만 들며, 자른 부위를 꿰매지 않기 때문에 참최(斬衰)라고 부른다. 이 복 장을 입게 되는 기간은 일반적으로 3년에 해당하며, 죽은 부모를 위해 입거나, 처 또는 첩이 죽은 남편을 위해 입는다.

◎ 체제(禘祭) : '체제'는 천신(天神) 및 조상신(祖上神)에게 지내는 '큰 제 사[大祭]'를 뜻한다.『이아』「석천(釋天)」편에는 "禘, 大祭也."라는 기록 이 있고, 이에 대한 곽박(郭璞)의 주에서는 "五年一大祭."라고 풀이하 여, 대제(大祭)로써의 체제사는 5년마다 1번씩 지낸다고 설명한다. 그

러나 『예기』「왕제(王制)」에 수록된 각종 제사들에 대한 기록을 살펴
보면, 체제사는 큰 제사임에는 분명하나, 반드시 5년마다 1번씩 지내
는 제사는 아니었다.

◎ 최씨(崔氏) : =최영은(崔靈恩)
◎ 최영은(崔靈恩, ?~?) : =최씨(崔氏). 남북조(南北朝) 때의 학자이다. 오경
(五經)에 능통하였고, 다른 경전에도 두루 해박하였다고 전해진다. 『모
시(毛詩)』, 『주례(周禮)』 등에 주석을 달았고, 『삼례의종(三禮義宗)』, 『좌
씨경전의(左氏經傳義)』 등을 지었다.

ㅍ

◎ 피변(皮弁) : '피변'은 고대에 사용되었던 관(冠)의 한 종류이다. 백색
사슴의 가죽으로 만든 모자이다. 한편 관(冠)에 따른 의복까지 포함한
의미로 사용되기도 한다. 『주례』「하관(夏官)·변사(弁師)」편에는 "王
之皮弁, 會五采玉璂, 象邸, 玉笄."라는 기록이 있다.
◎ 피변복(皮弁服) : '피변복'은 호의(縞衣)라고도 부르며, 주로 군주가 조회
를 하거나 고삭(告朔)을 할 때 착용하는 복장이다. 흰색 비단으로 만
들었으며, 옷에 착용하는 관(冠) 또한 백색 사슴 가죽으로 만들었다. 『
의례』「기석례(旣夕禮)」편에는 "薦乘車, 鹿淺幦, 干笮革靾, 載旝載皮弁
服, 纓轡貝勒, 縣于衡."이라는 기록이 있고, 이에 대한 정현의 주에서
는 "皮弁服者, 視朔之服."이라고 풀이했다.

ㅎ

◎ 하정(夏正) : '하정'은 하(夏)나라의 정월(正月)을 뜻한다. 이러한 뜻에
서 파생되어 하나라의 역법(曆法)을 지칭하기도 한다. 하력(夏曆)을
기준으로 두었을 때, 은(殷)나라는 12월을 정월로 삼았으며, 주(周)나
라는 11월을 정월로 삼았다. 『사기(史記)』「역서(曆書)」편에서는 "秦及
漢初曾一度以夏曆十月爲正月, 自漢武帝改用夏正后, 曆代沿用."이라고
하여, 진(秦)나라와 전한초기(前漢初期)에는 하력에서의 10월을 정월
로 삼았다가, 한무제(漢武帝)부터는 다시 하력을 따랐다고 전해진다.
또한 '하력'은 농력(農曆)이라고도 부르는데, '하력'에 기준을 두었을

때, 농사의 시기와 가장 잘 맞았기 때문이다. 따라서 역대 왕조에서 역
법을 개정할 때에는 '하력'에 기준을 두게 되었다.

◎ 하창(賀瑒, A.D.452~A.D.510) : 남조(南朝) 때의 학자이다. 남조의 제
(齊)나라와 양(梁)나라에서 각각 활동하였다. 자(字)는 덕연(德璉)이
다. 『예기신의소(禮記新義疏)』 등을 찬술하였다.

◎ 향대부(鄕大夫) : '향대부'는 주대(周代)의 행정단위였던 향(鄕)을 담당
하는 관리이다.

◎ 현단(玄端) : '현단'은 고대의 예복(禮服) 중 하나이다. 흑색으로 만든
옷이다. 주로 제사 때 사용했으며, 천자 및 제후로부터 대부(大夫)와
사(士) 계급에 이르기까지 모두 이 복장을 착용할 수 있었다. '현단'은
상의와 하의 및 관(冠)까지 포함하는 용어이다. 한편 손이양(孫詒讓)
의 주장에 따르면, '현단'은 의복에만 해당하는 용어이며, 관(冠)은 포
함하지 않는다고 주장한다. 그리고 천자로부터 사 계급에 이르기까지
이 복장을 제복(齊服)으로 사용했다고 설명한다. 『주례』「춘관(春官)・
사복(司服)」편에는 "其齊服有玄端素端."이라는 기록이 있는데, 손이양
의 『정의(正義)』에서는 "玄端素端是服名, 非冠名, 蓋自天子下達至於士
通用爲齊服, 而冠則尊卑所用互異."라고 풀이하였다. 그리고 '현단'은
천자가 평소 거처할 때 착용했던 복장을 가리키기도 한다. 『예기』「옥
조(玉藻)」편에는 "卒食, 玄端而居."라는 기록이 있고, 이에 대한 정현
의 주에서는 "天子服玄端燕居也."라고 풀이하였다.

◎ 현면(玄冕) : '현면'은 현의(玄衣)와 면류관을 뜻한다. 천자 및 제후의
제사복장으로, 비교적 중요성이 덜한 제사 때 입는다. '현의' 중 상의
에는 무늬가 들어가지 않고, 하의에만 불(黻)을 수놓는다. 『주례』「춘
관(春官)・사복(司服)」편에는 "祭群小祀則玄冕."이라는 기록이 있고,
이에 대한 정현의 주에서는 "玄者, 衣無文, 裳刺黻而已, 是以謂玄焉."
이라고 풀이했다.

◎ 황간(皇侃, A.D.488~A.D.545) : =황씨(皇氏). 남조(南朝) 때 양(梁)나라
의 경학자이다. 『주례(周禮)』, 『의례(儀禮)』, 『예기(禮記)』 등에 해박
하여, 『상복문구의소(喪服文句義疏)』, 『예기의소(禮記義疏)』, 『예기강
소(禮記講疏)』 등을 지었지만, 현재는 전해지지 않는다. 그 일부가 마
국한(馬國翰)의 『옥함산방집일서(玉函山房輯佚書)』에 수록되어 있다.

◎ 황씨(皇氏) : =황간(皇侃)

◎ **황제(黃帝)** : '황제'는 헌원씨(軒轅氏), 유웅씨(有熊氏)이라고도 부른다. 전설시대에 존재했다고 전해지는 고대 제왕(帝王)이다. 소전(少典)의 아들이고, 성(姓)은 공손(公孫)이다. 헌원(軒轅)이라는 땅의 구릉 지역에 거주하였기 때문에, 그를 '헌원씨'라고도 부르는 것이다. 또한 '황제'는 희수(姬水) 지역에도 거주를 하였기 때문에, 이 지역의 이름을 따서 성(姓)을 희(姬)로 고치기도 하였다. 그리고 수도를 유웅(有熊) 땅에 마련하였기 때문에, 그를 '유웅씨'라고도 부르는 것이다. 한편 오행(五行) 관념에 따라서, 그는 토덕(土德)을 바탕으로 제왕이 되었다고 여겼는데, 흙[土]이 상징하는 색깔은 황(黃)이므로, 그를 '황제'라고 부르는 것이다. 『역』「계사하(繫辭下)」편에는 "神農氏沒, 黃帝·堯·舜氏作, 通其變, 使民不倦."이라는 기록이 있는데, 이에 대한 공영달(孔穎達)의 소(疏)에서는 "黃帝, 有熊氏少典之子, 姬姓也."라고 풀이했다. 한편 '황제'는 오제(五帝) 중 하나를 뜻한다. 오행(五行)으로 구분했을 때 토(土)를 주관하며, 계절로 따지면 중앙 계절을 주관하고, 방위로 따지면 중앙을 주관하는 신(神)이다. 『여씨춘추(呂氏春秋)』「계하기(季夏紀)」편에는 "其帝黃帝, 其神后土."라는 기록이 있고, 이에 대한 고유(高誘)의 주에서는 "黃帝, 少典之子, 以土德王天下, 號軒轅氏, 死託祀爲中央之帝."라고 풀이했다.

번역 참고문헌

- 『禮記』, 서울 : 保景文化社, 초판 1984 (5판 1995) / 저본으로 삼은 책이다.
- 『禮記正義』 1~4(전4권, 『十三經注疏 整理本』 12~15), 北京 : 北京大學出版社, 초판 2000 / 저본으로 삼은 책이다.
- 朱彬 撰, 『禮記訓纂』 上·下(전2권), 北京 : 中華書局, 초판 1996 (2쇄 1998) / 저본으로 삼은 책이다.
- 孫希旦 撰, 『禮記集解』 上·中·下(전3권), 北京 : 中華書局, 초판 1989 (4쇄 2007) / 저본으로 삼은 책이다.
- 服部宇之吉 評點, 『禮記』, 東京 : 富山房, 초판 1913 (증보판 1984) / 鄭玄注 번역에 대해 참고했던 서적이다.
- 竹内照夫 著, 『禮記』 上·中·下(전3권), 東京 : 明治書院, 초판 1975 (3판 1979) / 經文에 대한 이해에 참고했던 서적이다.
- 市原亨吉 외 2명 著, 『禮記』 上·中·下(전3권), 東京 : 集英社, 초판 1976 (3쇄 1982) / 經文에 대한 이해에 참고했던 서적이다.
- 陳澔 注, 『禮記集說』, 北京 : 中國書店, 초판 1994 / 『集說』에 대한 번역에 참고했던 서적이다.
- 王文錦 譯解, 『禮記譯解』 上·下(전2권), 北京 : 中華書局, 초판 2001 (4쇄 2007) / 經文 및 주석 번역에 참고했던 서적이다.
- 錢玄·錢興奇 編著, 『三禮辭典』, 南京 : 江蘇古籍出版社, 초판 1998 / 용어 및 器物 등에 대해 참고했던 서적이다.
- 張撝之 外 主編, 『中國歷代人名大辭典』 上·下권(전2권), 上海 : 上海古籍出版社, 초판 1999 / 인명에 대해 참고했던 서적이다.
- 呂宗力 主編, 『中國歷代官制大辭典』, 北京 : 北京出版社, 초판 1994 (2쇄 1995) / 관직명에 대해 참고했던 서적이다.
- 中國歷史大辭典編纂委員會 編纂, 『中國歷史大辭典』 上·下(전2권), 上海 : 上海辭書出版社, 초판 2000 / 용어 및 인명에 대해 참고했던 서적이다.
- 羅竹風 主編, 『漢語大詞典』 1~12(전12권), 上海 : 漢語大詞典出版社, 초판 1988 (4쇄 1995) / 용어에 대해 참고했던 서적이다.
- 王思義 編集, 『三才圖會』 上·中·下(전3권), 上海 : 上海古籍出版社, 초판 1988 (4쇄 2005) / 器物 등에 대해 참고했던 서적이다.
- 聶崇義 撰, 『三禮圖集注』(四庫全書 129책) / 器物 등에 대해 참고했던

서적이다.

- 劉績 撰,『三禮圖』(四庫全書 129책) / 器物 등에 대해 참고했던 서적
  이다.

역자 **정병섭(鄭秉燮)**

- 1979년 출생
- 2002년 성균관대학교 유교철학과 졸업
- 2004년 성균관대학교 대학원 유학과 석사
- 2013년 성균관대학교 대학원 유학과 철학박사
- 역서『譯註 禮記集說大全 – 王制, 附 鄭玄注』(학고방, 2009)
  『譯註 禮記集說大全 – 月令, 附 鄭玄注』(학고방, 2010)
  『譯註 禮記集說大全 – 曾子問, 附 正義·訓纂·集解』(학고방, 2011)
  『譯註 禮記集說大全 – 文王世子, 附 正義·訓纂·集解』(학고방, 2012)
  『譯註 禮記集說大全 – 曲禮上, 附 正義·訓纂·集解』1~2(전2권, 학고방, 2012)
  『譯註 禮記集說大全 – 曲禮下, 附 正義·訓纂·集解』(학고방, 2012)
  『譯註 禮記集說大全 – 禮運, 附 正義·訓纂·集解』(학고방, 2012)
  『譯註 禮記集說大全 – 禮器, 附 正義·訓纂·集解』(학고방, 2012)
  『譯註 禮記集說大全 – 檀弓上, 附 正義·訓纂·集解』1~2(전2권, 학고방, 2013)
  『譯註 禮記集說大全 – 檀弓下, 附 正義·訓纂·集解』1~2(전2권, 학고방, 2013)
  『譯註 禮記集說大全 – 郊特牲, 附 正義·訓纂·集解』1~2(전2권, 학고방, 2013)
  『譯註 禮記集說大全 – 內則, 附 正義·訓纂·集解』(학고방, 2013)
  『譯註 禮記集說大全 – 玉藻, 附 正義·訓纂·集解』1~2(전2권, 학고방, 2013)
  『譯註 禮記集說大全 – 明堂位, 附 正義·訓纂·集解』(학고방, 2013)
  『譯註 禮記集說大全 – 喪服小記, 附 正義·訓纂·集解』(학고방, 2014)
  『譯註 禮記集說大全 – 大傳, 附 正義·訓纂·集解』(학고방, 2014)
  『譯註 禮記集說大全 – 少儀, 附 正義·訓纂·集解』(학고방, 2014)
  (공역)『효경주소』(문사철, 2011)

예기집설대전 목록

譯註

禮記集說大全 學記

編 陳澔(元)
附 正義 · 訓纂 · 集解

초판 인쇄 2014년 6월 25일
초판 발행 2014년 7월 5일

역   자 | 정병섭
펴 낸 이 | 하운근
펴 낸 곳 | 學古房

주   소 | 서울시 은평구 대조동 213-5 우편번호 122-843
전   화 | (02)353-9907 편집부(02)353-9908
팩   스 | (02)386-8308
홈페이지 | http://hakgobang.co.kr/
전자우편 | hakgobang@naver.com, hakgobang@chol.com
등록번호 | 제311-1994-000001호

ISBN   978-89-6071-403-8 94150
          978-89-6071-267-6 (세트)

값 : 19,000원